M 30581

Bruxelles
1863

Orts, Auguste

La guerre des paysans 1798-99

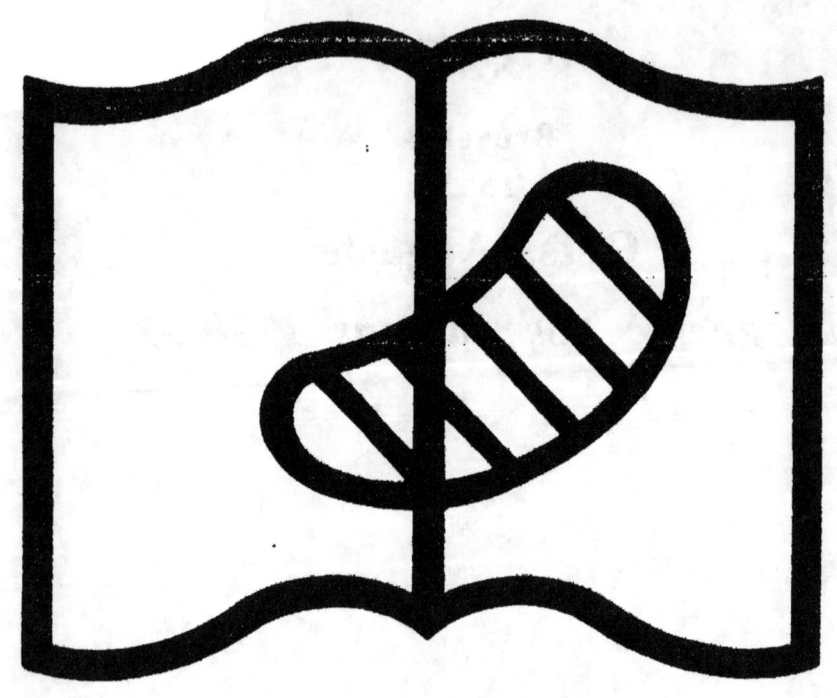

Symbole applicable
pour tout, ou partie
des documents microfilmés

Original illisible
NF Z 43-120-10

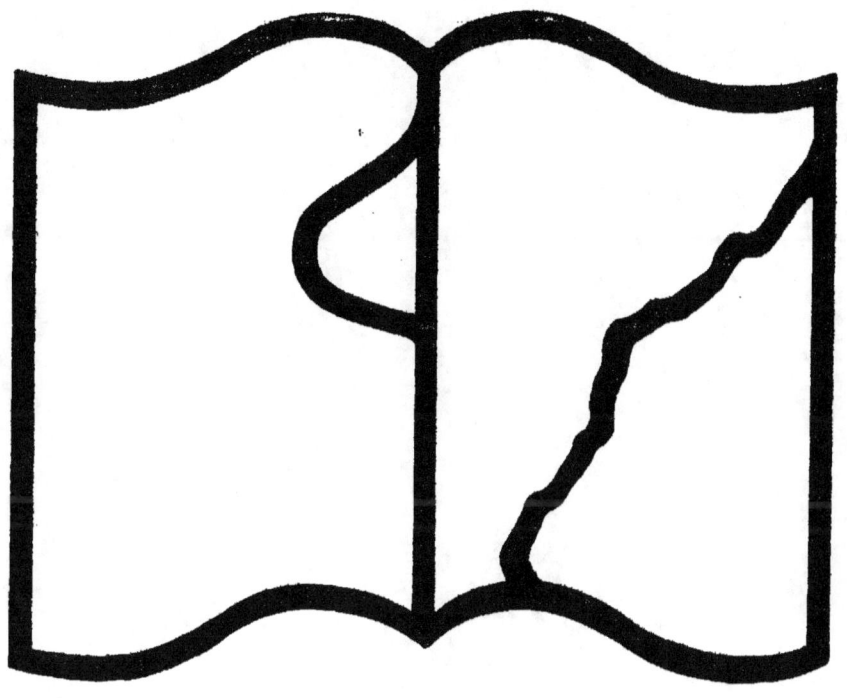

**Symbole applicable
pour tout, ou partie
des documents microfilmés**

Texte détérioré — reliure défectueuse

NF Z 43-120-11

LA
GUERRE DES PAYSANS.

Déposé au vœu de la loi.

Bruxelles. — Typ. Bruylant-Christophe et Cie, rue Blaes, 31.

LA
GUERRE DES PAYSANS

— 1798-1799 —

ÉPISODE DE L'HISTOIRE BELGE,

PAR

AUGUSTE ORTS.

BRUXELLES.

BRUYLANT-CHRISTOPHE & COMPAGNIE, IMPRIMEURS-ÉDITEURS,

Rue Blaes, 31.

1863

LA GUERRE DES PAYSANS.

AVANT-PROPOS.

La Belgique fut réunie à la république française par un décret du 9 vendémiaire an IV. Le vœu des Belges était *accepté :* le mot y est, et l'on cite les dates de l'émission.

Nous n'avons pas à redire les péripéties de cette lugubre comédie. L'histoire en est faite, et faite de main de maître, dans un livre véritablement patriotique. Nous renvoyons le lecteur à l'*Histoire des Belges à la fin du XVIIIe siècle*, de M. Borgnet.

Mais un point capital domine l'appréciation de cet acte : le mensonge de l'oppresseur, mensonge d'autant plus odieux, qu'il était prémédité et l'œuvre du plus fort.

Nous n'accusons pas sans preuves : un témoin a vu et entendu ; donnons-lui la parole.

Un historien digne de foi, modéré et nullement hostile au régime français qu'il servit, M. de Keverberg, raconte une conversation caractéristique qu'il eut avec le représentant du peuple Roberjeot, plus tard l'une des victimes du guet-apens de Rastadt.

Keverberg cherchait à démontrer l'injustice et l'impopularité de l'annexion dont nous étions menacés. — « Que voulez-vous que je vous dise? » s'écria son interlocuteur. « Supposez que vous ayez convaincu le citoyen Roberjeot : qu'y aurez-vous gagné? Ce n'est pas lui qui décidera du sort de la Belgique. Ce sort, dès aujourd'hui, n'est plus douteux : *demandez la réunion ou ne la demandez pas, vous serez réunis et l'on dira que vous l'avez demandée* (1). »

Jamais un Belge digne de son nom ne pardonnera l'injure jetée au front de sa patrie par la Convention nationale, lorsqu'elle affirmait accueillir *le vœu des Belges*, en confisquant notre nationalité.

Tarquin a violenté Lucrèce. Mais Tarquin, après le crime, n'a pas accusé Lucrèce de s'être volontairement livrée.

Le sens populaire devait protester contre cette insultante calomnie. Le peuple belge, le vrai peuple, celui d'en bas, comprit son devoir. Il protesta dans la mesure, nous ne disons pas de sa force, mais de sa faiblesse, et nous croyons utile de rappeler sa protestation oubliée.

A quoi bon? dites-vous sans doute. Et surtout aujourd'hui?

Rien ne nous coûte d'avouer nos motifs.

---

(1) KEVERBERG, *Royaume des Pays-Bas*, I, 125.

Selon nous, le souvenir des luttes de la nationalité opprimée contre la conquête étrangère doit rester gravé dans la mémoire de la nation debout et libre. L'histoire des premiers martyrs chrétiens est saine à méditer pieusement, quoique le christianisme soit, depuis de longs siècles, la religion triomphante : qui le nie ?

Un vieux conte de fées a bercé notre enfance à tous.

Il y est question d'une clef magique. Le sang l'a tachée d'une marque indélébile. Plus on frotte, vous vous souvenez, plus la tache se montre persistante sur le métal, et nul effort ne saurait la faire disparaître. La lime et le sable s'usent impuissants.

C'est ainsi que marque et doit marquer dans la mémoire d'un peuple viril la tache du sang et de l'insulte versés par l'étranger.

Mais, pour qu'on la voie toujours, cette tache, il faut frotter la clef souillée. Si l'on n'y touchait, la rouille viendrait ; et plus forte que la lime et que le sable, la rouille couvrirait tout de son voile sordide.

L'oubli, c'est la rouille du souvenir.

Voilà pourquoi j'écris :

Pius est patriæ fata referre labor.

L'histoire montre partout le doigt de Dieu, et la raison se refuse à ne voir, dans la trace qu'il imprime, autre chose qu'un aveugle caprice du hasard.

La justice divine, patiente parce qu'elle est éternelle, venge, à son heure, les crimes politiques, comme elle punit les fautes individuelles ; mais elle venge et punit. Vingt ans après l'usurpation de nos provinces, l'édifice de conquêtes élevé par la révolution française au prix de tant de larmes et de sang, se brisait foudroyé par la colère de l'Europe, sur un sol belge, dans les plaines de Waterloo.

Dès 1814, un Belge, Lambrechts, se levait le premier au sein du sénat impérial pour proposer la déchéance de l'homme de génie en qui s'incarnait la politique d'annexion. C'était, comme l'a dit Lamartine, le talion de la liberté.

CHAPITRE PREMIER.

SITUATION DES ESPRITS EN BELGIQUE APRÈS L'ANNEXION. — MÉCONTENTEMENT. — CAUSE DES TROUBLES. — 1795-SEPTEMBRE 1798.

La veille même de l'annexion, nos provinces avaient été converties en neuf départements. Nos maîtres s'entendaient si bien à la besogne; ils consultaient avec tant de sollicitude les populations expropriées, que les erreurs les plus bizarres entachèrent, dès le début, l'œuvre de la prise de possession.

Dans la division cantonale du département de l'Escaut, par exemple, telle que le comité de salut public l'avait d'abord établie, en l'an III, *seize* communes se trouvaient oubliées. *Vingt-quatre* localités recevaient par compensation le titre de communes, alors que « les unes n'existaient plus, soit parce qu'elles avaient été détruites par l'inondation, soit parce qu'elles étaient maintenant inconnues et que les autres n'étaient que des chapelles ou des enclavements sans clocher. »

Nous n'inventons rien en rapportant ces aveux naïfs. Nous copions les considérants d'un arrêté du citoyen Bouteville, commissaire du gouvernement dans les nouveaux départements réunis, en date du 24 pluviôse an IV (1).

Et les mêmes motifs, sauf les chiffres et l'inondation comme excuse, se retrouvent dans un arrêté du 26, rectifiant des erreurs analogues pour le département de la Lys.

Ces prémisses posées, établissons le lieu où se passe la scène que nous entreprenons de raconter.

Si, par la pensée, nous restituons au Limbourg et au Luxembourg actuels les parties de ces provinces cédées à la Hollande par le traité des 24 articles, plus quelques cantons abandonnés à la Prusse dès 1814, la délimitation de chacun des neuf départements réunis correspond à peu de chose près à celle de chacune de nos neuf provinces.

Toutefois le département de l'Ourthe (Liége) comptait en plus le canton de Viel-Salm, quelques communes de la province actuelle de Namur, le long de la Meuse; enfin les cantons de Malmédy, Saint-Vith et d'autres également détachés à la formation du royaume des Pays-Bas. Le département de Sambre-et-Meuse (Namur) possédait les cantons de Laroche, de Saint-Hubert et de Marche, aujourd'hui luxembourgeois.

Enfin le département de l'Escaut (Flandre orientale) s'éten-

---

(1) HUYGHE, *Recueil des lois*, t. VIII, p. 384.

dait jusqu'à la rive gauche du fleuve dont il empruntait le nom. Il comprenait ainsi la Flandre zélandaise, c'est-à-dire les cantons actuellement néerlandais d'Axel, Hulst, Oostbourg, Ysendyck et l'Écluse.

L'organisation administrative des départements belges fut celle qu'avait établie pour l'ancienne France la constitution directoriale du 5 fructidor an III. La commune est l'unité territoriale; puis viennent le canton et le département comme multiples.

L'arrondissement ne fut inventé qu'en l'an VIII, lors de l'établissement des préfectures et des sous-préfectures.

Un *agent municipal* et son *adjoint* administraient les communes d'une population inférieure à cinq mille âmes. Le canton avait à sa tête une *municipalité* composée des *agents municipaux* des communes du ressort et d'un *président*.

Les communes de plus de 5,000 âmes possédaient, comme les cantons, une *municipalité* spéciale.

Un collège de cinq membres gouvernait le département.

Auprès des municipalités et des administrations départementales siégeait un représentant du pouvoir exécutif, décoré du titre de *commissaire du gouvernement*. Sa mission consistait à requérir et à surveiller l'exécution des lois.

Toutes ces fonctions, sauf celles de commissaire du gouvernement, étaient électives. Mais le directoire se trouvait investi du pouvoir de casser et de suspendre et les administrations et leurs actes.

Remarquons un premier et caractéristique symptôme de désaffection chez les Belges et l'aveu de sa signification chez leurs conquérants. L'exercice des droits civiques et électoraux ne fut permis aux nouveaux Français qu'en 1797. Ils débutèrent dans la carrière républicaine par deux années de mise hors la loi, durant lesquelles tous les fonctionnaires électifs que nous venons d'énumérer demeurèrent à la nomination du gouvernement.

L'équité ne fut pour rien dans le retour au droit commun. La Belgique se vit appelée aux élections, parce que la majorité contre-révolutionnaire, écrasée plus tard à Paris sous le coup d'État de fructidor, espérait trouver un appui dans l'esprit d'opposition des départements réunis.

La défiance du directoire était légitime. Les Belges montrèrent plus que de l'insouciance dans l'exercice de leurs droits électoraux. Ils répugnaient à réclamer la qualité de citoyen français, et cette répugnance prenait sa source dans deux motifs dignes d'attention. Les journaux du temps nous les font connaître en discutant les dangers de cette abstention.

En se faisant inscrire sur les registres civiques, nos concitoyens craignaient d'abord de ratifier, même tacitement, la réunion de la Belgique à la France, réunion effectuée, imprimait-on alors, *au mépris de leurs droits les plus incontestables, sans émission légale du vœu du pays.* « Il est notoire, » ajoutait un organe de la presse bruxelloise, « que ce vœu n'a été émis que par des bandes de goujats soldés par Dumouriez et ses adhérents (1). »

Le serment de haine à la royauté, en second lieu, écartait nos pères du scrutin.

---

(1) *Écho* du 7 mars 1797.

Mais ces scrupules devaient céder, disaient les écrivains politiques nationaux, devant la nécessité d'éloigner des fonctions électives les hommes venus de France pour gouverner les départements conquis et de les remplacer par des indigènes. Le ministre de la police avait envoyé aux administrations départementales belges une liste de candidats pour le corps législatif, sur laquelle ne figuraient que des noms étrangers.

L'esprit des élections se manifesta à Bruxelles d'une façon éclatante.

Le 22 mars 1797 (2 germinal), Bonaventure, président du tribunal criminel de la Dyle, fut destitué comme ayant, en sa qualité de conseiller pensionnaire de la ville de Tournai, prêté serment à l'empereur d'Autriche, le 16 avril 1793, et abjuré ainsi le serment de fidélité prêté à la république française durant la première occupation.

Bonaventure, à la nouvelle de cette destitution, adressa pour l'expliquer une lettre aux journaux. Il signalait comme la cause vraie de sa persécution, sa participation de magistrat à de nombreux jugements d'acquittement en matière politique. Il caractérisait le but du gouvernement en indiquant les élections et sa candidature opposée à celles que proposait le ministre Cochon.

« Les élections, disait-il, desquelles il fallait tâcher d'écarter ce républicain qui ose déclarer la guerre aux grands voleurs, ne veut pas qu'on assassine et veut encore moins assassiner lui-même ; voilà le mot de l'énigme (1). »

(1) *Écho* du 6 avril 1797.

À la suite de cette lettre, tous les juges du tribunal criminel donnèrent avec éclat leur démission et l'inscrivirent sur le registre des séances, en la motivant sur ce qu'ils regardaient l'arrêté de destitution « comme absolument arbitraire et oppressif, dépourvu de tout motif plausible et comme le résultat de l'intrigue qui l'a surpris à la religion du directoire. »

Le 12 avril, Bonaventure fut élu le premier député aux Cinq-Cents avec Ferry et le baron de Godin envoyé siéger aux Anciens par le collége électoral de la Dyle. Les feuilles ayant appuyé leurs candidatures précisaient en ces termes le mandat des élus :

« Nous avons droit d'attendre que nos députés feront entendre dans le sénat la voix de la justice et de la vertu : qu'ils réclameront contre les innombrables injustices dont nous sommes journellement les victimes ; qu'ils parleront avec horreur de ces réquisitions aussi onéreuses qu'arbitraires, dont une foule de sangsues publiques se font un jeu de presser la rentrée par le cruel moyen de ces exécutions militaires qui se renouvellent si souvent dans nos campagnes, sous les prétextes les plus frivoles. Ils feront voir qu'un pareil régime n'a pas même lieu à Tunis et à Alger (1). »

Bonaventure obtint l'honneur d'une seconde élection à Mons. Les choix pour la représentation nationale portèrent, dans les départements réunis, pour la plupart sur des Belges. Nous remarquons au milieu d'eux Beytz, Van Hulthem, Demoor, etc., dont nous retrouvons les noms parmi les membres

---

(1) *Écho* du 15 avril 1797.

de nos diverses assemblées politiques après la délivrance de 1814.

Le premier acte posé par Bonaventure à la tribune consista à réclamer vivement contre l'ordre du directoire qui exigeait des ecclésiastiques belges un serment de soumission. Fort au courant de l'état du pays, il prononça en cette occurrence des paroles vraiment prophétiques :

« Le peuple est tranquille, soumis aux lois. Plus qu'aucun autre il a supporté tous les fardeaux d'une révolution à laquelle il a voulu lui-même s'associer. Serait-ce pour le récompenser de son zèle qu'on lui prépare des discordes civiles et les horreurs d'une guerre de religion ? Le gouvernement n'a-t-il donc plus sous les yeux les débris fumants de la Vendée (1) ? »

Les administrations municipales et départementales, issues en Belgique des élections générales de l'an v (13 mars 1797), exprimèrent exactement le sentiment du pays. Beaucoup d'élus refusèrent et ceux qui finirent par accepter harcelèrent le gouvernement parisien de leurs plaintes et de leurs protestations. Depuis longtemps déjà les administrations imposées avaient elles-mêmes montré l'exemple. Depuis longtemps les injustices, les dilapidations, les concussions sans nombre, la violation de toutes les libertés constitutionnelles du moment que l'on en usait autrement qu'au gré de la France, tout était relevé et discuté dans des réclamations au corps législatif ou bien au directoire, que les feuilles belges s'empressaient de publier et de répandre.

(1) *Moniteur* du 15 prairial (3 juin 1797).

A cette opposition légale, le directoire répondit bientôt par des destitutions nombreuses, des violences sur les personnes, des atteintes nouvelles à la liberté de la presse et à la liberté des cultes, par des exagérations révolutionnaires ridicules et dignes du gouvernement qui l'avait précédé, enfin par la conscription et ses rigueurs.

Le coup d'État de fructidor mit le comble au dévergondage d'une tyrannie égale à la terreur pour la volonté de faire le mal, mais à mille pieds au-dessous d'elle pour l'audace et la grandeur du but.

Les administrations départementales de Jemmapes, de la Dyle, de l'Escaut et de Sambre-et-Meuse furent destituées en septembre 1797; les élections des Deux-Nèthes, annulées le 20 fructidor. « La marche rétrograde de l'esprit public, notamment dans la commune de Bruxelles, accusait l'administration centrale au moins d'*insurveillance*, » disait le directoire dans son arrêté du 3e jour complémentaire de l'an v.

L'administration municipale de Bruxelles avait en effet *oublié ses devoirs* au point que deux membres seulement assistaient à la fête commémorative du 10 août.

Le gouvernement reprochait un autre gros péché à l'administration départementale de la Dyle, et ce grief accuse une tendance politique digne d'attention.

Chargés, quelque temps auparavant, de procéder à l'organisation de la garde nationale, les administrateurs de la Dyle avaient écrit, le 9 fructidor, aux municipalités de canton une circulaire, portant que pour former cette force armée, elles eussent à s'adresser surtout aux volontaires de 1790 : « Vous

vous adresserez surtout aux volontaires, qui, l'an 1790, se sont déjà levés contre le despotisme. Vous leur rappellerez qu'ils ont déjà, dès lors, fait un élan vers la liberté en combattant contre la tyrannie. Il sera doux pour eux d'armer de nouveau leurs bras pour sa défense ! »

Tel était le langage textuel des magistrats brabançons. Un appel aux citoyens belges qui, en d'autres temps, avaient pris les armes pour la défense de leurs libertés et de leurs droits contre un pouvoir étranger, ne devait pas être pardonné à Paris.

L'administration municipale de Bruxelles, et plusieurs autres avec elle, subirent le sort des administrations départementales. De nombreuses démissions suivirent les destitutions, contre lesquelles elles entendaient protester.

L'exécution plus rigoureuse des mesures législatives concernant les cultes et leurs ministres marqua le premier pas du gouvernement fructidorien dans la voie réactionnaire.

Cette sévérité intempestive et que rien n'avait provoquée en Belgique, fut à la fois une injustice et une faute politique. Bonaventure en avait prédit les inévitables conséquences.

Le clergé belge, dans les rangs inférieurs, abandonné à lui-même en quelque sorte par la mort ou l'émigration de la plupart des évêques, ne se montrait pas ouvertement aussi hostile au nouveau régime que ses partisans avaient lieu de le redouter.

Les siéges épiscopaux de Gand, Bruges et Tournai étaient vacants ; Namur venait de le devenir par la mort d'Albert de Lichtervelde en octobre 1796. Ce prélat, dont les journaux républicains du temps font eux-mêmes l'éloge, mourut au milieu de ses ouailles qu'il n'avait pas abandonnées. Le cardinal-archevêque de Franckenberg restait seul à Malines à la tête de son troupeau. Les évêques de Liége, Ruremonde, Ypres, Trèves et Anvers avaient quitté le pays.

Franckenberg vivait obscur et paisible au séminaire de son siége épiscopal, d'une pension de 6,000 livres que lui avait accordée un arrêté des représentants du peuple Portiez et Pérez, le 21 brumaire an IV (1).

Il y a plus.

Depuis la publication, au printemps de 1797, de la loi du 7 vendémiaire an IV qui se bornait à demander aux ministres des cultes une adhésion à la déclaration « que l'universalité des citoyens français est le souverain » et la promesse de soumission aux lois de la république, des ecclésiastiques considérables prêchaient la conciliation à leurs collègues et à leurs paroissiens (2).

Huleu, archiprêtre de Malines, publia dans ce but une brochure flamande portant pour titre *Waerschouwing aen het volk.* — Avis au peuple. Il fut suivi dans la voie par un homme auquel ses travaux historiques ont valu un juste renom, Ernst, curé d'Afden au diocèse de Ruremonde, auteur des *Observations sur la déclaration exigée des ministres des cultes.* Après Ernst, vint Belfroid, chanoine de Saint-Pierre à Liége,

---

(1) HEYGHE, t. V, p. 271.
(2) *Précis de ce qui s'est passé en Belgique au sujet du serment.* Venise, 1800, p. 3 et suiv.

qui traduisit en français l'Avis au peuple de son confrère Huleu.

Toutefois, à part les diocèses de Liége et de Tournai, la majorité du clergé belge s'était refusée à toute soumission. Il ne conspirait pas : il s'abstenait. La tolérance néanmoins poussait au schisme, et les fidèles le constataient avec douleur. Nous avons nommé les diocèses de Liége et de Tournai où la majorité des ecclésiastiques était acquise à la soumission. Il faut y joindre la ville de Maestricht et le Luxembourg. Les diocèses de Bruges et de Gand, entraînés par l'exemple de De Gryse et du grand vicaire Van den Becken, comptaient, de l'aveu de leurs adversaires, un tiers des *jureurs* (1).

Aussi, lorsque le directoire vint exiger, au lieu de la promesse dont le pouvoir civil s'était jusque-là contenté, le fameux serment de haine à la royauté, la municipalité de Louvain, l'une des plus dévouées au nouveau régime, mais aussi l'une des plus intelligentes, reconnaissait-elle, dans une pétition adressée au corps législatif le 1ᵉʳ floréal an v, que « les prêtres belges n'avaient donné lieu à aucune plainte (2). » Elle réclamait contre la publication inopportune des lois sur le serment, en disant avec autant de fermeté que de raison :

« Les lois françaises ne sont pas nécessaires, et il serait impolitique de troubler des opinions qui n'ont jamais occasionné de trouble. »

Ce sage et politique conseil ne fut point suivi.

(1) *Précis*, p. 67.
(2) Minute aux archives communales de Louvain.

La municipalité de Louvain, disons-le en passant, se distingue entre toutes les autorités de l'époque par sa fermeté, sa modération et la saine intelligence des situations et des caractères.

L'explication ne s'est point fait attendre. Nous avons lu, au bas des délibérations et de la correspondance, une signature de secrétaire bien connue — Van Meenen, et nous avons dès lors tout compris.

Le 3ᵉ jour complémentaire de l'an v, Auger, commissaire du directoire exécutif près la municipalité de Malines, adressait au cardinal-archevêque l'épître suivante :

Le commissaire du Directoire exécutif près de l'administration du canton de Malines, au citoyen Franckenberg.

Malines, le 3ᵉ jour complémentaire an v.

Citoyen,

Je viens vous prévenir que la commission municipale, qui doit provisoirement administrer ce canton, a arrêté hier, dans sa première séance, qu'un registre sera ouvert aujourd'hui, dans le lieu de ses séances ordinaires, pour y inscrire le serment des ministres du culte, lesquels pourront se présenter tous les matins, depuis dix heures jusqu'à une heure. Je ne doute pas que vous ne vous empressiez le premier à vous rendre au vœu de la loi. Vos sentiments connus pour le bon ordre, me sont un sûr garant que vous vous ferez un devoir de donner ce grand exemple de soumission à l'autorité légitime ; je vous préviens que, conformément aux dispositions de la loi et pour son exécution, les ordres les plus sévères ont été donnés aux commissaires de police, pour constater, par des procès-verbaux, les contraventions, et que mon devoir m'impose l'obligation de dénoncer les contrevenants aux juges de paix, qui de leur côté sont tenus de les poursuivre conformément à la loi.

Je vous invite à communiquer ma lettre aux ministres du culte catholique qui sont sous votre direction, afin qu'elle leur serve d'avertissement.

La loi du 7 vendémiaire sera publiée ce matin dans son entier.

Salut et fraternité.

A. AUGER.

La réponse ne se fit pas attendre vingt-quatre heures. Elle s'exprimait en ces termes dignes et simples :

« JEAN-HENRI DE FRANCKENBERG, *archevêque de Malines, au
« commissaire du directoire exécutif près de l'administration
« du canton de Malines.*

« Malines, le 3ᵉ jour complémentaire an v de la République française.

« Citoyen commissaire,

« La religion catholique, apostolique et romaine, que je
« professe de tout mon cœur et dont je suis un des premiers
« pasteurs, obligé de donner l'exemple aux autres, me défend
« positivement de prêter serment de haine, soit que cette
« haine se rapporte à la personne d'un roi, soit qu'elle re-
« garde l'état de la royauté même. Dans le premier cas, nous
« devons aimer notre prochain, quoiqu'il nous fasse le plus
« grand mal. Dans le second cas, la royauté étant bonne en
« elle-même et établie par Dieu même, elle ne peut être un
« objet de haine. Il ne nous est donc pas permis de haïr ni
« l'un ni l'autre, sans renoncer aux principes du christia-

« misme, moins encore de prendre Dieu à témoin d'une action
« qu'il nous défend rigoureusement, sous des peines éter-
« nelles.

« Cette impossibilité dans laquelle nous nous trouvons de
« pouvoir remplir ce qu'on exige de nous dans la présente
« circonstance, ne doit aucunement rendre notre fidélité sus-
« pecte. Car je me flatte que vous voudrez bien faire connaî-
« tre au gouvernement, que ni moi, ni aucun membre de mon
« clergé n'aurons la moindre difficulté de promettre à la
« république, même sous serment, s'il le faut, de ne jamais
« coopérer ni directement ni indirectement au rétablissement
« de la royauté en France, et que ledit gouvernement peut
« être entièrement assuré qu'il n'aura jamais des infractions
« à punir dans les prêtres, et ne les trouvera en deçà de ses
« vues que lorsque la constitution et ses lois ne se trouveront
« pas conciliables avec les lois de Dieu et les préceptes de
« l'évangile.

« Nous avons donné, et donnerons pour tout le reste des
« preuves évidentes de notre soumission aux puissances
« auxquelles la divine Providence nous a soumis ; et le clergé
« de la Belgique s'est si sagement conduit jusqu'à cette
« heure, en souffrant avec patience la perte de tous ses biens,
« qu'on n'a guère jusqu'ici trouvé de quoi faire des plaintes
« contre lui.

« *Salut et Fraternité.*

« J.-H. Franckenberg,

« Archevêque de Malines. »

La réponse noble et tout évangélique du prélat fit éclater sur sa tête, le 18 vendémiaire, un arrêté de déportation : au delà du Rhin, heureusement, et point à Cayenne ou en Afrique, comme le cardinal le redoutait. L'exécution fut immédiate.

Le 20 octobre, M. de Franckenberg, arrêté, entrait à Bruxelles où on l'écroua, malade, à la prison établie dans l'ancien local de la chambre des comptes. Son secrétaire, l'abbé Duvivier subit le même sort. La nuit suivante, quoique le prélat eût été saigné dans la journée, on vint l'éveiller brusquement à deux heures du matin, pour partir sur-le-champ (1).

Le refus de serment de la part des prêtres belges avait déjà donné lieu à un incident plus grave, et mis en lumière l'esprit de la magistrature dans nos provinces.

Le curé de Saint-Jean à Bruxelles, de Haese, s'était hasardé à célébrer la messe sans prestation préalable du serment civique. Pareille témérité constituait un délit : il fut poursuivi.

Le clergé résolut à cette occasion d'engager une lutte judiciaire et de faire reconnaître par les magistrats l'illégalité de l'obligation qu'on prétendait lui imposer.

Le curé de Haese comparut le 22 mai 1797 devant le tribunal correctionnel de Bruxelles, assisté de deux avocats distingués, MM. Boucqueau et Barthélemy. Leur système de dé-

---

(1) Voy. sa lettre du 14 novembre 1797, datée d'Emmerich, dans le *Précis*, etc., p. 18.

fense consistant dans le développement de la proposition suivante.

La loi du 7 vendémiaire an IV sur la police des cultes n'est pas obligatoire dans les départements réunis le 9 vendémiaire même année :

1° Parce qu'elle est contraire à la constitution, qui proclame la liberté des cultes ;

2° Parce qu'elle est antérieure à la réunion ;

3° Parce que le directoire, après la réunion, en publiant cette loi a exercé un droit qui n'appartenait qu'au corps législatif.

Cette thèse fut livrée à la publicité la plus large par l'impression d'une brochure intitulée : *Représentation du clergé de la commune de Bruxelles à l'administration centrale de la Dyle pour être remise au corps législatif, à Paris, relativement à la déclaration exigée des ministres du culte.*

L'administration de la Dyle n'eut garde de se charger du message. Elle décida le 7 mai (19 floréal) qu'il n'y avait pas lieu à délibérer.

Toutefois l'esprit public se montrait vivement impressionné de cette publication ; si vivement, que le directoire crut devoir la réfuter officiellement dans les considérants d'un arrêté du 15 mai (26 floréal) qui approuvait l'administration de la Dyle et recommandait aux autorités l'exécution sévère de la loi dont la force obligatoire était révoquée en doute (1).

La réfutation trouva l'accueil le plus favorable, au moins

---

(1) HUYGHE, t. XII, p. 251.

CHAPITRE PREMIER.

dans le sein du tribunal correctionnel. Celui-ci condamna de Haese à trois mois de prison et 500 livres d'amende.

Mais, faisant droit sur l'appel du condamné, le tribunal criminel de la Dyle annula la sentence du premier juge par une décision du 15 prairial (2 juin), et déclara la loi sur la police des cultes non obligatoire dans les départements réunis, à la majorité de trois voix contre deux : trois Belges, Deswerte, de Valériola et Malfroid, contre deux Français peut-être, à en juger par la désinence des noms de ces derniers.

L'émotion fut extrême dans Bruxelles. Une foule considérable assiégeait les abords du tribunal. Des applaudissements énergiques saluèrent le prononcé du jugement et une ovation populaire des plus chaleureuses accueillit la sortie du président Deswerte. Le soir, plusieurs maisons se parèrent de lampions (1).

Toute médaille a son revers et le triomphe fut de courte durée.

A la nouvelle de l'acquittement du curé de Haese, le directoire proclama officiellement que le tribunal criminel de la Dyle *avait levé l'étendard de la rébellion* (2), et dénonça son jugement au tribunal de cassation, le 22 prairial (10 juin) (3). Celui-ci cassa, par arrêt du 18 fructidor an v, sur le rapport de Brillat-Savarin (4).

Tout n'était pas dit. Il ne suffisait pas au gouvernement pa-

---

(1) *Moniteur* du 7 ventôse an VI.
(2) Huyghe, t. XII, p. 364.
(3) Circulaire du ministre de la justice du 4 vendémiaire an VI. — *Rapporteur* du 4 brumaire.
(4) Huyghe, t. XIV, p. 436.

risien d'avoir frappé de Haese; il fallait frapper aussi les jurisconsultes consciencieux dont l'audace s'était avancée au point de décider une question de droit contre l'avis de l'autorité politique. L'appui de la magistrature aurait apporté trop de force à l'opposition nationale dans un pays à traditions parlementaires encore fraîches; où l'on se souvenait d'avoir entendu les corps judiciaires proclamer légitime l'insurrection contre un pouvoir étranger, despotique et violateur de la constitution.

Le directoire résolut donc de briser la résistance avec éclat.

Aux termes des articles 262 et 265 de la constitution de l'an III, le gouvernement dénonçait au tribunal de cassation les actes par lesquels les juges excédaient leurs pouvoirs. Ce tribunal les annulait, et s'ils donnaient lieu à forfaiture, le fait était dénoncé à son tour au corps législatif qui rendait un décret d'accusation, après avoir entendu ou appelé les prévenus. De son côté, le code pénal du 3 brumaire an IV (1) réputait coupable de forfaiture tout juge qui se permettrait d'arrêter ou de suspendre l'exécution des lois.

La décision du tribunal de la Dyle, déjà cassée sur le pourvoi du ministère public, le 4 septembre 1797, fut déférée une seconde fois au tribunal suprême, après trois mois de réflexion, comme un acte de forfaiture. Un jugement du 14 novembre accueillit ce recours, annula pour excès de pouvoir la sentence prononcée à Bruxelles, et renvoya devant le corps législatif, sous accusation de forfaiture, les magistrats, qui l'avaient rendue.

(1) Art. 644, n° 4.

CHAPITRE PREMIER.

A peine cette nouvelle était-elle parvenue à Bruxelles que le tribunal fut convoqué par le parquet en assemblée extraordinaire et saisi du singulier réquisitoire écrit que voici :

Citoyens juges, disait le substitut Cordier, son signataire, je vous ai convoqué extraordinairement pour vous donner connaissance d'un acte qui émane du premier tribunal de la République, suivant lequel il vient de déclarer qu'il y avait lieu à la forfaiture contre le président de ce tribunal. Cet acte est revêtu d'une forme probante et authentique ; je l'ai reçu officiellement, il m'est ordonné de tenir la main à son exécution. Je vous demande d'abord, citoyens! qu'il soit consigné sur le registre, et je vais vous en donner lecture. Je ne me bornerai point à cette seule formule nécessaire d'enregistrement, l'objet de votre réunion a pour motif de vous proposer une autre détermination.

Voici le terme qui approche où doit commencer la session du tribunal criminel. Si je tardais d'un seul instant de vous soumettre des mesures pour éviter qu'elle ne soit pas plus retardée que ralentie, sans doute je pourrais être répréhensible et taxé d'insouciance. Mais, citoyens juges ! en vous exposant brièvement les faits, vous n'hésiterez pas à prendre une résolution prompte et efficace, à l'effet d'empêcher que les travaux de ce tribunal ne soient suspendus.

Le 13 prairial dernier, le président De Swerte a concouru et a participé au jugement rendu en faveur de Joseph-François Dehaze, ministre du culte catholique.

Ce jugement a été, par le Directoire exécutif, dénoncé le 4 brumaire dernier au tribunal de cassation, qui par son acte du 24 dudit mois de brumaire, dont je vous ai donné lecture, déclare ce jugement contraire aux lois, comme contenant usurpation et excès de pouvoirs et ordonne qu'il sera dénoncé au Corps législatif, comme donnant lieu à la forfaiture contre les juges qui l'ont rendu.

Cette décision suprême du tribunal de cassation qui déclare le président de ce tribunal prévenu de forfaiture, et l'acte qui en est le résultat me paraissent frapper le président d'une espèce de mandat d'arrêt particulier, qui le suspend nécessairement de ses fonctions, pendant la durée de l'instruction du procès et jusqu'à la décision du tribunal qui en doit connaître.

Si je consulte l'art. 265 de la Constitution, je vois qu'il ne s'agit plus que de rendre un décret d'accusation par le Corps législatif après avoir entendu ou appelé le prévenu.

Or donc, le président de ce tribunal, en suivant les formes ordinaires et judiciaires, se trouve atteint d'une interdiction momentanée, de ce inhabile pendant sa durée à remplir ses fonctions de juge.

Et je pense, au surplus, qu'il doit s'en abstenir, pour ôter tout espoir de recours en cassation contre les jugements où il aurait participé, depuis la connaissance de l'acte du 24 brumaire.

En conséquence, le substitut vous requiert, citoyens juges ! de choisir parmi vous un président, conformément à l'article 269 du code des délits et des peines, attendu que le président actuel doit être considéré comme se trouvant légitimement empêché.

Bien entendu néanmoins qu'il lui en sera donné connaissance.

Le substitut demande en outre acte de ses diligence et réquisitoire.

Fait à Bruxelles, le 11 frimaire an VI de la République.

CORDIER.

Les parquets républicains de ce temps possédaient, on le voit, des notions assez confuses à l'endroit de ce principe d'éternelle justice que tout citoyen est présumé innocent jusqu'à ce qu'il ait été légalement déclaré coupable. Le tribunal de la Dyle n'hésita pas à remettre son ministère public dans la bonne voie.

Les magistrats signataires du jugement incriminé n'assistaient pas à la séance ; mais leurs collègues présents firent acte de fermeté, à leur exemple.

Nous lisons sur le registre aux feuilles d'audience du tribunal criminel de la Dyle, après la transcription textuelle du réquisitoire de Cordier, ces lignes courtes et énergiques :

Après délibération, il a été résolu que le précédent jugement du tribunal de cassation serait enregistré, et sans avoir égard au second chef du réquisitoire ci-dessus, il a été ensuite passé outre.

Ainsi délibéré en chambre du conseil, à Bruxelles, le *17 frimaire an* VI.

TRICO, VERHAEGEN, RENIER, IPPERSIEL
et STÉPHANUS MOSSELMAN.

Cinq noms belges encore une fois : pas un nom français !

Chose étrange : la minute du jugement rendu au profit du curé de Haese ne figure pas aux registres du tribunal criminel de la Dyle, quoique ces registres ne présentent aucune trace d'altération et soient numérotés à chaque page, sans la moindre interruption. Les archives du tribunal criminel de l'Escaut, conservées au greffe de la cour d'assises de la Flandre orientale à Gand, renferment toute la procédure, et nous avons retrouvé dans ce dossier une expédition certifiée conforme du jugement rendu par le tribunal criminel de la Dyle, au rapport de M. Malfroid, mort conseiller à la cour supérieure de Bruxelles sous le gouvernement des Pays-Bas.

Voici ce document que nous croyons inédit, même dans les journaux du temps. Au moins, ne l'avons-nous rencontré nulle part.

JUGEMENT DU TRIBUNAL CRIMINEL.

Au nom du peuple français !

Vu par le tribunal criminel du département de la Dyle, la requête présentée le 5 de ce mois par le citoyen Joseph-François Dehaze, curé de l'hôpital de Saint-Jean, à Bruxelles, natif de ladite commune et y demeurant, tendante à faire annuler le jugement rendu contre lui le

5 du même mois prairial, par le tribunal de police correctionnelle de l'arrondissement de Bruxelles, qui condamne l'appellant à une amende de cinq cents livres au profit de la République, et à un emprisonnement de trois mois, duquel jugement suit la teneur.

(Ici se trouve inséré le jugement *a quo*.)

L'appellant, pour établir ses moyens de défense, a dit que la loi du 7 vendémiaire an IV, sur la police extérieure du culte, n'est point une loi pour la ci-devant Belgique, par la raison qu'elle est antérieure à la réunion de ce pays à la République française, qui n'a été décrétée que le 9 du même mois : qu'ainsi cette loi *nen* peut avoir force de loi pour les neuf départements que par une sanction formelle du législateur, que cette sanction n'a jamais eu lieu et qu'ainsi le *Directoir exécutif*, qui n'est pas investi du pouvoir législatif, n'a pu par son arrêté du 7 pluviôse, rendre cette même loi obligatoire dans les nouveaux départements réunis par la loi du 9 vendémiaire an IV; il a ajouté que le décret de réunion n'a pas rendu les lois antérieures de la République communes à ce même département, tant parce que ledit décret ne contient aucune disposition expresse à cet égard, que parce que la Convention nationale elle-même, lors du décret de cette réunion, a manifesté une volonté contraire en renvoyant l'article 5 du projet de ce décret à l'examen d'un comité, volonté que postérieurement elle a encore plus clairement exprimée par l'article 2 de la loi du 3 brumaire an IV.

Pour second moyen de *defence* il a dit que l'arreté du *Directoir* exécutif du 7 pluviôse dernier n'a ordonné de publier qu'une partie du décret du 7 vendémiaire de l'an IV, et que la partie omise aurait servi d'interprétation à la partie promulguée, que cependant il est constant que l'autorité chargée de la publication et de l'exécution des lois, ne peut en retrancher des articles, sans usurper le pouvoir législatif.

Pour troisième moyen, il a observé que la loi du 7 vendémiaire an IV est inconstitutionnelle, pour autant qu'elle exige la promesse de soumission et obéissance aux lois de la République, sans restriction ni explication, sans même laisser le pouvoir de réclamer l'acte constitutionnel.

A l'appui de ces moyens, l'appellant a conclu à ce qu'il fût déclaré, par jugement de ce tribunal, que mal a été jugé par le juge à quo, par son jugement du 3 de ce mois, et que bien et avec grief en a été appellé par l'appellant, et à ce qu'en conséquence ledit jugement du tribunal correctionnel fût infirmé et mis à néant, avec tout ce qui y est relatif.

L'accusateur public a conclu à ce que le jugement à quo fût maintenu; il a dit, pour fonder sa conclusion, que l'exécution de la loi du 7 vendémiaire an IV a été ordonnée par le Directoire exécutif, que cette loi a été enregistrée à l'administration départementale, et qu'en conséquence toutes les formes ont été observées pour la rendre obligatoire; que pour la mettre en exécution, il n'était nullement nécessaire qu'elle reçût une nouvelle sanction du Corps législatif, que quoiqu'elle fût antérieure à la réunion de la ci-devant Belgique, elle lui avait été rendue commune par le décret de réunion du 9 vendémiaire an IV; qu'au reste dans aucun cas il ne peut appartenir au tribunal de juger cette question si la loi est obligatoire ou non, qu'il doit lui suffire qu'elle soit revêtue des formes extérieures et usitées de la publication; il a invoqué ensuite l'arrêté du Comité de salut public du 20 frimaire an III, l'article 2 de la loi du 3 brumaire an IV, et enfin l'arrêté du Directoire exécutif du 26 floréal dernier.

Le substitut du commissaire du pouvoir exécutif a conclu également à ce que le jugement à quo fût maintenu.

Le tribunal, ouï le rapport du citoyen juge Malfroid, lu à l'audience de ce jour, l'appellant dans ses griefs et moyens, l'accusateur public et le substitut commissaire du pouvoir exécutif dans leurs conclusions, vu au surplus les pièces du procès;

Considérant que les membres du pouvoir judiciaire sont spécialement chargés du dépôt sacré de la Constitution, par le dispositif de son article 377, et que sous aucun prétexte ils ne peuvent s'en écarter sans manquer à leur premier devoir;

Considérant que d'après la Constitution tous les jugements des tribunaux doivent être basés sur la loi, d'où il résulte que les juges doivent nécessairement examiner avant tout, si l'acte qui leur est proposé comme loi, en réunit réellement tous les caractères; que ce premier devoir leur est expressément prescrit par l'article 623 du code des délits et des peines, qui défend absolument l'exécution d'un acte quelconque comme loi, s'il n'est pas décrété par le Corps législatif et revêtu extérieurement de la forme prescrite par la Constitution ;

Considérant que si cet article ne décrète expressément une peine que contre le Directoire, ses ministres et ses agents qui oseraient y contrevenir, cependant une contravention audit article serait encore plus punissable dans les organes de la justice, qui dans aucun cas ne peuvent prononcer que conformément à la loi et à la Constitution ;

Considérant que la volonté du législateur, clairement et expressément prononcée, est le plus essentiel des caractères d'une loi ;

Considérant que la loi du 7 vendémiaire an IV, à laquelle le citoyen Joseph-François Dehaze est prévenu d'être en contravention, est antérieure à la réunion de la ci-devant Belgique à la France ;

Qu'ainsi le législateur, en créant cette loi, n'a pu avoir la volonté d'y soumettre les habitants de la Belgique, pays alors encore étranger à la France, et dont les habitants, par conséquent, ne pouvaient former l'objet d'une loi ;

Considérant d'ailleurs qu'à l'époque de cette réunion, le même législateur, loin de déclarer que toutes les lois qui étaient antérieures, devaient dès lors y être exécutées, a manifesté une volonté contraire, en décrétant le renvoi au comité de l'article 5 du projet de décret de réunion, qui était ainsi conçu :

« Celles des lois de la République qui ne sont pas encore exécutées dans les pays mentionnés dans les quatre articles précédents, le seront à compter de la publication du présent décret. »

Considérant que jusqu'à présent on ne connaît point le rapport de ce comité, et que le sursis à l'exécution des lois antérieures dans les départements réunis par la convention nationale, en faisant le renvoi susmentionné, n'a jamais été levé par elle ni par le Corps législatif qui lui a succédé ;

Considérant qu'il est constant que la levée de ce sursis ne peut appartenir qu'au législateur qui l'a décrété ;

Considérant que, postérieurement à cette époque, le législateur a encore plus d'une fois déclaré que par le décret de la réunion les lois françaises n'étaient pas rendues communes aux nouveaux départements;

Que cette déclaration se trouve surtout clairement consignée dans l'article 2 de la loi du 3 brumaire an IV, qui porte que les arrêtés du Comité de salut public et des représentants du peuple continueront d'être exécutés dans les départements réunis jusqu'à l'établissement qui s'y fera successivement des lois françaises;

Considérant que de tout ce qui précède, il résulte évidemment que les lois françaises antérieures à la réunion de ce pays, ne peuvent être rendues obligatoires dans les départements réunis que par un acte formel du Corps législatif;

Que par conséquent un pareil acte ou sanction du Corps législatif était également nécessaire pour rendre obligatoire, dans ce département, la loi du 7 vendémiaire de l'an IV;

Considérant que le Corps législatif n'a jamais sanctionné, pour les nouveaux départements, cette même loi du 7 vendémiaire an IV, qu'elle n'y a été publiée qu'en vertu de l'arrêté du Directoire exécutif du 7 pluviôse de l'an V;

Considérant que cependant le Corps législatif n'a jamais investi le Directoire exécutif du pouvoir de rendre exécutoire, dans les départements réunis, ladite loi du 7 vendémiaire an IV, et qu'à cet égard il n'existe même aucune autre loi de la République qui attribue au Directoire la faculté de rendre communes aux nouveaux départements les lois antérieures à la réunion;

Que le Directoire exécutif n'a pas détruit ces principes par son arrêté du 26 floréal dernier, dans lequel, pour établir son droit de rendre obligatoire, dans ces départements, la loi du 7 vendémiaire an IV, il invoque principalement l'article 2 de la loi du 3 brumaire de la même année et le silence du Corps législatif sur les arrêtés par lui pris relativement auxdits départements;

Considérant que l'article 2 de la loi du 3 brumaire n'attribue notoirement pas un tel droit au Directoire exécutif, par la raison qu'il ne désigne pas l'autorité par laquelle l'établissement successif des lois françaises se ferait dans les départements réunis, que l'on peut faire d'autant moins l'application de cet article a au Directoire, qu'à cette époque il n'existait pas encore;

Que par conséquent on ne peut donner audit article d'autre sens que celui qu'on explique ci-dessus, savoir qu'il confirme le sursis décrété précédemment de l'exécution des lois antérieures à la réunion dans les départements réunis et qu'il a laissé la forme ou manière de l'établissement des lois françaises dans ces mêmes départements, dans l'ordre naturel et dans celui prescrit par la Constitution;

Que cet ordre naturel, selon les principes du droit et conformément, d'ailleurs, à la Constitution, est que l'établissement d'une loi, quoique existante, mais étrangère à un pays, ne peut être fait dans le même pays, et y recevoir force de loi, que par celui qui est investi du pouvoir législatif;

Considérant que le silence du Corps législatif, dont il est parlé dans ledit arrêté du 26 floréal dernier, n'a pu autoriser le Directoire à exercer le pouvoir législatif dans ces départements, d'autant moins qu'un tel pouvoir n'aurait pu lui être délégué, même par un acte formel, sans enfreindre directement l'article 45 de la Constitution qui dit : « Qu'en aucun cas le Corps législatif ne peut déléguer à un ou plusieurs de ses membres, ni à qui que ce soit, aucune des fonctions qui lui sont attribuées par la présente Constitution. »

Que, d'après ces principes, l'argument tiré de l'article 19 de la loi du 15 fructidor de l'an IV, et notamment de ces mots *si fait n'a été*, est dépourvu de fondement, d'autant plus que cette expression *si fait n'a été* doit être naturellement appliquée aux opérations des représentants du peuple ci-devant en mission en Belgique;

Considérant enfin que l'arrêté du Comité de salut public du 20 frimaire an III, qu'on invoque, n'était qu'un arrêté de circonstance qui n'a pu avoir d'effet que jusqu'au moment où il serait statué sur l'état politique de la ci-devant Belgique, comme l'annonce clairement le proême de cet arrêté;

Considérant que l'état politique de ce pays a été définitivement fixé par le décret de réunion du 9 vendémiaire an IV, et qu'ainsi cet événement a dû être le terme de l'existence de cet arrêté du 20 frimaire an III;

Considérant que si cet arrêté du 20 frimaire a été anéanti par le décret de réunion du 9 vendémiaire, il n'a pu être dès lors compris dans l'énonciation générale de l'article 2 de la loi du 3 brumaire suivant, qui dit « que les arrêtés du Comité de salut public et ceux des représen- « tants du peuple en mission, auxquels il n'a pas été dérogé jusqu'à « ce jour par le Comité de salut public, continueront d'être exécutés « dans ce pays jusqu'à l'établissement qui s'y fera successivement des « lois françaises. »

Considérant, d'ailleurs, que l'arrêté du Comité de salut public du 20 frimaire de l'an III, n'a donné le droit de rendre exécutoires, dans la ci-devant Belgique, les lois de la République, qu'aux représentants du peuple lors en mission, membres eux-mêmes du Corps législatif, et auxquels on ne peut assimiler ceux qui exercent le pouvoir exécutif;

Considérant que la loi du 7 vendémiaire an IV n'a été publiée dans ce département qu'en partie, et que nommément son proëme et plusieurs articles en ont été retranchés;

Considérant qu'il est de principe incontestable que la proposition d'une loi s'entend de tous les articles de la loi et que l'autorité chargée de la publication et de l'exécution ne peut en retrancher des articles sans étendre ou restreindre nécessairement la loi.

Que par conséquent en ordonnant, comme on a fait, la publication d'une partie de ladite loi, on a virtuellement voulu rendre obligatoire, dans ces départements, une loi différente de celle qui avait été sanctionnée par le législateur;

Qu'il résulte de toutes les considérations qui précèdent, que la loi du 7 vendémiaire an IV n'est, quant à présent, obligatoire dans ces départements;

Le tribunal déclare qu'il a été bien et avec griefs appellé et mal jugé par le juge à quo, et faisant droit sur l'appel, acquitte Joseph-François Dehaze des conclusions prises à sa charge, le décharge de la condamnation portée contre lui, met le jugement à quo au néant avec tout ce qui y est relatif.

Fait à Bruxelles, le 13 prairial l'an V de la République française, à l'audience publique du tribunal, où étaient présent les citoyens Deswerte, président; Narrez, Devaleriola, Malfroid et Lengrand, juges; qui ont signé la minute du présent jugement.

Pour copie conforme à joindre à la procédure,

Le greffier du tribunal criminel,
(Signé) M. Van Gelder (1).

On le voit, les cinq magistrats participant au jugement l'avaient signé, mais deux d'entre eux, Lengrand et Narrez, protestèrent contre la décision de la majorité. Ils consignèrent leur protestation sur le *Registre des opinions dissidentes de celle de la majorité des juges du tribunal criminel*, dans les termes suivants :

Les soussignés ont pris acte de la dissidence de leur opinion dans l'affaire du prêtre Dehaze, curé de l'hôpital de Saint-Jean, en cette commune, condamné par jugement du tribunal correctionnel de l'arrondissement de Bruxelles du 3 du présent mois comme ayant contrevenu à la disposition de la loi du 7 vendémiaire an IV, duquel jugement appel avait été porté au tribunal criminel du département de la Dyle, leur opinion ayant été que cette loi était obligatoire dans ce département depuis sa promulgation y légalement faite de la part du Directoire exécutif, et que ledit prêtre Dehaze, convaincu d'avoir enfreint sa disposition, avait été justement condamné à la peine qu'elle statue, par le susdit tribunal correctionnel, et qu'en conséquence son jugement devait sortir son plein et entier effet.

Fait à Bruxelles, ce 14 prairial an cinquième.

A.-A. Narrez et P.-J. Lengrand.

(1) Archives du greffe du tribunal criminel du département de l'Escaut. Dossier n° 207 D, pièce n° 25.

Cette précaution valut à ces deux magistrats l'avantage de ne point figurer dans la poursuite en forfaiture.

Celle-ci suivait désormais son cours régulier devant le conseil des Cinq-Cents d'abord. Engerrand, député du Calvados, présenta un rapport sur l'affaire dans la séance du 25 frimaire (15 décembre 1797) (1). Il concluait à l'appel à la barre des trois juges de la Dyle ayant formé la majorité, exceptant Narrez et Lengrand à raison de leur protestation. Ces conclusions furent adoptées sans débat, et le conseil fixa, pour la comparution des inculpés, la séance du 25 nivôse (14 janvier 1798).

Au jour indiqué Deswerte, Valériola et Malfroid se présentèrent devant leurs juges. Boulay de la Meurthe présidait l'assemblée et procéda à l'interrogatoire. Les magistrats belges subirent cette épreuve avec dignité et courage (2).

Aussi le *Moniteur* a-t-il soin de tronquer leurs réponses dans son compte rendu du débat, de façon à enlever toute couleur à la défense. Pour lui restituer sa vérité, nous avons dû recourir aux journaux de l'époque (3).

Après les questions préliminaires destinées à constater l'identité des accusés et le fait matériel que le tribunal connaissait la loi sur la police des cultes au moment où il jugeait, Boulay aborda le fond du procès.

« Puisque vous connaissiez cette loi, demanda-t-il, pourquoi vous êtes-vous permis de déclarer, dans votre jugement, que

---

(1) *Moniteur* des 4 et 5 nivôse an VI.
(2) *Moniteur* du 1er pluviôse an VI.
(3) *Rapporteur* du 4 pluviôse.

cette loi n'était point obligatoire pour les départements réunis? »

« Les raisons qui nous ont décidés, répliqua Deswerte qui portait la parole, sont consignées dans le considérant du jugement. Nous avons cru, mais nous ne soutenons pas que nous avons eu raison, nous avons cru que la loi du 7 vendémiaire étant antérieure à la réunion de la Belgique, elle était étrangère à ce pays, jusqu'après la manifestation clairement énoncée de la volonté du législateur ; mais comme cette volonté ne nous était point connue, nous en avons conclu que la loi n'était point obligatoire.

« Nous avons cru encore qu'en matière pénale surtout, on ne pouvait juger sans avoir la loi en entier sous les yeux ; or, celle du 7 vendémiaire nous avait été envoyée tronquée. Ces deux raisons nous ont paru un motif suffisant de juger comme nous l'avons fait. »

« Connaissant les lois réglant la publication des lois françaises en Belgique, comment avez-vous pu croire, ajouta Boulay, que les lois publiées devaient rester sans exécution? »

Deswerte riposta habilement :

« L'arrêté du Comité de salut public étant de circonstance, nous n'avons pas cru qu'il fût applicable à la Belgique.

« Quelques autorités constituées soutenaient que la Belgique ayant été réunie en mars 1793, les lois françaises, depuis cette époque, devaient y être exécutées : le comité déclara que cette opinion était erronée et qu'en conséquence toutes les autorités constituées devaient être soumises aux arrêtés des représentants en mission, jusqu'à ce qu'il eût été prononcé définitivement sur l'état politique de la Belgique. Mais depuis le 9 vendémiaire an IV, il avait été prononcé définitivement sur notre état politique. L'arrêté du 20 frimaire ne devait donc plus avoir d'effet dans la Belgique. »

Il était temps d'abandonner le terrain juridique et d'aborder le côté politique du débat. Le président le fit en ces termes :

« A l'époque du 22 prairial, où vous avez rendu votre jugement, demanda-t-il aux trois juges, connaissiez-vous deux écrits du clergé de Bruxelles, intitulés : *Représentation du clergé*, etc., *au département de la Dyle*, etc., dans lesquels on soutenait que la loi du 1er vendémiaire n'était point obligatoire pour la Belgique, comme étant inconstitutionnelle, antérieure à la réunion et l'ouvrage du Directoire, qui n'avait pas le droit de la publier dans la Belgique ? »

La question était perfide; elle insinuait une accusation de connivence entre la magistrature et le clergé réfractaire, que Deswerte s'empressa de décliner en déclarant n'avoir eu connaissance de ces écrits que par l'arrêté de l'administration centrale du département qui les supprimait.

Mais Boulay insista.

« Comment donc est-il arrivé, dit-il, que le considérant de votre jugement contient les mêmes motifs qui ont été développés dans ces écrits, à l'exception de l'inconstitutionnalité ? »

« Les motifs développés dans notre considérant ne nous ont été suggérés par aucune influence ! s'écria fermement Deswerte. Ils sont notre ouvrage ils étaient dans notre opinion ; ils étaient fondés sur la jurisprudence en usage dans notre pays. Et bien loin d'adopter le motif absurde d'inconstitutionnalité invoqué par les ministres du culte de Bruxelles, nous l'avons rejeté, et nous avons dit que la loi du 7 vendémiaire n'était point obligatoire, *quant à présent*, pour faire voir aux prêtres que, du moment que nous connaîtrions la volonté du législateur, nous ferions exécuter les lois avec vigueur, comme nous avons fait exécuter les lois rendues contre eux depuis la réunion, et notamment celle du 19 fructidor dernier. »

Le débat s'animait ; Boulay posa une dernière question :

« La Constitution défend aux juges d'entraver l'exécution des lois ; le Directoire est seul chargé de cette exécution, vous connaissiez son arrêté qui ordonnait que la loi du 7 vendémiaire serait exécutée dans la Belgique : comment vous êtes-vous donc permis, vous juges, de dire que cette loi, quoique à vous envoyée officiellement, n'était point obligatoire pour la Belgique, et avez-vous en conséquence cassé le jugement du tribunal de police correctionnelle qui condamnait le prêtre de Haese à 500 francs d'amende et à trois mois de détention ? »

Après quelques explications juridiques, destinées à justifier la décision incriminée, le président du tribunal de la Dyle ajoute ces nobles paroles, que le *Moniteur* tronque ou supprime :

« Notre opinion pouvait être erronée, mais nous avons cru que l'examen de ces questions nous appartenait.

« Nous, juges *belges*, nous avons appris, dans nos cours de droit, que les juges, avant d'appliquer la loi, devaient examiner si elle a été publiée dans les formes voulues par la Constitution de notre pays : nous avons appliqué ce principe au cas actuel. Cette opinion est erronée dans la Constitution républicaine, mais elle ne l'était pas dans celle de la Belgique ! »

L'interrogatoire clos, le président des Cinq-Cents accorda la parole aux inculpés pour présenter leur défense. Malfroid prononça un discours justificatif de la conduite du tribunal, et l'assemblée en ordonna l'impression.

Ce mémoire n'est guère qu'un plus long développement des réponses justificatives faites à l'interrogatoire. On y remarquait toutefois ce passage :

« Dans une consultation écrite, un jurisconsulte dont on connaît les lumières, le citoyen Cambacérès, a dit positivement que, loin d'être coupables, nous avions rempli notre devoir et prouvé notre attachement à la Constitution. »

La discussion fut reprise par les Cinq-Cents en séance du 3 ventôse (21 février). Un député belge, Hoverlant de Tournay, défendit vigoureusement ses compatriotes et maintint à la tribune la légalité de leurs actes et le bien jugé de leur sentence. Frison, représentant des Deux-Nèthes, lui répondit par des déclamations toutes politiques et réclama un vote de mise en accusation comme indispensable au repos des départements réunis. La discussion fut continuée le surlendemain. Boulay de la Meurthe appuya la mise en accusation en se fondant sur ce que le juge d'accusation n'avait à apprécier que l'existence matérielle du délit et non les intentions du délinquant. Après un discours de Chollet, député de Bordeaux, qui plaida pour les inculpés les circonstances atténuantes et l'excuse de la bonne foi, le conseil des Cinq-Cents vota la mise en accusation. Mais les Anciens la rejetèrent, le 27 floréal; ce qui équivalait à un acquittement (1).

La discussion au conseil des Anciens remplit les séances des 25 et 27 floréal an VI (14 et 16 mai 1798).

Le rapport présenté par Régnier concluait à la confirmation du vote émis par les Cinq-Cents. Rossée de Belfort, Larmagnac et Vernier combattirent ces conclusions. Elles furent appuyées par un seul membre, Brottier (2).

Aucun membre de l'assemblée appartenant aux départements réunis ne prit part à ce débat.

Dans l'intervalle, le tribunal criminel de l'Escaut, saisi de l'appel du curé de Haese à la suite du renvoi ordonné par l'arrêt de cassation, confirma la sentence du tribunal correctionnel de Bruxelles (3).

---

(1) *Moniteur* du 8 ventôse.
(2) *Moniteur* des 27 et 30 floréal.
(3) N° 319. Le citoyen Joseph-François Dehaze, prévenu de contravention à la loi du 7 vendémaire an IV.

SÉANCE DU 7 PLUVIOSE AN VI.

Au nom du peuple français!

Vu, par le tribunal criminel du département de l'Escaut, la requête d'appel présentée au tribunal criminel du département de la Dyle par le citoyen Joseph-François Dehaze, ministre du culte catholique, domicilié à Bruxelles, tendant à obtenir l'annulation du jugement, rendu à son

CHAPITRE PREMIER.

Telle fut l'issue de cette affaire qui fait honneur à la fermeté et à l'indépendance traditionnelles de la magistrature bruxelloise. Accoutumé à confondre dans un sentiment unique

désavantage par le tribunal de police correctionnelle de l'arrondissement de Bruxelles, le 3 prairial dernier ;

Vu le jugement rendu par le tribunal criminel du département de la Dyle, le 13 prairial an v, ensemble la déclaration remise le même jour au greffe dudit tribunal par le commissaire du Directoire exécutif ;

Vu le jugement du tribunal de cassation du 18 fructidor dernier, qui, sur le réquisitoire du commissaire du Directoire exécutif près ce tribunal, fait en conséquence de l'arrêté du 22 prairial an v, casse et annule le prédit jugement du tribunal criminel du département de la Dyle ;

Vu aussi le jugement rendu par ledit tribunal de cassation le 22 frimaire an vi, qui, sur le pourvoi du commissaire du Directoire exécutif près le tribunal criminel de la Dyle, et par suite du jugement par lui rendu le 18 fructidor précédent, renvoie Joseph-François Dehaze pardevant ce tribunal, pour y recevoir droit par un nouveau jugement sur l'appel par lui interjeté ;

Vu enfin les pièces de la procédure, notamment les mémoires fournis par le fondé de pouvoir de l'appelant, d'où résulte que la question soumise à ce tribunal, est de savoir si l'appelant est fondé de demander l'annulation ou le redressement du jugement à quo, le soutenant ainsi par la raison que la loi du 7 vendémiaire an iv, sur laquelle est basé ledit jugement, étant antérieure à la réunion de la ci-devant Belgique, le Directoire n'aurait pas été autorisé à l'y faire publier et à l'y rendre obligatoire ; que quand même le Directoire aurait été investi de ce pouvoir, il n'en résulterait néanmoins pas qu'il aurait eu celui de la faire publier par partie, d'en changer et d'en modifier les dispositions et de donner ainsi à une loi morcelée la force coactive ;

Qu'enfin ayant cru de bonne foi que l'extrait de la loi du 7 vendémiaire an iv n'était pas pour lors obligatoire dans les départements

le respect de cette magistrature et le respect filial envers trois générations d'ascendants, celui qui trace ces lignes le fait avec bonheur.

réunis, il n'avait pu avoir l'intention de l'enfreindre et que la loi ne reconnaît de crime là où il n'y a pas eu d'intention de le commettre;

A ces moyens, qui déjà avaient été déduits par devant le tribunal à quo, l'appellant a ajouté encore que la déclaration d'appel du commissaire du Directoire près le tribunal criminel du département de la Dyle ne pouvait, aux termes des articles 440, 441 et 442 du code des délits et des peines, valoir pourvoi en cassation; qu'à défaut de pourvoi, le jugement du tribunal criminel du 13 prairial dernier, était passé en force de chose jugée; qu'au reste les fonctions du tribunal de cassation étant venues à cesser par la prononciation du jugement du 18 fructidor, il s'ensuivait de là que le jugement du 22 frimaire suivant était d'une nullité absolue; que le tribunal de cassation, en portant, sur le réquisitoire de son commissaire, le jugement du 18 fructidor, devait être censé avoir abjugé le renvoi de l'appellant, puisqu'il ne l'avait pas expressément ordonné, il a donc cru par ces raisons pouvoir alléguer aussi l'exception *litis finitæ*.

Ouï le rapport du citoyen De Caigny, membre du tribunal commis en cette cause, et Hebbelinck, substitut commissaire du Directoire exécutif, en ses conclusions;

Après avoir entendu l'accusateur public et l'appellant par l'organe de son fondé de pouvoir :

Considérant que les titres II, III, la section 4 du titre IV, le titre V et le titre VI, à l'exception des trois derniers articles, de la loi du 7 vendémiaire an IV, ont été dûment publiés dans les neuf départements réunis; qu'il n'appartient d'ailleurs pas aux tribunaux de prononcer sur le mérite ou sur les formes intrinsèques d'une loi promulguée par l'autorité du Directoire ;

Considérant qu'il serait inutile d'examiner l'intention ou la moralité du fait, là où la loi attache une peine quelconque à un fait indifférent

Il est consolant, pour tout ami sincère de la nationalité belge, de constater comme la magistrature de ce pays sut conserver vivace le souvenir de nos institutions et de nos garan-

en soi, là où la loi en punit la seule existence matérielle; qu'une ignorance de droit ne peut au reste dans aucun cas être envisagée comme excuse suffisante;

Considérant qu'il appartient à tout tribunal de juger exclusivement de la validité de l'acte qui porte une affaire quelconque à sa connaissance, que par ainsi l'appelant eût dû faire valoir, près le tribunal de cassation, les moyens qu'il croit résulter en sa faveur de l'expression impropre dont s'est servi le commissaire du Directoire exécutif en son pourvoi; que le tribunal de cassation, en admettant cette déclaration d'appel comme pourvoi suffisant, a porté sur le sens et la forme de cet acte, un jugement qui, sous aucun rapport, ne peut être soumis à l'examen de ce tribunal, et que par ainsi l'appelant a mal et sans fondement proposé, de ce chef, l'exception de chose jugée;

Considérant que ce n'est qu'en confondant le réquisitoire du commissaire du Directoire près le tribunal de cassation avec le pourvoi de cassation de celui près le tribunal criminel de la Dyle, que l'appelant a pu trouver l'exception de chose finie, qu'il propose relativement au jugement du 22 frimaire dernier; que ce tribunal est d'ailleurs incompétent pour connaître de cette exception et qu'il ne peut, sans le bouleversement total des principes et de la hiérarchie judiciaire, examiner si le tribunal de cassation a pu renvoyer par-devant lui la cause de l'appelant;

Considérant enfin que la procédure est régulière, que les griefs allégués dans la requête d'appel sont destitués de tout fondement et que la peine a été bien appliquée.

Le tribunal, en exécution de l'art. 201 du code des délits et des peines, ainsi conçu: « Le tribunal criminel rejette la requête d'appel ou annule « le jugement; dans l'un et l'autre cas, il motive sa décision. »

Rejettant les exceptions *rei judicatæ et litis finitæ*, proposées par

ties politiques d'avant la réunion, le souvenir que la liberté n'était pas dans nos provinces d'importation étrangère, le souvenir enfin que nos populations possédaient une individualité propre, un caractère à elles, un passé distinct de celui de la France. Chaque fois que l'occasion s'en présenta, nos tribunaux aimèrent à rappeler ce souvenir à nos dominateurs, et nous en trouvons une preuve jusque sous le consulat lui-même.

Bonaparte, préoccupé de la nécessité de donner à la république l'uniformité de législation civile et pénale, consultait, sur ses projets de code, les corps judiciaires et provoquait leurs observations critiques. En parcourant les réponses des

---

l'appellant, déclare bien avoir été jugé par le tribunal de police correctionnelle de l'arrondissement de Bruxelles ; mal et sans griefs appelé par l'appellant, sortira partant le jugement dont appel, son plein et entier effet.

Ordonne que le présent jugement sera transcrit sur le registre du tribunal de police correctionnelle de l'arrondissement de Bruxelles, et exécuté à la diligence du substitut commissaire du Directoire exécutif.

Ainsi jugé et prononcé, en séance publique du 7 pluviôse an VI de la République française, par les citoyens Blommaert, président; Apers, Le Cat, De Caigny et Verstraeten, juges.

(Signé) BLOMMAERT, C.-J. APERS, VERSTRAETEN,
C. DE CAIGNY et LE CAT.

Archives de la cour d'assises à Gand. — Registre aux ordonnances et jugements du tribunal criminel du département de l'Escaut, n° III, commencé le 9 nivôse an VI et fini le 10 fructidor suivant, folio 29 recto.

CHAPITRE PREMIER.

tribunaux belges sur le projet de code criminel, nous avons remarqué avec intérêt ce que disait, à titre de préliminaire, le tribunal criminel de Gand.

Avant de se livrer à l'examen de chacune des parties du projet, il est indispensable d'offrir quelques réflexions sur les mœurs, le caractère des habitants de la ci-devant Belgique, et particulièrement de ceux de l'Escaut.

Jaloux d'une liberté douce, sage, modérée, attachés au sol par des propriétés infiniment divisées, par les soins et les travaux perpétuels d'une culture diversifiée et poussée au dernier point de perfection, engagés dans des entreprises et des spéculations commerciales immenses, tous leurs intérêts les plus chers les réunissent dans un désir commun ; c'est celui de la stabilité dans les institutions politiques, dans les lois civiles et criminelles : jamais ils ne virent sans inquiétude et sans crainte les projets d'innovation ou de réformation générale. S'il s'est élevé des troubles au sein de la Belgique, on en trouvera toujours la cause dans quelque atteinte portée à ses lois, à ses usages.

Le Belge, plus que tout autre, s'attache à une législation uniforme et antique ; il respecte les magistrats qui lui sont connus ; il ne court point au-devant des choses nouvelles : son jugement ne se forme que par sa propre expérience.

Quoique imprimées, ces lignes sont rares et peu connues : nous avons cru faire plaisir en les reproduisant.

A côté de la magistrature, dont on connaît maintenant les tendances, se posait, dans l'organisation judiciaire de l'époque, le jury. Les fonctions du jury avaient alors une importance double, puisqu'il prononçait sur les mises en accusation pour crimes, et jugeait ensuite comme faisant partie de la cour criminelle, ainsi qu'il fonctionne encore de nos jours auprès des cours d'assises. Ici l'esprit d'opposition éclatait plus flagrant encore que dans les rangs judiciaires. Toutes les accusations politiques ou de presse étaient systématiquement écartées. Si par exception, le jury d'accusation en admettait quelqu'une, le jury de jugement avait soin d'acquitter par la question intentionnelle, tout en déclarant les faits matériellement constants, comme par une sorte d'ironie. Prêtres réfractaires, journalistes, conspirateurs même échappaient à la vindicte de lois réprouvées par le sentiment national. Les commissions militaires seules condamnaient.

« J'ai présenté un acte d'accusation au jury spécial assemblé ce jour à neuf heures du matin. Quoiqu'il fût démontré clairement et à évidence que le délit était constant, ce jury *spécial*, composé de tous les meilleurs républicains en apparence et *tous fonctionnaires publics*, a déclaré qu'il n'y avait pas lieu à accusation. » Ainsi se plaignait le directeur du jury de Turnhout au ministre de la justice le 29 thermidor an vi (1).

Il s'agissait en cette affaire d'un habitant de Gheel, prévenu d'avoir recélé quatre prêtres réfractaires et d'avoir, par une résistance violente envers la force armée, empêché l'arrestation et favorisé la fuite des proscrits, repris d'ailleurs un peu plus tard.

Le résultat n'offrait rien d'imprévu. Dès le 24 messidor, le même magistrat, s'adressant encore au ministre, lui disait à l'avance : « Je suis moralement certain, citoyen ministre, que lorsque j'aurai formé l'acte d'accusation à charge de ces indi-

---

(1) Archives du tribunal de Turnhout, n° 646 corresp.

vidus et que je les traduirai devant le jury d'accusation, il sera déclaré *qu'il n'y a pas lieu*. De là, résultera le triomphe du fanatisme et des événements ultérieurs de la même nature. Il me paraît qu'il n'y a que la déportation de ces quatre ex-récollets qui puisse y mettre un frein. Vous ne croiriez pas l'influence qui s'intéresse à leur sort et les secours qui leur sont envoyés de toute part (1). »

En effet, toujours au même témoignage « de bonnes âmes venaient exprès de Gand, d'Herenthals, de Gheel et autres endroits à Turnhout, entre autres des femmes et des filles bien belles et jeunes, pour leur donner des objets de consolation et de quoi rétablir leurs forces qu'ils ont perdues en terrassant et désarmant deux gendarmes. Les bonnes gens de Turnhout aident aussi les Révérends en leur envoyant des secours de tous genres, entre autres de grandes cruches de la meilleure bière de Diest, du genièvre, etc., dont ils se soulent tous les jours au point de devoir se coucher (2). »

Nous ne garantissons évidemment pas l'exactitude du détail final.

En vain, après chaque acquittement de l'espèce, la presse dévouée au nouvel ordre de choses gourmandait-elle le jury avec une violence sans pareille. Son tapage restait stérile, et la force d'inertie triomphait sans peine de ses menaces et de ses invectives.

La juridiction de police des juges de paix exigeait aussi le

---

(1) Lettre n° 617. *Ibid.*
(2) Du 13 messidor an VI à l'accusateur public à Anvers, n° 606.

concours de citoyens assesseurs. Le mauvais vouloir se montrait tel, que la plupart refusaient toute fonction, et le cours régulier de la justice se trouvait entravé. Ainsi, le chanoine Van Beughem de Malines, arrêté le 5 frimaire an VI, languissait depuis *six mois* incarcéré à Malines, pour avoir dit la messe sans la déclaration préalable prescrite par la loi. Aucun des assesseurs du juge de paix du canton n'avait voulu, avant le 18 fructidor, faire partie du tribunal pour le juger (1).

Le gouvernement se voyait réduit à nommer juge de paix à Turnhout un garde-magasin militaire de Malines, qui l'humilia de son refus.

La liberté d'association, comme toutes les autres libertés publiques, payait son tribut à l'oppression.

Le gouvernement encourageait les associations politiques lorsqu'elles se recrutaient parmi ses partisans et ses fonctionnaires. Des circulaires officielles provoquaient à leur établissement, et Bruxelles en comptait une, organisée sur ce pied.

Mais tout à côté de celle-ci, vivait depuis plusieurs années une société nullement politique. Elle siégeait sous le nom de *Club*, à l'angle de la rue d'Assaut et de la Montagne-aux-Herbes-Potagères. Tout ce que l'émigration avait laissé dans Bruxelles d'aristocratie nobiliaire, la haute bourgeoisie, le commerce en faisaient partie. Le duc d'Ursel, personnage très-suspect à la France, on le verra plus tard, son fils, le comte de Mérode, des Van der Noot, d'Alégambe, de Beughem, de

---

(1) MERTENS, *Geschiedenis van Antwerpen*, t. VI, p. 594.

CHAPITRE PREMIER.

Jonghe, etc., y figuraient à côté des avocats Dotrenge et Barthélemy.

Une dénonciation adressée à Paris, droit au ministère de la police générale, provoqua un ordre de dissolution immédiate en ventôse an VI, sans le moindre avertissement. Nous copions la relation officielle de cette expédition dans les journaux du temps (1).

« Le ministre de la police générale a fait fermer à Bruxelles, département de la Dyle, une réunion qui, par le caractère connu de ses membres et leur opposition publique à la révolution française et à la république, ne laissait aucun doute sur la nature et le but monarchique de ses occupations.

« Le ministre s'était assuré par pièces, qu'il s'y agissait de royaliser les élections de l'an VI et parvenir aux mêmes résultats de germinal dernier.

« De plus de 200 membres qui composaient cette *loge des fils légitimes*, vingt seulement y ont été arrêtés : au moment de leur arrestation, leur premier sentiment fut celui de la lâcheté et du découragement; mais bientôt, comptant sur leurs nombreux protecteurs, ils retrouvèrent la parole pour dire que ce ne serait rien, qu'on allait envoyer quelqu'un à Paris, que le directoire ne tarderait pas à être éclairé et à revenir sur ces mesures.

« Les principaux sociétaires sont les suppôts de l'ancienne et incorrigible aristocratie, nobiliaire et sacerdotale : le duc d'Ursel s'y trouve à côté de Van der Noot, des comtes à côté des chanoines.

(1) *Rapporteur*, n° 32.

« Outre la liste de leurs membres, on en a trouvé, dans le local, une de 184 membres suppléants. Déjà cette société exerçait la plus grande influence, formait ses listes et préparait ses élections ; ils paraissaient sûrs de maîtriser les assemblées primaires.

« Un seul fait peut faire juger de son esprit : un officier autrichien était venu pour affaires à Bruxelles, il a visité assidûment cette noble société. »

Le ministre fait erreur ici en citant Van der Noot de façon à laisser croire qu'il s'agissait là du fameux tribun des patriotes. Vérification opérée de la liste, nous avons constaté que le Van der Noot qu'elle indique était un noble tenant à la famille d'Assche.

Nous ne comprenons absolument rien non plus à la qualification, *loge des fils légitimes*, que donne au cercle supprimé le *communiqué* de ce temps-là. Les pièces intimes de cette affaire, celles dont parle le ministre, nous ont passé toutes sous les yeux, et nulle trace d'affiliation maçonnique ne justifie le titre de *loge*; comme rien ne fait davantage allusion aux mots qui le suivent.

Les règlements d'ordre intérieur, le tarif des consommations, la liste des membres, soigneusement saisis et mis sous scellés, sont encore aux archives du royaume. Il s'agit évidemment là de réunion aussi peu mystérieuse, aussi peu politique que le sont la Grande Harmonie de Bruxelles ou son Cercle artistique actuels. Le jeu et la bonne chère semblent les préoccupations dominantes des statuts.

A côté du nom des membres une main policière spirituelle

et méchante a ajouté, pour l'édification du ministre parisien, quelques notes biographiques, quelques appréciations destinées à faire connaître le caractère des personnages et leur valeur politique. Ces petits portraits en trois coups de crayon sont croqués avec une verve pleine de mordant et une vérité magistrale. La tentation de les reproduire a été grande pour nous, et, n'était la réflexion, nous eussions cédé.

Malheureusement, ces charmants portraits sont un peu bien *nus* pour oser les publier ici, alors que les fils de l'original vivent peut-être et que les mères ne sont pas toujours traitées par l'artiste avec galanterie et discrétion.

Nous lisons par exemple, en face d'un nom très-aristocratique et fort bien porté encore, la mention suivante : « Très-connu dans l'histoire des Flandres par les liaisons intimes de sa femme avec le ci-devant évêque de Gand. »

Nous n'entendons pas, on le comprend sans peine, nous faire l'éditeur responsable de pareils *cancans*.

Ce même rapport de police, en général peu indulgent pour la valeur intellectuelle de ceux qu'il dénonce, signale comme un homme politique de mérite et comme un adversaire sérieux le duc d'Ursel, aïeul de l'honorable sénateur belge de ce nom.

M. le duc d'Ursel, ancien officier général au service de l'Autriche, avait joué un rôle important lors des troubles de 1790 et figuré au premier rang parmi les adversaires du gouvernement d'alors.

On l'accusa en 1798, auprès du Directoire, d'avoir pris part au mouvement royaliste comprimé par le coup d'État de fructidor. Il était, dit son dénonciateur, le commandant, désigné par Pichegru, de la garde nationale de la Dyle, et avait, en cas de succès, sa place marquée comme futur directeur au sein du gouvernement central de la France.

Aux élections de germinal, le duc avait failli être nommé membre de l'administration centrale de la Dyle.

Il est assez piquant d'observer que le fils de cet adversaire du régime français, devenu, lui, maire impérial de Bruxelles, fut en 1814 destitué et emprisonné par les alliés comme suspect de trahison au profit des Français expulsés (1) !

Parlerons-nous de la liberté de la presse ou de l'enseignement ? Inutile évidemment. Les libertés sont sœurs et solidaires. L'une ne peut souffrir sans que l'autre soit atteinte.

Un arrêté du 4 brumaire an VI ordonne la suppression de l'université de Louvain, tolérée jusque-là. Les séminaires sont fermés.

Chaque jour les feuilles publiques annoncent, ici, la suppression d'un journal ; là, la clôture des temples et des presbytères, la mise en vente de nos églises et de leur mobilier, la destruction de tous les monuments publics dont la forme ou les ornements rappellent un souvenir monarchique ou religieux. Chaque jour encore elles nomment quelque prêtre ou quelque journaliste déporté au delà des mers, les plus heureux à Oléron (2).

---

(1) *Bulletins de la commission royale d'histoire*, t. XII, p. 141.
(2) Le n° 33 du *Rapporteur* annonce à la fois la déportation de deux

A Bruxelles, le 11 novembre 1797, le commissaire du Directoire met les scellés sur Sainte-Gudule, quoique le curé eût prêté le serment, mais hors du délai fixé.

En revanche, on oblige les paysans de verser scrupuleusement dans les caisses nationales le montant des dîmes qu'ils payaient autrefois au clergé !

Des communautés de femmes qui se refusaient à évacuer leurs couvents sont violemment, brutalement expulsées par la force armée.

Le peuple, le peuple des campagnes surtout avait gardé la religion du dimanche. Autre abus qu'il fallait extirper à tout prix sous une constitution proclamant la liberté des cultes.

« La terreur, » dit quelque part Chateaubriand, « la terreur qui pouvait tout en France n'a jamais pu forcer le paysan à remplir sa décade. » Les Français l'essayèrent pourtant en Belgique, même après la terreur. Prenons un exemple entre mille.

Aux portes de Bruxelles, à Alsemberg, peu de jours avant le soulèvement de 1798, de pauvres laboureurs s'agenouillaient en silence autour de leur église fermée. Inclinés sur le

---

curés de Louvain et de deux prêtres de Sittart. — Le 25 nivôse, sept prêtres déportés quittent Gand pour Rochefort. Le 26, la même mesure frappe Van Eupen et atteint le doyen Millé de Sainte-Gudule, à Bruxelles, ainsi qu'un journaliste nommé Morneweck, propriétaire de l'*Impartial européen*. Ce dernier eut le bonheur de s'échapper en route, dans la Vendée, après avoir essuyé un feu très-vif de son escorte.

sol du cimetière où reposaient les ossements de leurs pères, ils priaient. Leur cœur demandait aux mystères de la tombe le courage et l'oubli qui font la patience, cette force des faibles; lorsque des soldats étrangers déguisés, sans se faire reconnaître, sans avertissement, tombent à coups de bâtons sur cette foule et la chassent au nom de la liberté.

Ceux qui jouent ne sont pas mieux traités que ceux qui prient.

En pays conquis, nul n'a le droit de pleurer ou de sourire, sinon à l'heure marquée par l'étranger.

A Genappe, les jeunes gens de plusieurs villages s'étaient défiés à un jeu champêtre : le jeu des fers. — C'était un *ci-devant* dimanche. Ils ne priaient pas, eux ! Survient une brigade de gendarmerie. Sans crier gare, elle charge, à coups de sabre cette fois, emmène prisonniers sous prévention de rébellion les joueurs qui réclament et défend à leurs camarades de suivre pour aller témoigner devant l'autorité à la décharge des victimes.

Une plainte adressée à l'administration centrale de la Dyle et signée par plus de trente notables, atteste la vérité de ces faits.

Nul sentiment intime, nulle tradition ne sont respectés. Coutumes, croyances, préjugés, affections, souvenirs, tout est foulé sous la botte du conquérant.

On interdit impitoyablement le son des cloches, alors même qu'elles se bornent à annoncer aux villageois l'heure du travail et l'heure du repos. Elles doivent se taire, ces cloches du soir dont le chant redit à l'oreille les douces histoires de la jeunesse et du foyer (1) ! Pourquoi ? Parce que nous sommes en servitude.

Le planteur n'aime pas que le nègre rêve à la terre et au temps où il naquit libre, qu'il en redise les chansons. La mémoire de la patrie et de l'indépendance chez l'esclave est malsaine pour le maître. Celui-ci le sait partout et toujours, et se règle en conséquence.

Rien n'étonne à première vue l'observateur superficiel comme l'impression singulièrement pénible produite sur la population des campagnes par le silence révolutionnaire imposé aux cloches et à l'orgue des villages. Cette vexation, en apparence secondaire, pesa réellement plus lourde et moins supportable que mille autres d'aspect grave et sérieux au suprême degré. Les hommes politiques, amis sincères et sages de la liberté, ne s'y étaient nullement mépris. « Les cloches sont non-seulement utiles au peuple, elles lui sont chères, » disait Camille Jordan, le 17 juin 1797 à la tribune des Cinq-cents, dans son admirable rapport sur la police des cultes, œuvre aussi riche de bon sens que remarquable par la forme. Lorsque éclatera cette *guerre des paysans*, dont nous voulons retracer la physionomie et les scènes principales, le premier acte de l'insurrection sera partout de courir au clocher pour y sonner *l'angelus* d'abord, le tocsin ensuite ; de faire redire à

---

(1) MOORE, *National melodies*.

Those evening bells,
How many a tale their music tells
Of youth and home. . . .

l'orgue, sans prêtre, sans autel, les chants pieux du temps n'était plus.

Le paysan, malgré son écorce rude, est poëte au fond incline à la rêverie : la nostalgie frappe surtout les consc arrachés à la charrue. La solitude, l'isolement qu'amèn la plupart des travaux agrestes, le contact permanent l'homme des champs avec les immenses spectacles de la cr tion, l'idée de chaque instant qu'il est avec son labeur sou main de Dieu pour la moisson et le soleil, comme pour la g et la misère, toutes ces causes expliquent peut-être cette position générale de l'âme chez les populations agricoles.

Les musiciens l'ont remarqué : tous les airs populaires é sous le chaume sont des mélodies tristes, à commencer pa *Ranz des vaches*. Les gais refrains viennent de la ville ; que le travailleur y soit plus heureux, mais il y rêve moi

Or, « tout se trouve dans les rêveries enchantées où n plonge le bruit de la cloche natale : religion, famille, pat et le berceau et la tombe, et le passé et l'avenir (1). »

La république nous avait volé tout cela : elle devait prosc les cloches. — Qu'on ne s'y méprenne pas cependant, avait là autre chose que les élans d'une religiosité aveugle

Notons, pour le démontrer, un détail curieux. Il servira transition à un triste récit.

Le peuple voulait conserver son culte et revendiquait droit de le pratiquer librement ; mais en cette matière délic il distinguait avec intelligence. Si la fermeture des églises

---

(1) CHATEAUBRIAND, *Génie du christianisme*.

la persécution des curés mirent le fusil aux mains des paroissiens, la population catholique belge assista généralement fort calme à l'évacuation des couvents. Cette opération s'accomplit en 1796 sur toute la surface du pays, sans émeute, sans troubles. La Belgique se souvenait de la très-pieuse Marie-Thérèse expulsant les jésuites et confisquant leurs biens au profit de l'État. Elle se souvenait que l'orthodoxie de l'illustre impératrice n'en avait point souffert dommage. Elle se souvenait de Joseph II supprimant tant d'ordres inutiles, et mort nonobstant muni des secours de l'Église.

Pourtant les excitations ne faisaient pas défaut. Partout, les religieux, les religieuses expulsés, exigeaient l'emploi de la force armée pour les contraindre à abandonner le cloître. Les communautés tenaient à constater publiquement la violence, la brutalité même, dont elles étaient l'objet. Il faut l'avouer, on ne leur marchandait pas cette consolation. Le peuple s'attroupait aux portes des cloîtres profanés et regardait passer le cortége, blâmant la forme plus que le fond.

Une provocation directe à la résistance se produisit pourtant sous les murs mêmes de Bruxelles, mais sans succès auprès des masses. Son dénoûment fut tragique.

Le 2 janvier 1797, un rassemblement armé, composé d'environ deux cents hommes, heurtait, vers neuf heures du matin, à la grille de l'abbaye d'Affighem, récemment évacuée par ses religieux.

Ces hommes portaient la cocarde noire autrichienne; quelques-uns étaient armés de fusils de munition, le reste de fusils de chasse et de fourches.

Une poignée de volontaires, commandée par un officier, gardait le couvent abandonné. Cette faible garnison surprise est bientôt désarmée; on l'enferme dans une grange. Le receveur des domaines d'Assche, informé, accourt à Afflighem, et somme l'émeute qui l'occupe d'évacuer la propriété de la république. Les insurgés répondent par des coups de fusil : fort heureusement, ils n'atteignent personne.

Cette bagarre ne dura pas vingt-quatre heures. Les populations rurales se refusèrent à grossir la bande, qui n'osa pas même occuper Assche. Le tocsin ne sonnait dans aucun village environnant (1).

Dès l'après-midi, la majeure partie des émeutiers s'était dispersée, craignant, avec raison, l'arrivée de troupes venant de Gand ou de Bruxelles. En effet, les généraux Songis et Leclercq, commandant respectivement les départements de la Dyle et de l'Escaut, immédiatement avertis, s'étaient empressés de prendre des mesures répressives. Les rebelles, fort novices dans l'art de la guerre, avaient permis à une estafette expédiée au général Songis de continuer sa route, après lui avoir enlevé sa cravate et sa montre, mais en lui laissant ses dépêches.

Quoi qu'il en soit, une colonne de cinq à six cents hommes, partie de Bruxelles avec de l'artillerie, atteignait le soir même Assche, au moment où une partie de la garnison de Gand entrait à Alost, marchant sur Moorsel.

La force armée se porte vers l'abbaye. Les portes sont fer-

(1) *Écho des feuilles politiques*, n° 3.

mées : le canon les enfonce, malgré quelques coups de fusil tirés par les fenêtres. Les défenseurs de la place prennent la fuite, laissant sur le carreau deux morts et trois prisonniers aux mains des vainqueurs. Les volontaires enfermés le matin sont délivrés.

L'auteur de cette tentative téméraire portait un grand nom : c'était le seigneur d'un village voisin, le baron Jean-Joseph de Meer de Moorsel. Son valet de chambre comptait parmi les prisonniers, et la bande, formée de ses gardes, de ses domestiques et de ses paysans, était partie de son château de Moorsel. Lui-même avait réussi à se dérober aux poursuites.

Les prisonniers d'Afflighem comparurent à Bruxelles devant un conseil de guerre, qui condamna à mort le domestique du baron de Meer et un ancien soldat autrichien ou hollandais, tailleur de son présent métier au village de Moorsel. Ces malheureux furent fusillés le samedi 14 janvier, à cinq heures du soir, sur l'emplacement qu'occupe aujourd'hui le débouché de la rue de la Régence vers la place Royale, entre le ministère de la justice et l'Athénée royal. C'était alors une sorte d'impasse, en forme de terre-plein, communiquant, par un passage non pavé et en pente fort roide, avec la montagne des Aveugles.

Ces malheureux marchèrent au supplice, causant et riant entre eux avec la même gaieté que s'ils allaient à une fête. Aucun prêtre ne les accompagnait.

Précisément, le lendemain de ce jour fatal, vers midi, de Meer fut arrêté à Waelhem ; une femme le reconnut au moment où il entrait dans un cabaret nommé *la Tête d'or*.

Le baron avait, jusque-là, trouvé un asile aux portes de Malines. Il venait de quitter ce refuge, à pied, sous un déguisement, enveloppé d'une vaste capote bleue. Son signalement envoyé par l'administration départementale de l'Escaut à toutes les autorités et affiché dans toutes les communes, le trahissait manifestement en indiquant qu'il bégayait.

Dénoncé, par la femme dont nous venons de parler, au greffier de la justice de paix, celui-ci courut avertir des chasseurs à cheval du 13ᵉ régiment, cantonnés à Waelhem. Un cavalier s'approche du fugitif et lui demande son passe-port : de Meer se sent perdu; il porte la main à la poche comme pour y chercher des papiers, en retire au contraire ses pistolets, arme et fait feu! Le coup rate; l'homme est désarmé. On le saisit, on le fouille, on l'interroge. Son bégayement, qu'il essaye vainement de dissimuler, le condamne. Pourtant il nie son identité, s'appuyant sur un passe-port régulier portant un nom autre que le sien et que l'on avait trouvé sur lui.

Les chasseurs le mènent en prison, où il attend le retour du juge de paix absent et qui devait l'interroger. Devant ce magistrat, le soir, de Meer reconnut franchement, bravement qui il était et sa participation au mouvement d'Affighem. « Je me suis conduit en honnête homme, » dit-il, « et je suis prêt à mourir de même. » On le mena sous escorte à Malines.

Le chasseur, héros de cette importante capture, se nommait Hubert Paul. L'administration centrale des Deux-Nèthes voulant récompenser son zèle, et ne pouvant, dit-elle, lui donner les pistolets de de Meer qu'il a désarmé, elle lui en offre une autre paire comme marque de sa gratitude (1).

Le chef des insurgés d'Affighem fut traduit à son tour devant le conseil de guerre, à Bruxelles. Jugé par cette justice exceptionnelle et rigoureuse, devant ses propres aveux l'accusé se sentait perdu. Soumis au jury, des acquittements récents prouvaient que tout espoir d'échapper à la mort n'était pas évanoui. Un effort énergique fut tenté par le baron de Meer et par ses amis, afin de décliner une compétence meurtrière.

La législation en offrait le moyen : les conseils de guerre tenaient de la loi du 30 prairial an III le pouvoir de juger les individus arrêtés dans les rassemblements armés contre la république. Or, le baron de Meer, accusé d'avoir fait partie de pareil rassemblement, n'avait néanmoins été arrêté que quinze jours après le rassemblement dissipé et à plusieurs lieues du théâtre du crime. Personne ne contestait cette circonstance capitale.

Bien plus, le conventionnel Mallarmé venait de se voir enlever ses fonctions d'accusateur devant le tribunal de la Dyle, et reprenait la toge de l'avocat. On lui avait entendu déclarer tout haut au parquet du tribunal civil, que s'il était encore officier du ministère public, il arracherait le baron à la juridiction militaire.

Le mot, recueilli par une oreille amie, fut mis à profit immédiat : un billet trouvé sur l'accusé prouva plus tard que dès son arrivée à la prison militaire de Bruxelles, on lui con-

---

(1) Arr. adm. centr. Deux-Nèthes, 27 nivôse an V.

seillait de réclamer Mallarmé pour défenseur officieux. Il suiv[it]
ce conseil : Mallarmé accepta et se mit à l'œuvre sans retar[d].

Dans la nuit du 19 au 20 janvier, un huissier notifia, a[u]
nom de de Meer, une protestation vigoureuse contre la com[-]
pétence du conseil de guerre. On y joignit la déclaration d'u[n]
pourvoi éventuel en cassation, si ce tribunal exceptionnel [se]
déclarait apte à juger. Cette protestation fut signifiée no[n]
seulement au président et au rapporteur du conseil, mais [en]
outre au président, au commissaire du pouvoir exécutif et [à]
l'accusateur public du tribunal criminel civil.

Ce tribunal s'en émut. Réuni d'urgence le 20 à huit heur[es]
du matin, il résolut d'envoyer auprès du conseil de guer[re]
l'accusateur Delecroix.

Quelle fut exactement la mission de ce magistrat ?

Ce point demeure obscur. Delecroix, admis devant le conse[il]
de guerre, y exposa les raisons de douter de sa compétenc[e.]
Sur ce premier acte du drame tout le monde est d'accord.

Mais les amis et les avocats du baron affirmèrent ensuit[e]
que Delecroix était allé plus loin ; qu'il requit lui-même [la]
distraction de la cause et du prévenu, et l'on voit cette affi[r-]
mation reproduite dans le pourvoi en cassation formé contr[e]
le jugement du conseil. Les journaux républicains du temp[s]
nient ; ils prétendent au contraire que durant la plaidoirie[,]
Mallarmé s'étant permis de dire que le tribunal criminel ava[it]
envoyé l'officier du ministère public *réclamer* son justiciable[,]
Delecroix présent l'interrompit et fit observer que sa missio[n]
se bornait « à *inviter* le conseil à discuter sa compétenc[e]
avant d'aborder le fond. »

Quoi qu'il en soit, le conseil se déclara régulièrement saisi et compétent. Puis, il passa outre, séance tenante, au jugement du fond, malgré un pourvoi en cassation immédiatement formé par de Meer et ses conseils.

« Si, contre toute attente, » disait de Meer en terminant sa protestation signifiée la veille, « si, contre toute attente, cette sommation restait sans effet; si, au mépris de la loi et de la constitution qui lui assurent le droit d'être jugé par ses pairs; si, contre toute attente, on le force de paraître; si du fond de son cachot on l'entraîne devant un juge incompétent, le requérant subira son sort avec courage, mais *il n'y paraîtra que pour garder le plus profond silence.* Il présentera sa poitrine au plomb meurtrier et rend garants et responsables de sa mort ceux qui l'auraient condamné, laissant à sa famille le soin de venger cet assassinat juridique par les moyens de droit, afin qu'aucun de ses concitoyens ne devienne par la suite victime de l'erreur ou de la fausse application des lois militaires. »

Le silence promis fut rigoureusement gardé, sans défaillance aucune. De Meer, après le jugement de compétence, refusa de répondre : ses défenseurs parlèrent seuls.

Une plaidoirie chaleureuse, énergique, de Mallarmé sur le fond n'eut pas meilleur résultat que l'incident.

Le *Républicain du Nord*, rédigé par une plume belge, hélas! constate le succès oratoire de l'avocat pour lui en faire un crime.

Le baron de Meer fut condamné à mort et fusillé vers cinq heures, pendant que ses amis faisaient placarder son pourvoi en cassation sur les murs de Bruxelles. Il marcha au supplice à pied, accompagné d'un ecclésiastique, depuis la prison de la porte de Laeken jusqu'à la place Royale sous l'escorte d'une force armée nombreuse (1).

Ainsi périt, courageux et résigné, ce chef, le seul nom aristocratique qui ait paru sur le champ de bataille où tant de plébéiens succombèrent.

De Meer était âgé d'environ cinquante ans, petit de taille, maigre, chauve, les cheveux blonds et courts. Il avait servi l'Autriche dans le régiment de *los Rios*, avait accepté à la révolution patriotique un grade de capitaine au service des États et s'était distingué à l'affaire de Nassogne, le 1ᵉʳ janvier 1790. Il laissait une veuve, fort jolie femme, qu'il avait épousée par amour en abandonnant pour elle la carrière ecclésiastique à laquelle sa famille le destinait.

Nous constatons avec un sentiment pénible que la condamnation du baron de Meer de Moorsel fut vraiment illégale, et, comme il l'imprimait à l'avance, un assassinat juridique. La loi du 30 prairial an III devait être interprétée comme on le plaidait pour lui devant le conseil de guerre. Trois mois plus tard, le tribunal de cassation de Paris rendait hommage au principe en soustrayant, par de nombreux jugements, à la juridiction militaire tous les individus compromis dans l'affaire du camp de Grenelle, mais saisis *hors* des rassemblements, après une lutte énergique contre l'autorité militaire et le Directoire lui-même.

(1) *Républicain du Nord*, du 18 au 20 janvier 1797; *Impartial Bruxellois*, du 20 janvier 1797; *Écho* du 24.

CHAPITRE PREMIER.

La question fut jugée dans le même sens et plus nettement encore, le 27 germinal an v, par la même judicature à l'occasion des troubles de la Vendée (1).

Il est amèrement à regretter que le tribunal criminel de la Dyle soit resté sourd à l'appel d'un mourant qu'une main ferme eût sauvé. Il est à regretter que ce corps, en se saisissant du fait, n'ait pas montré l'indépendance et le courage civique dont il fit preuve plus tard, lors du procès du curé de Haes. Pareille conduite eût ajouté une noble page à l'histoire de la magistrature belge. Une tache sanglante de moins marquerait les annales de nos troubles politiques, déjà si sombres ; toutefois, notons-le à titre de consolation ou d'excuse, pas une main de compatriote n'a signé la sentence du baron de Meer. Au bas de ces lignes, rouges du sang belge illégalement versé, on ne lit que des noms *français*.

Après la tragédie, la farce. La pitié, l'enthousiasme politique, l'odeur de la poudre, l'auréole du martyre ne parvenaient pas à émouvoir encore nos populations au point de les lancer armées sur la place publique ou dans les campagnes.

C'est le diable, le diable lui-même, qui, en désespoir de cause, va descendre cette fois dans l'arène, et reprendre la tâche de faire échec à la république française.

Il est, au nord de la province de Brabant, une petite ville célèbre par l'image miraculeuse de la Vierge que son église renferme, Montaigu. Les pèlerins y affluent ; les malades abandonnés par la science humaine, condamnés comme incu-

---

(1) V. *Journal du Palais*, t. I, p. 152 ; Sirey, I, 1, 199.

rables, viennent en foule y demander à la miséricorde céleste l'espérance et le secours que la terre leur refuse désormais.

Le 12 août 1797, une paysanne de Kiel, près d'Anvers, âgée de vingt-six ans environ, fut amenée au pied de l'autel consacré à la Mère de Dieu. Elle était, disait-on, ni plus ni moins que possédée du démon! Possédée en 1797! La chose semble incroyable; pourtant elle fut crue; non par le vulgaire seulement, mais par des gens d'intelligence cultivée, instruits et de bonne foi, par des hommes d'élite, ayant mission d'instruire les autres.

Il est vrai que nous, sceptiques du xixe siècle, fils de Voltaire, nous croyons aux esprits frappeurs, aux tables tournantes, au magnétisme, que sais-je! Et nous rions gravement ensuite de la crédulité de nos pères.

Quoi qu'il en soit, voici l'histoire. Nous empruntons l'exposé des faits à une confidence tout intime dont l'auteur n'a jamais supposé un instant qu'elle pût quelque jour tomber aux mains d'un étranger. Nous copions les notes tenues par l'un des médecins qui visitèrent le sujet en question, le docteur Janssens de Diest; notes inscrites au jour le jour sur son registre d'observations et de prescriptions médicales, entre une recette et un compte d'honoraires.

La victime de l'esprit malin arriva, comme nous l'avons dit déjà, à Montaigu le 12 août 1797. Elle se nommait Thérèse Distidon, et prenait ses vingt-six ans. Sa taille était chétive, son corps maigre, sa physionomie vulgaire et noire sa chevelure. Ses parents, jardiniers de leur métier, gagnaient honorablement leur vie par le travail de leurs mains. Depuis sept ans que Thérèse souffrait, on avait dépensé pour elle en frais de maladie deux à trois mille florins, sans résultat.

« Le diable, » écrit le bon docteur Janssens, « le diable qui est l'ennemi de tout bien, a fait tourner cette affaire en ridicule par plus d'une mauvaise langue. Et comme, dans ce siècle pervers, il se rencontre beaucoup de gens qui ne croient ni à Dieu, ni au ciel, ni à l'enfer, et par conséquent n'admettent pas l'existence du diable ni des possédés, et nient tout, on ne vit en tout ceci qu'une comédie, une boutique ouverte pour attirer quelques liards aux moines. »

Après cette précaution oratoire, l'écrivain poursuit en termes que nous continuons à copier scrupuleusement.

Les pères de l'Oratoire se chargèrent d'exorciser Thérèse, qui devint furieuse et accomplit dans sa furie des choses prodigieuses dont son historien omet le détail.

Survint M. d'Havelange, prêtre luxembourgeois, doyen de la faculté de théologie à l'université de Louvain et président du collége Viglius. Le démon, en face de pareil adversaire, dut trouver la partie rude. Il n'en fit pas moins une défense vigoureuse, et le savant professeur ne put le contraindre à évacuer la place. Exorcisée par d'Havelange, Thérèse toujours furieuse obéissait néanmoins à ses ordres donnés en français et *en latin!* De là, conclut Janssens, impossible de douter encore qu'elle ne fût bel et bien possédée.

Aussi Janssens et cinq confrères médecins à Diest, comme lui, n'hésitèrent-ils pas à délivrer un magnifique certificat en latin toujours, constatant l'impuissance de l'art de guérir et la puissance supérieure du démon.

L'aventure ne pouvait manquer d'avoir un grand retentissement. Depuis longtemps, le diable ne daignait plus se montrer en Belgique.

La presse s'empara de cette question, et nous lui laissons la parole. *Le Républicain du Nord*, journal bruxellois, ouvrit le feu par un article signé de son rédacteur en chef, Norbert Cornélissen, qui traitait le démon, sa victime, ses adversaires et jusqu'aux spectateurs, avec un sans-façon sceptique et railleur dont la polémique du temps peut seule donner une idée exacte. Cornélissen déclarait très-nettement ne croire en aucune manière aux possédés.

La réplique ne se fit pas attendre. Dès le 4 septembre, d'Havelange et le révérend père Coppens, prêtre de l'Oratoire de Montaigu, répondirent par une lettre insérée dans le numéro du *Républicain* du 12 octobre, imprimée à part et distribuée à profusion dans le public. Nous donnons textuellement cette épître, qui « peut servir de thermomètre de l'esprit de l'Université de Louvain, à la fin du xviii° siècle. » Cette appréciation est celle du journal contemporain auquel nous empruntons notre citation.

Voici la pièce. Elle sort des presses de Michel (J.-P.-G.), à Louvain, et ne laisse pas que de fournir un chapitre curieux à l'histoire de l'instruction supérieure en Belgique.

A L'AUTEUR DE LA GAZETTE INTITULÉE : *Le Républicain du Nord*.

Monsieur!

Dans votre feuille imprimée à Bruxelles, le 8 fructidor an v de la République (vendredi 25 août 1797, vieux style), n° 651, vous faites une violente sortie contre les oratoriens de Montaigu, à l'occasion d'une *possédée du démon*, nommée Thérèse, fille de Gérard Distidon, de Riel, près d'Anvers, âgée de 26 ans, conduite à Montaigu le 12 du mois d'août de l'année courante, en vue d'implorer, pour sa délivrance, le secours du ciel par l'intercession de la sainte Vierge Marie, consolatrice des affligés.

Étant un des acteurs de ce qu'il vous plaît d'appeler un *spectacle comique, absurde, affreux, tout ce qu'on voudra, mais indigne et de la majesté de celui dont ils se disent les ministres, et du lieu vénérable où se passe la scène*, je me crois obligé de vous répondre en défendant un fait intéressant, que vous tournez en ridicule sans connaissance de cause, mais, à ce qu'il paraît, uniquement parce que vous ne croyez pas aux possédés.

Vous ne croyez pas aux possédés, dites-vous, monsieur! Vous ne croyez donc plus à l'Évangile? Êtes-vous donc devenu apostat de la religion sainte dans le sein de laquelle vous avez eu le bonheur d'être régénéré par le sacrement du Baptême?

Quoi de plus commun dans l'Évangile que les possédés, dont il y est fait mention? J'aime mieux de me persuader que vos ironies découlent plutôt de vos préjugés et de votre ignorance que d'une honteuse apostasie.

Pour vous convaincre, monsieur, qu'il y a des démons, et qu'il peut y avoir *des possédés des démons*, nous vous invitons, les oratoriens de Montaigu et moi, à vous rendre sur le lieu du *spectacle*, pour y examiner le fait avec une scrupuleuse attention. Vous avouez vous-même *qu'il serait facile de le faire vérifier à Montaigu*.

Nous désirons beaucoup que le fait en question soit examiné, pesé et vérifié avec la plus grande exactitude, pour la plus grande gloire Dieu et l'édification des fidèles.

Nous invitons à coopérer à cette bonne œuvre, autant qu'il est en nous, tous les médecins, tous les jurisconsultes, tous les théologiens, tous les savants, tous les philosophes, et particulièrement tous les magistrats, auxquels il appartient de réprimer l'imposture et de punir les imposteurs.

Et vous, monsieur, puisque vous nous attaquez dans une feuille publique, nous vous sommons très-instamment de vous rendre à notre invitation pour vérifier le fait par vous-même. Il y va de votre honneur.

Nous n'avons pas lieu de douter, qu'en suite d'un mûr examen, vous ne soyez tout à fait détrompé de l'erreur dans laquelle vous avez eu le malheur de tomber.

Le démon même vous convaincra de son existence, et nous rendra, ainsi qu'à cette pauvre fille, la réparation de l'honneur que vous nous ravissez par pur esprit d'incrédulité.

La *farce*, que le démon joue à Montaigu, est digne d'être vue, et il faut en avoir été témoin oculaire pour en juger. *Cette farce était réservée à la fin du* XVIII*e siècle :* parce qu'elle était nécessaire pour prouver, d'une manière palpable, aux incrédules du XVIII*e* siècle, qu'il y a des démons et *des possédés du diable,* et pour arrêter les progrès de leur incrédulité et de leur irréligion.

Cette *farce* ne se joue pas dans l'obscurité, mais autant qu'il est possible, à la vue de tout le monde, parce que nous croyons que la divine Providence la fait jouer au démon pour présenter à un chacun un antidote efficace contre le poison de l'hérésie, qui commence à ravager nos contrées.

Cette *farce* se joue par le démon, malgré lui. Il y est forcé par l'invocation des saints noms de Jésus et de Marie. Voilà les seules armes que nous employons contre cet ennemi malin et puissant, en attendant que Son Éminence, notre digne archevêque, daigne nous accorder la permission de faire les exorcismes.

Venez, monsieur, venez voir ce nouveau genre de combat. Venez reconnaître l'admirable efficacité de l'invocation du saint nom de Jésus et la puissante intercession de Marie.

Le démon vous apprendra, bien mieux que les hommes, à adorer le fils et à honorer la mère.

Rien, dites-vous, monsieur, *n'a pu engager jusqu'à ce moment le tenace démon à dénicher.*

Cela est vrai. Mais en revanche nous l'avons engagé, et nous l'*engageons* tous les jours, et quand il nous plaît, à prêcher l'existence des démons, leur malice, leur cruauté. Il est forcé par le doigt du Très-Haut d'obéir à nos ordres, soit que nous lui parlions en flamand, en français ou en latin.

Nous l'*engageons* efficacement à prouver la force de l'invocation du saint nom de Jésus et de Marie, l'utilité et la nécessité de la prière, la vérité de la religion catholique, apostolique et romaine, où nous avons eu le bonheur de naître, et où nous désirons d'avoir le bonheur de mourir.

Nous l'*engageons*, malgré qu'il en ait, de défendre les ministres du Seigneur contre les criminelles inculpations de fanatisme, de charlatanerie, d'intérêt, d'avarice, etc., dont on les noircit.

Nous l'*engageons* à prouver à l'évidence aux fidèles exposés à la séduction, qu'il y a un enfer à éviter et un paradis à gagner.

Nous le forçons à les prémunir contre les périls d'infection, à les affermir dans la foi de leurs pères, à les retirer de leurs égarements, à les faire retourner à Dieu par une sincère pénitence.

Nous l'*engageons* à confondre l'incrédulité de notre siècle.

C'est pourquoi nous nous empressons d'inviter à ce nouveau *spectacle* surtout ceux qui auraient eu le malheur de se laisser éblouir et séduire par les prestiges d'une philosophie aussi damnable que trompeuse. Ce n'est sans doute pas moins pour leur salut, que pour le nôtre, que le Seigneur a suscité ce prédicateur extraordinaire.

Nous l'*engageons* à guérir cette misérable créature, en le forçant à ôter le maléfice dont elle a été accablée depuis près de sept ans.

En vain les médecins se sont-ils efforcés de la soulager. Le démon les a constamment déjoués.

Les progrès rapides de la guérison, que le Seigneur accorde de jour en jour à nos faibles prières, par la seule invocation du saint nom de Jésus, sous la protection de la très-sainte Vierge Marie, sont une preuve incontestable que nous ne prions pas en vain, que c'est à tort que vous nous dénigrez, et que vous êtes un faux prophète, lorsque vous dites dans votre gazette: *si on continue à l'exorciser, j'ose prédire qu'on la rendra vraiment folle, mais folle à lier, mais maniaque, mais furieuse.*

Enfin, nous l'*engageons* à démontrer, d'une manière expresse et formelle, contre la calomnie, que cette pauvre affligée, loin d'être une pécheresse ou une courtisane, comme vous l'insinuez, monsieur, est au contraire une vertueuse, une sainte fille, choisie par la divine Providence pour confondre les faux sages et leur sagesse, avec plus de force et de succès que ne pourraient faire dix mille prédicateurs.

Je ne m'arrêterai pas, monsieur, à réfuter plus au long votre gazette. Je me borne maintenant à vous dire qu'elle ne contient, à cet égard, qu'un amas d'impostures et de calomnies.

Entretemps que le démon prêchera qu'il y a des diables et des possédés du diable, et qu'il plaise au Seigneur de le faire *dénicher*, nous vous réitérons nos invitations d'assister à sa prédication. Votre honneur y est compromis.

Nous sommes, en vous attendant,

Monsieur,

Vos très-humbles serviteurs,

J.-J. HAVELANGE, professeur de la théologie, et président du collége de Viglius, à Louvain.

A.-A. COPPENS, prêtre de l'Oratoire, à Montaigu.

Montaigu, le 4 septembre 1797.

Si vigoureuse qu'elle fût, la réplique des exorciseurs ne réussit pas mieux à réduire et à dompter les mécréants de la presse, que les efforts pieux de ses signataires n'avaient réussi à expulser le démon du corps de la pauvre Thérèse.

Ce n'est pas pourtant que l'on mît de la négligence ou de la faiblesse dans l'emploi du remède. Nos lecteurs peu familiers avec la thérapeutique des possédés, selon le rituel, liront peut-être avec quelque intérêt le récit d'une séance curative, puisé à la source qui nous a fourni les citations précédentes.

La jolie possédée marche régulièrement à l'église, entre deux haies de curieux, qui s'empressent de faire place à mesure que la sœur, qui la conduit par la main, s'avance. On lui demanda dernièrement si c'était jour d'exorcisme : Asmodée prit la parole: *ga na de karrek*, dit-il en plat patois d'Anvers, *en bit Téseke* (allez à l'église et priez Dieu), preuve bien convaincante de l'utilité de la prière, puisque le diable même la recommande : il y a de quoi s'étonner que le diable joue le rôle de prédicateur. On arrive à la chapelle, tranquillement, décemment. On saisit la jeune démoniaque ; on lui assujettit les jupes au bas des jambes, et au moyen d'une sangle qui lui passe autour des hanches, on l'attache sous une table, sous laquelle passent les deux bouts de la sangle, de manière à ne gêner en rien les mouvements de ses jambes et de tout le corps. C'est le docteur Havelange qui prête son ministère à cette scène ; il est armé d'un petit talisman, de forme cylindrique, de trois ou quatre pouces, et recouvert d'un linge blanc. Ce petit talisman opère les effets les plus merveilleux ; lorsque M. Havelange tient cette machine miraculeuse de la main droite, il commande à la possédée de lui donner la main dans sa gauche, en traitant le diable de *coquin*. Le diable obéit sans difficulté à la semonce ; mais, dès que l'exorciste présente la main où est placé le précieux talisman, le diable fait beaucoup de façons. Il faut alors employer les gros mots : *Au nom de Dieu, coquin, donne-moi la main*. Alors le *coquin* la donne, mais en frémissant ; lorsque M. Havelange repose le talisman sur l'estomac de la possédée, elle essuie de violentes agitations, on entend un cri aigu, comme qui dirait d'une douzaine de tourterelles qui soupirent leurs amours, sans qu'on aperçoive le mouvement des lèvres. Enfin le moment le plus terrible des agitations s'approche. On descend la madone de Montaigu de sa niche ; on place ce fétiche sur les jambes de la possédée !... Frémissements, cris affreux, convulsions qui répandent une sainte terreur dans l'âme des fidèles qui glorifient Dieu et ses œuvres ; après une scène horrible, cette malheureuse approche les genoux de sa bouche et mord avec violence, sans pourtant se faire le moindre mal ; enfin la force est telle, à ce que disent *les hommes de l'art*, que si on s'opiniâtrait à placer la Vierge et à la tenir sur ses jambes, il y aurait à craindre que le diable n'envoyât la statue miraculeuse se briser contre le murs du temple! Toutes ces opérations sont interrompues par des génuflexions, des orémus; et, malgré que vous en ayez, vous êtes forcé de vous agenouiller, les bras en croix, ce qui est très-édifiant. Après quelques simagrées telles que je viens de décrire, on fait retirer tous les spectateurs de la sacristie; on la ferme... Le peuple, en prières, écoute, le bruit redouble, les hurlements sont affreux; des légions de démons paraissent déchaînées!...

Un médecin écrivait au même journal, le 19 septembre 1797, la relation d'une visite à Montaigu, dans laquelle il avait mis personnellement à l'épreuve la faculté diabolique de comprendre le latin dont on prétendait Thérèse douée. On sait que le don des langues est le signe manifeste de la possession. D'après ce témoin oculaire, un moine l'entendant observer que, durant l'exorcisme, diable et possédée s'étaient bornés à parler le flamand, et encore le patois d'Anvers, l'engagea à adresser à cette fille quelques paroles dans l'idiome de Cicéron. « Parlez-lui de Dieu ou de la sainte Vierge : vous verrez des symptômes terribles, elle entrera en convulsion. »

Au lieu de parler de Dieu ou de ses saints, le fils d'Esculape se mit à conter en latin l'histoire d'un voyage, et les convulsions nerveuses commencèrent aussitôt. Invité ensuite, et toujours en latin, à *éternuer*, le diable s'y refusa formellement.

Il y a sans doute quelque chose à rabattre de ces railleries, mais il est impossible de contester le fond de cet incroyable récit, et l'on se demande après l'avoir lu et médité, comme ce personnage d'une comédie célèbre : « Qui donc trompait-on ici ? »

Remarquons en passant que les plus impitoyables railleurs ne songeaient pas un instant à révoquer en doute la science et la bonne foi de M. d'Havelange. « Naturellement bon, mais crédule, » écrivait Cornélissen, « il est la première et la plus respectable dupe de celles qui se font à Montaigu. »

Malheureusement la renommée du démon et de ses hauts faits parvint bientôt aux oreilles du Directoire et de son ministre de la police générale, et le plaisant tourna au tragique.

Le 27 octobre, une trentaine de soldats français arrivèrent à Montaigu dès trois heures de l'après-midi. Ils s'emparèrent de Thérèse Distidon et de ses deux exorciseurs principaux, les pères de l'Oratoire Vliegen et Kerkhoffs, et les emmenèrent sur une charrette à Louvain. La possédée fut envoyée dans une maison d'aliénées tenue par les religieuses Ursulines et les Oratoriens furent mis en prison.

Un arrêté du 28 vendémiaire an vi (19 octobre 1797), contre-signé par Larévellière-Lépaux, ordonna la déportation des pères Kerkhoffs et Vliegen et du docteur d'Havelange, qui furent expédiés à Cayenne (1).

Nous n'avons plus rien découvert concernant l'acteur prin-

---

(1) Le Directoire exécutif, après avoir entendu le rapport du ministre de la police générale,

Vu différentes pièces desquelles il résulte :

Qu'une fille, prétendue possédée du diable, a été amenée de Louvain à la chapelle de Montaigu, département de la Dyle, pour y être exorcisée;

Que cette scène ridicule a été la cause de rassemblements dans lesquels les lois et la morale publique ont été impudemment violées;

Que les nommés d'Havelange, recteur de l'université de Louvain, Kerkhoffs et Vliegen, prêtres ex-oratoriens, ont été les instigateurs de

cipal de ces scènes. Seulement, une lettre adressée au *Républicain* (1) par Van Meenen, le 7 novembre 1797, constate qu'à Louvain les convulsions, les prodiges avaient complètement perdu de leur éclat primitif. L'eau bénite, l'attouchement des reliques, les prières, tout cela était sans la moindre action sur Belzébuth, du moment que la malade ne voyait ni n'entendait rien. L'esprit malin restait muet en présence de phrases latines qu'un écolier de sixième eût comprises. Il ne savait plus même le français. De tout quoi Van Meenen concluait que :

<blockquote>
Ces esprits dont on nous fait peur
Sont les meilleures gens du monde.
</blockquote>

Il fallait évidemment quelque chose de plus sérieux que le

cette jonglerie scandaleuse, qu'ils se sont chargés du soin d'exorciser cette fille, qu'ils ont accompagné cette opération de mille momeries religieuses, et qu'ils ont débité que cette jeune fille ne survivrait que deux ou trois jours à la sortie du diable.

Considérant que ces trois ex-prêtres, en employant les moyens les plus honteux pour égarer le peuple et le remettre sous le joug du fanatisme, troublent l'ordre public et ne peuvent être considérés que comme des hommes très-dangereux ;

Arrête ce qui suit :

Les nommés d'Havelange, recteur de l'université de Louvain, Kerkhoffs et Vliegen, ex-oratoriens, seront déportés, en conformité de l'art. 24 de la loi du 19 fructidor dernier.

Le ministre de la police est chargé de l'exécution du présent arrêté.

Pour expédition conforme ;

Le président du Directoire exécutif,

(Signé) L.-M. LA RÉVELLIÈRE-LÉPAUX.

(1) *Républicain du Nord*, n° 729.

diable pour contraindre nos braves paysans à décrocher les vieux fusils pendus à la cheminée des chaumières.

La république française se chargea elle-même de cette tâche.

Nous avons dit les vexations de nos campagnes. Dans les villes, le génie républicain s'acharne à changer le nom des rues contre des appellations railleuses, blessantes et ridicules. Ici, il est défendu aux brasseurs d'offrir de la bière de *Mars*, sous peine de lèse-calendrier ; là, aux boulangers de Bruxelles, par exemple, d'annoncer la cuisson de leur pain par le son du cornet ou autre instrument ; cet usage, disait magistralement la municipalité, cet usage *rappelant l'ancien ordre des choses* (1) ; ailleurs, de suspendre dans les rues ces *couronnes* de fleurs sous lesquelles nos populations flamandes dansaient en rond depuis des siècles aux jours de kermesses.

Une autre fois, la même municipalité menace de fermer le théâtre, parce que les artistes exécutent les airs patriotiques avec *insouciance et mépris!* Remarquons en passant que le public ne s'en plaignait pas.

Il y a aussi curieux encore ailleurs. Les poissonniers de Bruxelles demandent un beau matin à pouvoir vendre leur denrée tous les jours de la décade, au lieu de se borner à certains jours déterminés seulement.

Grave affaire, sans qu'il y paraisse, et voici comment :

En fixant des jours spéciaux pour la vente du poisson, l'autorité chargée de la police des marchés s'était proposé un but politique. Il s'agissait d'atteindre cette fois un dangereux

---

(1) Huyghe, t. XIX, pp. 366 et 367.

ennemi de la république, le ci-devant vendredi, comme on avait réussi à proscrire son compagnon d'infortune, le ci-devant dimanche.

Or, pour empêcher les fidèles catholiques d'observer les jours d'abstinence prescrits par les commandements de l'Église, la municipalité de Bruxelles plaça ses administrés entre leur estomac et leur conscience; elle leur offrait cette dure alternative de manquer de poisson frais ou de désobéir. Les jours de vente étaient fixés en conséquence.

De là, la réclamation des poissonniers qu'appuyaient par une pétition les gens de peine, mâles et femelles, attachés au service du marché.

La municipalité refusa, pour des raisons par trop excentriques, et qu'il faut textuellement citer, à peine de voir révoquer en doute leur réalité historique :

Considérant, dit-elle, que tous les motifs déduits ne tendent absolument qu'à éluder l'effet des mesures commandées par les lois, et l'arrêté du Directoire exécutif sur l'exécution du calendrier républicain;

Considérant que la jouissance journalière des bancs loués aux poissonniers, réclamée en vertu de leur adjudication, n'est qu'un prétexte imaginé par les ennemis du nouvel ordre de choses, pour entraver l'exécution des lois et l'établissement des institutions décrétées par le Corps législatif, puisque les poissonniers ont cinq jours de marchés publics par décade, et que ci-devant il n'arrivoit ordinairement de poisson que deux ou trois fois par semaine ; que d'ailleurs il dépend d'eux de s'entendre avec leurs commissionnaires et les bateliers pêcheurs, pour l'arrivage du poisson;

Considérant que, sous le règne de la liberté, la marée flue et reflue avec la même régularité que sous le règne monarchique et sacerdotal : que conséquemment l'arrivage du poisson de mer, qui ci-devant ne manquoit jamais de s'effectuer la veille des anciens jeûnes, vigiles, Quatre-Temps et autres jours fériés de l'ancien calendrier, peut aussi bien avoir lieu sous le régime actuel, si l'on y met la moindre bonne volonté et le plus léger civisme, etc.

Mais quoi ! selon la commune de Bruxelles, toujours :

« Jamais l'on ne parviendra à porter l'esprit public au degré de perfectibilité, où tout ami de la révolution, tout partisan de la raison et de la saine philosophie désire si ardemment qu'il parvienne, si tout ce qui tient encore, soit de nom, soit d'effet, au régime royal, nobiliaire et sacerdotal, caresse les préjugés des hommes liés par l'habitude à l'ancien ordre de choses. » Et puis, comment hésiter « lorsque le législateur et le Directoire exécutif sont dans l'intention fortement prononcée de *saper* jusqu'aux *racines* le monstrueux *édifice* élevé par l'ignorance et les préjugés ? »

A propos de l'ignorance, autre détail charmant. Les maîtres et *maîtresses* d'écoles primaires sont menacés de prison s'ils négligent de mettre entre les mains des fillettes et des gamins confiés à leurs soins, *comme base de la première instruction*, les droits de l'homme et la constitution de l'an III !

Cependant, au milieu de ces saturnales, des bandes considérables de chauffeurs, des malfaiteurs de toute sorte, ravagent les campagnes, malgré l'énergie de la répression et le nombre des exécutions capitales. La sécurité intérieure fait complétement défaut. Nos frontières maritimes sont à chaque heure menacées par les flottes anglaises qui bloquent, ruinent, canonnent nos ports déserts, et pillent nos côtes dans de fréquentes descentes.

Puis, la population d'Ostende salue les bombes ennemies incendiant ses propres foyers au cri de : *Bravo les Anglais! Vive le roi Georges!*(1) Voilà l'esprit public! voilà notre chère patrie telle que deux ans d'annexion l'avaient faite!

Mater dolorosa!

Il est assez curieux de comparer à cet état réel des choses et des esprits la peinture officielle qu'on en faisait à Paris et en Belgique.

Le 9 vendémiaire an VI ramenait l'anniversaire de la réunion de nos provinces. Deux de leurs représentants, Frison des Deux-Nèthes et Michiels de la Meuse inférieure, saisissent cette occasion d'exprimer à la tribune *la reconnaissance de leurs mandants pour un si grand bienfait*. D'après le premier de ces orateurs, membre des Cinq-Cents, le décret du 9 vendémiaire an IV « arracha par une réunion désirée les patriotes belges aux poignards des nobles et des prêtres. »

« Depuis cette heureuse époque, ajoutait-il avec attendrissement, les Français ont toujours été reçus par les Belges reconnaissants comme des amis, des frères, des libérateurs.

« La jeunesse belge n'attend plus que le moment de lutter avec les Français en courage sous les drapeaux de la liberté. »

Michiels, aux Anciens, n'apportait pas moins de lyrisme dans l'expression de ses sentiments. Il maudit énergiquement, quoique après coup, *l'infâme faction des anciennes limites*, et ses efforts au sein de la Convention pour empêcher l'annexion. L'impression fut votée dans les deux assemblées.

---

(1) *Moniteur* du 8 prairial an VI.

Puis les députés des départements réunis allèrent célébrer fraternellement la fête dans un banquet auquel étaient conviés des membres du gouvernement et quelques collègues. Les toasts se succédèrent comme de raison, peut-être davantage. On but, entre autres, *au rapporteur de la loi du 9 vendémiaire!*

Merlin, présent et assis à côté du général Jourdan, répondit en buvant *au rapporteur de la journée de Fleurus!* Sans cet ingénieux à-propos, l'union eût failli faire oublier la conquête. Le conquérant tenait évidemment à rappeler ce détail au souvenir du conquis.

Un autre toast de ce jour mémorable cherche encore aujourd'hui son destinataire, c'est celui du député Talot : *Au grenadier français qui le premier arborera le drapeau tricolore sur la tour de Westminster!*

Il serait moins difficile de nommer le premier cosaque entré aux Tuileries.

L'enthousiasme à Bruxelles s'épanouissait dans les colonnes des journaux, dont on connaît la dose de liberté sous le Directoire.

Eux aussi, comme Frison aux Cinq-Cents, vantent l'empressement de la jeunesse belge à s'enrôler sous le drapeau français. Le fils du duc d'Ursel avait, au dire du *Rapporteur*, donné l'exemple du zèle belliqueux en se faisant incorporer volontairement dans un régiment de chasseurs à cheval.

Malheureusement le journaliste rétractait ce fait-Bruxelles, dès le lendemain de la publication, et le *Moniteur* du 10 thermidor (28 juillet 1798) signalait à Paris, dans sa correspondance de Bruxelles, la *consternation*, c'est son mot, de la jeunesse belge à la nouvelle du rapport de Jourdan sur la conscription militaire.

La conscription décrétée sur cette initiative fut la goutte d'eau qui fit déborder le vase. Le départ des conscrits, annoncé par toutes nos provinces pour la fin de vendémiaire an VI, détermina l'explosion.

La levée de trois cent mille hommes ordonnée par la Convention le 25 février 1793, avait, elle aussi, créé la Vendée!

CHAPITRE II.

SOULÈVEMENT DU PAYS DE WAES ET DE LA CAMPINE.
— L'INSURRECTION GAGNE LE BRABANT. —
BRUXELLES ET GAND SONT MENACÉS. — SURPRISE DE MALINES.
— LA VILLE EST REPRISE PAR LES FRANÇAIS. —
EXÉCUTIONS MILITAIRES.

Les signes précurseurs de la tempête avertissaient du danger. Le gouvernement sembla vouloir d'abord le conjurer par un redoublement d'énergie.

La loi organique de la conscription, nous l'avons vu, avait été portée à l'ordre du jour des Cinq-Cents sur une motion du vainqueur de Fleurus, vers la fin de juillet 1798.

Elle fut votée définitivement le 5 septembre (29 fructidor an VI) et publiée à Bruxelles, le 7 vendémiaire an VII (28 septembre).

Durant cet intervalle de trois mois, les esprits s'irritent sensiblement en Belgique ; il passe sur ce pays comme un souffle de rébellion.

Déjà au milieu de l'été, les curés de Noduwez, Molembais-Saint-Pierre, Jauche, Meldert et Oirbecq, communes du Brabant wallon, sont déportés par arrêtés du Directoire, motivés « sur ce qu'ils s'agitent pour faire soulever le peuple. »

Peu de jours après, le curé et le vicaire de Léau subissent le même sort.

En parcourant les procès-verbaux des séances de l'administration centrale de la Dyle de thermidor et fructidor an VI, une coïncidence singulière a frappé notre attention : le grand nombre de passe-ports délivrés pour la Hollande, pays allié de la république, à des membres de familles aristocratiques belges, qui avaient refusé d'émigrer. Nous avons remarqué entre autres les noms de de Spangen, Christyn de Ribaucourt, Versyden de Varick, Vanderstegen, etc.

Était-il venu du dehors à ces hommes, demeurés nécessairement en rapport avec leurs parents et leurs amis absents, quelque secret avertissement? ou bien, amants de la paix, cherchaient-ils simplement et d'instinct à se garer d'un péril qu'ils sentaient approcher? Nous ne saurions trancher la question. Quoi qu'il en soit, on flairait les dangers.

Le ministre de la police écrit, d'autre part, le 21 thermidor une lettre aux diverses administrations centrales des départements réunis pour se plaindre du mauvais esprit et de la mollesse qui président partout à l'exécution des lois républicaines.

L'administration de la Dyle répondit à cette mercuriale par un arrêté dont quelques considérants peignent d'après nature la situation nouvelle.

« La violation des lois et des institutions républicaines a été portée tout récemment aux derniers excès dans quelques communes du département, entre autres à Tubize, où des jeux et des danses ont eu lieu le 18 du mois courant, correspondant à un dimanche de l'ancien calendrier, malgré les défenses réitérées du commissaire du canton ; à Louvain, où les villageois ont été *instigués* à porter leurs denrées le 23 thermidor courant, jour mémorable du 10 août, sous prétexte qu'une fête nationale ne devait pas être observée comme un décadi ; à Aerschot, où les couleurs nationales ont été insultées et couvertes de boue par des malveillants, dans la nuit du 18 de ce mois ; à Petit-Rosière, canton de Perwez, où l'arbre de la liberté a été scié, malgré les peines comminées par les lois contre de tels attentats. »

Cet exposé des motifs précède une série de dispositions réglementaires dont l'administration prescrit sévèrement l'observation à ses subordonnés des cantons, en vue d'atteindre le but révolutionnaire que se proposait le Directoire (1). D'autre part, un journal publiait à Bruxelles une nouvelle plus alarmante :

« On assure qu'il vient de paraître dans la forêt de Soignes une troupe de brigands qui ont déjà commis plusieurs excès. Des mesures ont été prises pour réprimer ces brigandages dans leur naissance (2). »

La forêt de Soignes, dès les premiers temps de l'occupation

---

(1) Huyghe, t. XX, p. 374 et suiv.
(2) *Rapporteur* du 26 fructidor an VI.

française, avait servi de refuge à des bandes armées, hostiles au nouveau régime.

Des ordres inexorables expédiés de Paris pressent néanmoins l'exécution des lois les plus propres précisément à exaspérer les populations frémissantes des campagnes. La levée de l'impôt, le départ des conscrits, l'enlèvement des cloches et la vente du mobilier des églises doivent enfin devenir une lamentable vérité.

La résistance grandit à mesure que le commandement élève une voix plus impérieuse. D'individuelle, elle se fait collective, et les corps constitués donnent eux-mêmes l'exemple de la désobéissance.

Les municipalités refusent formellement de signer les rôles de contributions ou de dresser des listes de conscrits. On leur impose des garnisaires : on enlève des otages; des commissaires spéciaux sont envoyés par l'autorité supérieure pour administrer à la place des récalcitrants. Rien n'y fait. Commissaires et garnisaires sont chassés par le peuple, souvent à coups de fusil. Et ces actes de rébellion ne se perpètrent pas uniquement au fond des campagnes, loin de l'action du pouvoir et de la force armée. Aux portes de Bruxelles, les petites communes d'Anderlecht et de Vilvorde déclarent carrément à l'administration de la Dyle, qu'elles n'entendent pas exécuter la loi sur la conscription (1). A une lieue de Gand, le village d'Evergem imite cet exemple, et sa municipalité de canton est

---

(1) Procès-verb. des séances de l'administration centrale de la Dyle, 24 vendémiaire an VII (archives de l'État).

CHAPITRE DEUXIÈME.

suspendue par arrêté de l'administration départementale, le 14 octobre 1798 (1).

L'heure de l'action a sonné.

L'autorité ne peut s'abstenir davantage sans abdiquer devant l'insurrection. Elle le sent et va prendre l'initiative de l'appel aux baïonnettes.

Dans la séance de l'administration de la Dyle du 24 vendémiaire (15 octobre), Mallarmé, l'ancien conventionnel, l'ancien défenseur aussi du baron de Meer, qui remplissait auprès de ce corps les fonctions de commissaire du Directoire, annonce, pour le lendemain, la présentation d'un réquisitoire indiquant les moyens de ramener par la force à l'exécution des lois.

Au moment d'aller en guerre, il est bon de se compter, et l'administration de la Dyle n'ignorait pas cet axiome de politique expérimentale. Elle appelle dans son sein, pour la même séance, le général Béguinot, le commandant de la gendarmerie et le commissaire ordonnateur Prieur.

C'est ici le lieu de jeter un coup d'œil très-rapide sur l'organisation et la situation militaires des départements réunis, afin d'apprécier ensuite, à leur juste valeur, les efforts de l'insurrection et la difficulté de sa tâche.

La Dyle, l'Escaut, les Deux-Nèthes et Jemmapes, c'est-à-dire le Brabant, la Flandre orientale, Anvers et le Hainaut composaient la 24e division militaire, ayant pour chef le général de division Bonnard, et pour quartier général ordinaire

---

(1) Procès-verb. des séances de l'administration centrale de l'Escaut, 23 vendémiaire an VII (archives de la Flandre orientale).

Bruxelles. Mais, les attaques récentes des flottes anglaises contre Ostende, Dunkerque, Nieuport et Blankenberghe ayant nécessité une concentration de troupes dans la Flandre maritime, Bonnard avait transféré son quartier général à Bruges et détaché de son commandement les départements de la Dyle, des Deux-Nèthes et de Jemmapes, pour les confier au général de brigade Béguinot.

Les provinces de Liége, de Namur et de Limbourg formaient, avec le département allemand de la Roer, la 25ᵉ division militaire, ayant son quartier général à Liége. La Flandre occidentale faisait partie de la 16ᵉ division, le Luxembourg de la 3ᵉ, avec leurs quartiers généraux respectifs à Lille et à Metz. Des généraux de brigade commandaient les départements en sous-ordre, et les forteresses importantes, telles qu'Anvers et Luxembourg, obéissaient à des chefs particuliers.

A part l'agglomération placée à Bruges sous les ordres de Bonnard, et formant *l'aile droite de l'armée d'Angleterre*, l'intérieur de nos provinces, au moment dont nous parlons, était peu garni de troupes. La situation des affaires extérieures de la république française donne le mot de l'énigme.

Malgré le traité de Campo-Formio, la probabilité de la paix avec l'Empire et les négociations qui la préparaient à Rastadt, les armées d'Allemagne bordaient encore le Rhin. Des forces françaises imposantes tenaient garnison en Hollande pour défendre cette république alliée contre les descentes toujours redoutées des Anglais et des Russes. On se défiait des troupes nationales, et à bon droit, comme le prouva la défection en masse de la flotte batave dans le Zuiderzée.

L'une et l'autre de ces circonstances expliquent comment Bruxelles, Gand et tant de grandes villes se trouvaient à peu près sans défense. Gand n'avait à sa disposition que cent cinquante hommes, y compris la gendarmerie (1).

Bruxelles renfermait un approvisionnement considérable d'armes et de munitions : soixante mille fusils et huit cent milliers de poudre, et nous allons voir comme cet arsenal était bien gardé (2).

Le 16 octobre (25 vendémiaire), l'administration centrale de la Dyle, nous l'avons dit, avait appelé dans son sein les chefs de la force armée, afin de les entendre avant d'écouter les réquisitions annoncées par Mallarmé. Ces officiers furent exacts au rendez-vous.

Le général Béguinot, introduit avec le commandant de la gendarmerie et le commissaire ordonnateur Prieur, remet sur le bureau l'état des forces militaires actives stationnées dans le département.

En voici le détail (3) :

Infanterie et cavalerie : sous-officiers et soldats, 660; officiers, 54; 117 chevaux ; répartis entre Bruxelles, Louvain et Tirlemont, où ces troupes gardaient les établissements militaires et les prisons.

(1) Discours de MEYER aux Cinq-Cents. Séance du 4 nivôse an VII (*Moniteur*).
(2) Lettre de l'administration centrale au général Bonnard, à Bruges, du 1er brumaire an VII (arch. de l'adm. centr. de la Dyle); procès-verb. des séances (arch. de l'État).
(3) Procès-verb. des séances de l'administration centrale de la Dyle, 25 vendémiaire an VII (arch. de l'État).

Sur ce nombre, 146 hommes formant le dépôt du 10ᵉ régiment de chasseurs à Bruxelles, n'étaient ni vêtus ni armés.

La garnison de Louvain, par parenthèse, se bornait à 18 hommes, plus une brigade de gendarmerie.

Béguinot offrit de détacher *dix* cavaliers du chef-lieu pour assurer l'exécution par la force des décisions de l'autorité civile. L'administration centrale jugea cette aide insuffisante, et se contenta d'écrire aux ministres, et spécialement au ministre de la guerre ainsi qu'au général Bonnard, commandant la 24ᵉ division qui était, nous le savons, à Bruges, afin d'obtenir des renforts.

Une seule décision fut prise, celle de presser le départ des conscrits pour imposer aux mécontents par l'assurance. On fixa le premier départ pour Bruxelles au 1ᵉʳ brumaire, et la revue préalable au 28 vendémiaire.

Les réquisitions annoncées dès la veille par le commissaire du gouvernement, n'eurent provisoirement point d'autre résultat.

Pourtant, les événements précipitaient une crise violente. Des placards séditieux en flamand et en français avaient été affichés dans les villes, distribués à profusion dans les campagnes (1).

« Les deux tiers des administrations municipales du département, disait Mallarmé, n'avaient pas même daigné accuser réception à l'administration centrale des lois sur la conscription.

---

(1) Procès-verb. des séances de l'administration centrale de la Dyle.

« Il est avéré, ajoutait-il, que dans plusieurs administrations rurales les agents n'ont pas même osé faire la publication de ces lois; dans d'autres, ils ont refusé de la faire ou d'exécuter la loi sous des motifs particuliers d'intérêt ou de pusillanimité.

« Dans les cantons de Montaigu, de Merchtem, les lois ont été arrachées et couvertes d'immondices, ainsi que les couleurs nationales.

« Dans celui de Glabbeek, le commissaire du Directoire exécutif a essuyé, sur le seuil de son domicile même, un coup de feu, le jour de la publication de la loi, dont il a été blessé au bras.

« La conscription militaire est considérée généralement comme un désastre.

« Le père de famille sépare sa cause de celle générale; il ne voit que son commerce, sa charrue, son atelier et ses besoins.

« Les prêtres et les moines disséminés dans toutes les communes augmentent par leurs conseils perfides les alarmes des citoyens.

« Le séquestre national intervenu sur la très-grande partie des églises, la vente récente de leur mobilier, le recouvrement accéléré des contributions arriérées, enfin les bruits d'une guerre prochaine, l'approche des Anglais, l'arrivée des Russes, sont des moyens mis en avant pour entraîner à la désobéissance. »

Puis l'orateur mit sous les yeux de l'assemblée un placard insurrectionnel affiché à Louvain et fit remarquer que cet écrit était imprimé avec les mêmes caractères que l'on voyait si souvent paraître en l'an IV et l'an V, du temps que *le scélérat de Loupoigne* faisait circuler des affiches au nom de l'empereur. Nous dirons plus tard ce qu'était Loupoigne.

La ressemblance, Mallarmé le constate encore, ne se montrait pas seulement dans la forme. Elle gisait également au fond.

Les écrits de l'an IV, comme le placard de l'an VII, n'appelaient pas les Belges aux armes en excitant uniquement chez eux le sentimentalisme dynastique. Ils ne cherchaient pas à émouvoir la fibre royaliste au seul souvenir des anciens maîtres autrichiens. L'auteur anonyme, sorti du peuple évidemment — la forme le démontre — l'auteur savait la langue qu'il fallait parler au peuple belge pour le convaincre. Cette langue était la sienne.

Et que dit-il?

Va-t-il évoquer l'image de Marie-Thérèse ou du prince Charles, figures populaires cependant et fraîchement gravées dans les mémoires? En aucune façon.

Il règne en Belgique, depuis César jusqu'en 1830, passant par Artevelde, d'Egmont, Laruelle et Agneessens, un amour plus chaud et plus populaire que l'amour des meilleurs princes. A cet amour saint et fervent, jamais n'ont manqué le sacrifice ou le martyre. C'est l'amour de la liberté, la passion de l'indépendance.

L'écrivain plébéien de 1798 le savait bien. Aussi il rappelle aux Belges, non leurs anciens souverains, mais leurs anciens priviléges, leur fierté nationale et les nobles attributs du lion belgique. Il place hardiment, en face d'une république sans liberté, la liberté sans république, et crie au peuple : Jugez !

N'est-ce pas un peu ce sentiment-là qui, joint à la reconnaissance pour d'immenses services, a sauvé la patrie un demi-siècle plus tard, en 1848?

Voici la pièce.

Nous la donnons dans toute sa crudité naïve, avec ses incorrections, d'après une copie figurée reposant aux archives de l'État, à Bruxelles :

« Belges,

« C'est doit être certainement avec peine et amertume que vous avez vu arriver des arrêtés du Directoire exécutif de Paris dans les provinces de la Belgique par lesquels la conscription militaire est ordonnée et établie, laquelle n'a jamais été vue dans la Belgique ; du tems des anciens ducs, le peuple de ces provinces en étoit exempt et jouissoit de sa liberté pure et intacte, ainsi que du libre exercice de sa religion et autres priviléges connus, dans la joyeuse entrée, etc. Mais, hélas ! où est ce tems de liberté si chérie? et dont les Belges faisoient tant de cas; tous les peuples leur envioit ce grand prérogatif et même la France auroit voulue être gouvernée sur le même pied pour jouir de la même liberté. Mais aujourd'hui, pauvres Belges, que devenues cette liberté que le fière Lion protégoit! Elle se trouve enchaînée par cinq tigres, cinq cent léopards et deux cents cinquante ours; faut-il donc se surprendre que cette liberté si chérie vous est arrachée et que vous êtes présentement dans les fers, avec lesquels on va vous conduire aux armées pour continuer à déraciner jusqu'au dernier germe de cette ancienne et aimable liberté, s'il fut possible. Mais, Belges, ne savez-vous pas que le Dieu des armées qui a été adoré par nos pères et nous avec tant des pompes et solemnités, vit encore ; il ne délaissera pas ses vrais amis belges, cette ancienne Liberté refleurira et poussera des tiges jusques dans les astres. Prenez donc bon courage, peuple belge, mais soié prudent, ne souillé pas vos mains pour concourir au boulversement ultérieur projetté par ces tigres, ours et léopards, car les aigles et les autriches voltigent et se rassemblent à l'entour d'eux et ils en seront dévorés, et vous, vous en serez protégés.

« Vive l'empereur et ses alliés.

« Pour copie conforme,
« Le secrétaire général de l'administration centrale du département de la Dyle,
« DROESBEQUE, secr. adj. (1). »

Nous retrouvons le même esprit inspirant une proclamation flamande saisie à Hal le 19 frimaire an VII, et dont voici la traduction officielle contemporaine :

AVERTANCE.

« Tous les jeunes gens de la réquisition sont appelés pour rejoindre sans retard l'armée catholique des *patriotes braban-*

(1) Archives de l'État ; cartons de l'administr. centr. de la Dyle.

CHAPITRE DEUXIÈME. 97

çons, à l'effet de se battre *pour notre pays et notre religion*, contre les barbares français.

« Les parents qui retiendront leurs fils, les maîtres qui empêcheront leurs domestiques, seront regardés comme traîtres de la patrie.

« Malheur à ceux qui ne viendront pas! Malheur encore plus à ceux qui prendront les armes avec les Français, pour détruire *notre religion et notre pays!*

« Tous les bons chrétiens sont invités à jeûner, à prier et à faire d'autres œuvres de pénitence, et principalement de s'abstenir du péché pour se concilier le Dieu tout-puissant et détourner de nous sa vengeance, afin qu'il veuille nous délivrer des tirans français (1). »

Les journaux serviles du temps sont muets sur ces pièces, mais ils reproduisent complaisamment une proclamation wallonne d'un tout autre caractère. Nous la donnerons également afin que les lecteurs comprennent, par la comparaison, pourquoi l'on cachait les premières, alors que celle-ci recevait tous les honneurs de la publicité :

« L'armée de Jésus-Christ. Pour combattre contre la république, nous invitons et nous ordonnons à toutes les communes de la Vaux-Chavagne à se rendre à Salm, et sommons Grand-Mesnil et tous les environs d'alentour, et Grand-Mesnil à sommer la commune de Mormont, et Mormont tous les environs, ci-devant terre de l'Empire, et pays de Stavelot, pays

---

(1) Archives de l'État; cartons de l'administr. centr. de la Dyle.

de Liége, pour se rendre à Vieux-Salm, ou si non, s'ils ne se rendent pas sur-le-champ pour avoir les ordres des généraux, ou s'ils ne se rendent pas endéans les vingt-quatre heures à Vieux-Salm, ils seront punis d'être hâchés et brûlés, tant filles et enfants capables et non capables de porter les armes.

« Fait au quartier général à Salm, le 10 brumaire an VII (1). »

Mallarmé ne sauroit être accusé de pessimisme dans son exposé de la situation. Les appréciations de la presse étrangère bien informée concordaient avec celles du fonctionnaire républicain.

« Depuis quelques jours les autorités constituées de nos départements, disait la correspondance de la *Gazette de Leide*, ont pris différentes mesures pour exécuter avec le plus de succès possible, dans leur arrondissement, la loi qui appelle à la défense de la république tous les jeunes gens, qui ont atteint leur vingt et unième année, et pour empêcher l'émigration, qui dans quelques endroits fait des progrès alarmans parmi cette première classe des défenseurs conscrits. Mais il ne paroit pas que ces mesures aient produit l'effet qu'on en attendoit : Le mécontentement, qui, dès les délibérations sur la conscription militaire, s'étoit manifesté dans nos villes, mais surtout dans nos campagnes, s'y est accru à un tel point, depuis l'ordre de la levée effective d'une partie de la jeunesse conscrite, que quelques commissaires ont failli être massacrés par le peuple, en publiant cette dernière loi. En plusieurs endroits, les

---

(1) *Rapporteur* du 20 brumaire an VII.

municipalités ou les agens de canton, soit par faiblesse, par manigance ou par peur, n'ont pas voulu la proclamer, ni même avouer qu'ils en eussent connoissance. Dans d'autres communes, tous les fonctionnaires publics ont d'abord donné leur démission. Enfin on employe toutes sortes de détours pour éluder l'exécution de la loi. Les jeunes gens, principalement ceux qui appartiennent à la classe des artisans et ouvriers, se réfugient en grand nombre par la Campine et le Gueldre en Hollande, nonobstant la surveillance exacte de la gendarmerie sur cette partie de la frontière. Dans cet état des choses l'administration centrale du département de la Dyle a tenu plusieurs séances extraordinaires, dans lesquelles il a été pris différentes résolutions dont la plus remarquable est, que le commissaire du pouvoir exécutif, ainsi que ce dernier l'a annoncé au public, se rendra dans toutes les communes de son ressort pour examiner la conduite des autorités constituées, et signaler celles qui se seroient écartées de leurs devoirs, afin de les faire punir rigoureusement. La municipalité de cette ville, de son côté, a ordonné à tous les officiers de police civile et militaire d'arrêter les conscrits qui n'auroient point fait viser à son secrétariat général leurs pasports et cartes civiques. Elle a fait en outre connoître à ceux-ci, qu'ils doivent être prêts à marcher au premier ordre. Dans la ci-devant province de Limbourg et le Luxembourg, plusieurs ministres du culte catholique ont été arrêtés. On les accuse d'avoir tramé des complots contre le gouvernement et voulu exciter le peuple à l'insurrection. A Louvain il y a eu quelques troubles, attribués également à l'influence des prêtres.

On a envoyé des troupes dans cette ville pour le maintien de la tranquillité publique qui semble y être fortement compromise ; il y a été répandu avec profusion des libelles incendiaires, dont on recherche vivement les auteurs. Enfin, tandis que la discorde secoue ses brandons au dedans de notre pays, l'ennemi vient l'affliger de nouveau au dehors et accroître ainsi ses dangers.

« Les Anglois ont reparu sur les parages de l'ancienne Flandre et des départements du Nord et du Pas-de-Calais, avec un assez grand nombre de frégates, cutters, sloops et autres bâtiments. Le port de Dunkerque est surtout très-étroitement bloqué. L'ennemi et les vues hostiles qu'il manifeste nécessitent de nouveaux préparatifs de défense (1) »

L'administration centrale, comme le dit cette correspondance, avait effectivement pris, le 26 vendémiaire, un arrêté qui déférait à la justice les placards dénoncés par Mallarmé, et prescrivait l'exécution stricte des lois sur la conscription, les passe-ports et la vente du mobilier des églises (2).

Ce document est précédé d'un long préambule emprunté aux réquisitions du commissaire que nous avons analysées plus haut. Mais revenons aux faits.

Le 28 vendémiaire, jour fixé pour inspecter les conscrits de la Dyle, après la revue, le général Béguinot informa l'administration centrale que des troubles avaient éclaté dans quelques communes du département de l'Escaut et lui fit part

---

(1) *Nouvelles politiques*, n° du 18 octobre 1798.
(2) HUYGHE, t. XX, p. 435.

des mesures qu'il avait combinées pour les arrêter à la limite de son commandement (1).

A la suite de cette communication, le commissaire Mallarmé, rappelant son réquisitoire de l'avant-veille, en adresse un nouveau. Il montre que la fermentation et la résistance à la loi grandissent dans les cantons de la Dyle avoisinant les Deux-Nèthes.

L'affiche incendiaire de Louvain a été placardée depuis la veille dans Bruxelles, où le bruit se répand que le départ des conscrits, annoncé pour le 1er brumaire, n'aura pas lieu.

D'après des avis reçus la nuit, quatre communes du département de l'Escaut sont en rébellion ouverte. On y sonne le tocsin. On menace les propriétés des républicains.

L'administration centrale des Deux-Nèthes a pris des précautions énergiques : le commissaire en requiert d'analogues pour la Dyle.

Malgré ce sombre tableau, l'assemblée renvoie le réquisitoire à l'examen de ses bureaux, pour être statué après rapport.

Anvers menacé réclame des secours ; on lui envoie dans la nuit trente cavaliers, un nombre égal de fantassins et deux pièces d'artillerie avec leurs caissons.

Les rapports du lendemain sont plus mauvais que ceux de la veille. Le général et le commandant de la place déclarent l'un et l'autre la force armée insuffisante pour contenir les malveillants, surtout depuis qu'une partie des troupes a été

(1) Procès-verb. des séances de l'administr. centr. de la Dyle, 28 vendémiaire an VII.

détachée pour arrêter l'invasion des rebelles de l'Escaut (1).

L'administration centrale de la Dyle se borne à écrire de nouveau au ministre de la guerre et au général Bonnard pour obtenir des renforts sans aucun délai. Elle signale au ministre de la police générale les prêtres insermentés comme les ennemis les plus dangereux du gouvernement républicain, demande une mesure de *déportation générale* contre eux et se croise les bras derechef, attendant le lendemain. La majeure partie de ce second jour se passa sans incident marquant. Dans la soirée du 30 vendémiaire seulement, Bruxelles commença à comprendre la gravité du péril.

L'autorité militaire se chargea du soin de dessiller les yeux incrédules ou endormis. Une dépêche, écrite à l'administration municipale par le commandant de la place Senault, invita le président à prendre « les mesures de précaution que les circonstances commandent. »

Cette formule un peu vague n'effraya guère encore le destinataire de la lettre, car le président ne jugea pas nécessaire d'informer ses collègues avant la séance ordinaire du lendemain matin et ne fit rien par lui-même ce jour-là.

Mais un avertissement autrement sérieux parvenait quelques heures plus tard aux autorités supérieures si médiocrement émues jusque-là. La garnison de Bruxelles était appelée hors des murs par des dangers extérieurs.

Quels étaient ces dangers ? D'où venaient-ils ?

Nous avons vu le général Béguinot et Mallarmé signaler à

(1) Lettre de l'administr. centr. de la Dyle au ministre de la guerre, 30 vendémiaire an VII (arch. de l'État, carton n° 312).

l'administration bruxelloise l'état de fermentation dans lequel s'agitaient plusieurs communes de la Flandre. C'était à bon droit.

Les symptômes les plus alarmants en effet préoccupaient depuis plusieurs jours l'administration centrale du département de l'Escaut, administration autrement active, autrement dévouée que celle de la Dyle.

Dès le 12 octobre (1), informée que des rassemblements séditieux menaçaient, au cri de *Vive l'empereur!* les autorités constituées du canton d'Overmeire, cette administration avait prescrit l'envoi d'une force militaire dans la commune chef-lieu, située à trois lieues est de Gand vers Termonde, et la concentration sur ce point des brigades de gendarmerie d'Alost, Termonde et Gand. Le commissaire du pouvoir exécutif s'était mis à la tête de l'expédition.

Elle ne fut point couronnée de succès. Les militaires qui la composaient revinrent à Gand, après avoir été maltraités et menacés de mort. Les malveillants réunissaient des armes.

L'administration riposta par un redoublement d'énergie. Un arrêté pris en séance extraordinaire, après avoir entendu le rapport du commissaire, ordonna le désarmement de tout le canton rebelle et le transport des armes à Gand. L'exécution de cet acte de vigueur fut remise à une colonne mobile de cavalerie, placée sous les ordres de l'officier supérieur commandant le 34e escadron de gendarmerie.

(1) Procès-verb. des séances, 21 vendémiaire an VII (arch. de la Flandre orientale, registre R, no 21).

Le remède n'arrêta pas le mal. La contagion, au contraire, gagna les cantons voisins avec une singulière rapidité.

D'après une tradition locale (1), une rixe surgit dans l'après-midi du jeudi 18 octobre à Rupelmonde entre quelques paysans ivres et cinq gendarmes républicains. Ces derniers eurent le dessous, et leurs adversaires triomphants se mirent à sonner le tocsin après avoir scié l'arbre de la liberté. Le même jour, l'administration du département se déclare en permanence jusqu'au moment où la révolte sera totalement apaisée.

L'étincelle avait touché la poudre, l'explosion fut instantanée.

Le signal du soulèvement général part du pays de Waes, de ce coude que forme la rive gauche de l'Escaut, en aval d'Anvers, lorsque le fleuve abandonne son cours du midi au nord, pour se frayer à l'ouest un chemin vers la mer.

Dès le 28 vendémiaire (19 octobre), des rassemblements armés se groupent dans les communes qui s'étendent au nord de Saint-Nicolas vers la petite ville zélandaise de Hulst, notamment à Kemseke. Le rendez-vous général est à Saint-Pauwels, d'où l'on devait se diriger vers Saint-Nicolas (2). A leur entrée dans Kemseke, les révoltés courent droit à l'église, fermée en vertu des ordres du Directoire. Ils s'en font remettre les clefs et sonnent le tocsin. Les paysans, attirés

---

(1) Manuscrit du docteur Janssens de Diest.

(2) Interrogatoire de Jean Mendonck et de ses coaccusés, 27 ventôse an VII et suiv. *Registre pour servir à la transcription des pièces de procédure pendant le mois de germinal an* VII n° 8, (arch. comm. de Bruxelles).

par le bruit, se joignent à la bande, et l'on marche sur Saint-Pauwels. Ils ont un chef. On le désigne sous le nom de Macaire Rheins, nom obscur et ne rappelant rien, comme tous ceux que nous rencontrerons. De nombreux déserteurs autrichiens, c'est-à-dire des Belges ayant servi l'Autriche et refusé de suivre le drapeau étranger après l'évacuation du pays, l'accompagnaient. Ces complices de la révolte sabraient les recrues plus ou moins volontaires qui tentaient souvent de déserter sur la route. Ce détail, puisé dans l'interrogatoire d'un prévenu, pourrait bien n'être qu'une excuse banale. Nous la retrouvons en effet dans la bouche de tous ceux à qui l'autorité judiciaire ou militaire demandait d'expliquer leur présence parmi les *brigands*.

Macaire Rheins disposait d'ailleurs d'un moyen plus attrayant que le plat de sabre pour retenir ses adhérents. Il payait une solde.

De Saint-Pauwels, la bande se fractionne en colonnes diverses. L'une suit la frontière zélandaise actuelle et marche sur Hulst d'abord, où elle pénètre le 21 octobre vers une heure. La garnison de ce petit poste fortifié consistait en *huit* hommes : six volontaires et deux gendarmes malades. Les vainqueurs pillent la caserne de gendarmerie et les bureaux de la douane. Les marchandises entreposées sont vendues à l'encan au profit de la caisse insurrectionnelle. Les portes de Hulst, fermées à l'annonce de cette visite hostile, avaient été ouvertes on ignorait par qui (1).

(1) Lettre du receveur des douanes, Boucher, au ministre des finances, 5 nivôse an VIII (arch. de la Flandre orientale, farde 82).

D'après une lettre adressée par l'administration municipale de Gand à l'administration du département le 5 brumaire an VII, l'insurrection de Hulst aurait été fomentée par les fils de l'ancien bailli. Le greffier de ce fonctionnaire, nommé Mullé, tenait des registres d'enrôlement et distribuait à ses recrues une paye quotidienne de dix sols (1).

Le même jour Axel est menacé. Une bande de cent cinquante insurgés paraît sur la digue et se porte vers la place. Quatre d'entre eux, plus hardis et mieux armés, pénètrent en tiraillant jusque dans les murs. Mais la garnison composée de cinq hommes, à laquelle se joignent les fonctionnaires publics et les autorités, réussit à repousser les envahisseurs et garnit les remparts, après un court échange de coups de fusil. On réclame des renforts à Gand (2).

Cette réception, médiocrement encourageante, n'écarta point le danger. Les insurgés bloquèrent simplement la place, au lieu de lui donner l'assaut. D'autres, continuant leur marche à l'ouest, s'emparèrent, le 1er brumaire (22 octobre), du Sas de Gand, autre petit poste fortifié que commandait un officier supérieur nommé Bout.

Le Sas était fort dégarni de troupes depuis dix jours. Sur l'ordre du général Laurent, Bout avait détaché, le 13 octobre, vingt-deux hommes et deux officiers pour rejoindre la colonne chargée, on l'a vu plus haut, d'aller désarmer le canton d'Overmeire. Il lui restait, après le départ de ce détache-

(1) Arch. prov. de Gand, adm. fr., farde 360 2°.
(2) Rapport du commandant Bout (archives de la Flandre orientale, farde 360 2°, adm. fr.)

ment, en tout et pour tout cinq hommes, auxquels il en adjoignit une dizaine, retirés d'Axel et de Hulst, et un nombre à peu près équivalent placés à Philippine. Vers dix heures du soir, cette petite troupe évacua le Sas qui avait été envahi par le batardeau, et parvint à gagner Axel où elle pénétra, malgré l'investissement au milieu de la nuit.

Au Sas comme à Hulst, comme tout le long de la frontière, les bureaux de douane devinrent la proie du pillage.

Axel ne fut délivré que le 3 brumaire (24 octobre), à l'arrivée d'un renfort de quarante hommes venus de Gand dans la nuit.

La veille, l'inquiétude y était si grande encore, malgré la présence de Bout et de ses soldats, que les habitants notables se réunirent chez un ministre protestant assermenté, nommé Herman Wesselink, pour aviser aux moyens d'entrer en pourparler avec les rebelles et d'éviter une nouvelle attaque de vive force. La réunion interpella Bout sur le point de savoir s'il s'estimait assez fort pour repousser une agression. Le commandant fit bonne contenance et les choses en restèrent là.

Toutefois, le danger passé, Wesselink se vit traduit devant un conseil de guerre pour y répondre de sa conduite. On l'accusa de connivence avec une révolte que toutes les autorités françaises en Belgique et à Paris s'accordaient à représenter comme suscitée par le clergé *catholique et réfractaire*. Nous ignorons l'issue du procès, mais le rapprochement nous a semblé piquant (1).

(1) Procès de H. Wesselink (arch. comm. de Bruxelles; Registre des proc.).

Le commandant du Sas de Gand redoutait depuis plusieurs jours des troubles graves dans la populeuse commune d'Assenede. Dès le 18 octobre, des affiches provocatrices se terminant par le cri de *Vive l'empereur!* y avaient été placardées. La foire du village coïncidait avec la date du 22, et Bout savait le parti que l'on peut tirer des rassemblements de ce genre en temps d'orages politiques. Ses pressentiments ne le trompèrent point.

La veille du jour redouté, le tocsin sonne à Ertvelde, commune limitrophe d'Assenede, et l'on y bat le tambour.

Néanmoins la matinée se passa sans encombre, malgré la foire et la foule considérable qu'elle avait attirée. Mais vers trois heures de relevée l'émeute éclate : on sonne le tocsin, on bat la caisse.

Assenede, chef-lieu de canton, possédait un commissaire du pouvoir exécutif nommé de Neve, ardent ami de la république, qui, à l'époque de la retraite de Dumouriez, avait suivi l'armée française et n'était rentré dans sa patrie qu'à la suite des conquérants étrangers. Homme lettré, fonctionnaire probe mais inflexible et énergique, il s'attachait à propager par ses écrits les doctrines philosophiques et révolutionnaires, tandis qu'il exécutait avec rigueur les lois portées contre les prêtres insermentés.

On conçoit les haines que l'esprit de parti au sein des campagnes devait accumuler contre un pareil homme. De Neve en fit la triste expérience. Il fut assassiné.

Voici comment l'autorité gantoise raconte les scènes déplorables dont Assenede offrit l'horrible spectacle dans la soirée du 1er brumaire. Nous voulons laisser parler ce récit officiel, parce que le langage de l'administration de l'Escaut dans une circonstance analogue soulèvera de notre part quelques observations.

« De Neve voit, de la fenêtre de son logement, un rassemblement considérable de rebelles se porter vers l'église de la commune d'Assenede, emmenant avec eux le dépositaire des clefs de cette église, qui était fermée, parce que le curé de cette commune a refusé de prêter le serment prescrit par la loi du 19 fructidor; il est seul, les rebelles sont armés et poussent des cris de pillage et de mort; il ne balance pas entre ses devoirs et le danger; il sort, traverse d'un air calme mais imposant la foule des brigands, s'approche du dépositaire des clefs de l'église, et lui ordonne de les lui remettre : celui-ci, après avoir hésité, obéit; l'intrépide De Neve traverse une seconde fois les brigands et rentre chez lui sans avoir été attaqué, comme s'il était des moments où le courage républicain arrache l'admiration de ceux mêmes qui ont en horreur la République !

« Cependant le fanatisme échauffe les esprits et appelle sur De Neve la fureur des révoltés; ils se portent sur sa maison, en enfoncent les portes; en un instant elle est pillée; tranquille au milieu de cette scène de brigandage, on lui crie de rendre les clefs de l'église; il s'y refuse : alors on l'accable de coups, on l'entraîne, après avoir mis ses vêtements en lambeaux et déjà couvert de blessures, dans un de ces temples consacrés à un Dieu de paix, mais que d'habiles imposteurs ont de tous temps dévoués aux guerres civiles; on allume des cierges, on récite des prières : pendant qu'on s'excite ainsi à l'assassinat, De Neve, baigné dans son sang, est étendu à terre devant l'autel ; bientôt on le relève et on l'entraîne hors de l'église, on le conduit près de l'arbre de la liberté : là les brigands veulent le forcer à se joindre à eux pour l'abattre : ses forces sont déjà épuisées, mais il lui en reste assez pour se montrer digne d'être Français ; il préfère périr à céder à la violence; alors on arrache les palissades qui entourent l'emblème chéri des patriotes, on lui en porte plusieurs coups sur la tête; il tombe, on le relève en le prenant par les pieds et les bras et on pousse la cruauté jusqu'à le laisser tomber à terre, à renouveler plusieurs fois ce jeu barbare qui révolterait les sauvages les plus éloignés de toute idée de civilisation.

« Il respirait encore, et faisant un douloureux effort, il lève les bras vers le ciel en implorant la mort; on la lui refuse pendant quelques moments, non pas qu'un sentiment d'humanité eût atteint l'âme de ces scélérats..... ils contemplaient avec une joie féroce leur victime. C'est dans cet instant terrible qu'on lui offre la vie à une seule condition, celle de répéter le cri des rebelles, le cri de : Vive l'empereur ! De Neve réveille ses forces : « Non, je ne le puis, » dit-il, « je suis agent « de la République française. » Enfin la rage l'emporte; il reçoit à la tête un coup qui le délivre de la vie.

« Que faisaient cependant les habitants d'Assenede? Les uns, réunis aux rebelles, assassinaient le malheureux De Neve; les autres restaient seulement dans leurs maisons, comme si l'indifférence n'était pas un crime à la vue d'un attentat aussi horrible.

« Le lendemain de cet assassinat, les rebelles, jaloux d'insulter encore au cadavre de De Neve, l'ont retiré de la terre où il était près de l'arbre de la liberté et l'ont traîné de place en place, et aucun habitant d'Assenede n'est revenu de sa criminelle stupeur pendant cette scène de barbarie. »

Le récit est dramatique dans la forme. Il serait épouvantable au fond, s'il n'en fallait rien rabattre. Mais le hasard nous permettra plus tard de réduire à sa valeur exacte un récit identique et compris dans la même lettre : l'exagération prouvée de l'un rendra l'autre justement suspect, et l'honneur du nom belge y trouvera son compte.

Le rassemblement, noyau de l'insurrection, s'était, nous l'avons dit au début, divisé à Saint-Pauwels pour suivre des directions diverses. Nous avons décrit l'itinéraire du flot s'écoulant vers l'ouest : voyons ce qu'il advint ailleurs. Tournant le dos à la première, une seconde bande s'était dirigée vers Saint-Nicolas, ville principale de la contrée, aux cris de : Vive l'empereur !

Les habitants l'accueillent à coups de fusil. Son chef, nommé Lauwers, tombe frappé de mort. Au reste, les grades ne semblent pas avoir été difficiles à conquérir. « Les mieux habillés étaient chargés de conduire les autres, » diront la plupart des accusés aux magistrats instructeurs qui les sommeront plus tard de désigner leurs chefs. Repoussée de Saint-Nicolas, la colonne insurgée se divise encore. Une fraction plus audacieuse menace un instant la Tête de Flandre. Quelques coups de canon l'écartent de ce poste important (1). Saint-Nicolas est enfin occupé.

Cependant le gros incline vers le sud-est, dans l'intention manifeste de passer l'Escaut plus haut, afin d'entrer en communication avec le nord du département de la Dyle et l'arrondissement de Malines, où le soulèvement éclatait simultanément. A Tamise, comme à Saint-Nicolas, s'il faut en croire le premier rapport adressé par le général Béguinot à l'administration centrale de la Dyle, les habitants tirèrent sur les assaillants. Dès le 29 vendémiaire (20 octobre), un corps de révoltés armés entrait à Saint-Amand, situé sur la rive droite de l'Escaut et au-dessous de la rive gauche du Rupel. Deux chefs marchaient à leur tête : l'un se nommait de Haen, l'autre Sint-Heeren (2).

Des violences plus graves signalèrent le passage d'un troisième courant débordant parallèlement à la première colonne, de l'est vers l'ouest, mais plus au sud ; marchant, en un mot, dans la direction de Termonde vers Gand, le long de la rive droite de la Durme.

A Hamme, l'insurrection, puissamment aidée par les paysans du hameau de Sainte-Anne, brûle les registres de l'état civil, pille les maisons du commissaire du Directoire Isembrant et de son fils. Les clefs de la sacristie et des fonts baptismaux sont enlevées. L'église est ouverte ; le garde champêtre battu, maltraité. Ces désordres durent deux jours entiers.

(1) Mertens et Torfs, *Gesch. van Antwerpen*, t. VI, pp. 494.
(2) Interrogatoire de Van Boom devant le directeur du jury, à Malines, 25 ventôse an VIII (arch. comm. de Bruxelles).

Mêmes scènes à Moerzeke, où l'on dévaste la maison commune et celle de l'agent municipal (1).

Mais à Zele, le sang va couler dans des circonstances plus regrettables encore que celles d'Assenede. Zele, chef-lieu de canton, avait pour commissaire Eugène Debbaut, homme jeune encore, de mœurs douces, serviable et obligeant, que son caractère ne put sauver des fureurs populaires.

Dans la nuit du 29 au 30 vendémiaire, vers 11 heures, quarante hommes armés, venus du hameau voisin de Durmen, envahissent la commune. Ils forcent le président de la municipalité, Pierre Marien, à leur livrer les clefs de l'église et à les suivre. Une seconde bande arrive une heure plus tard et réclame le commissaire du pouvoir exécutif, Eugène Debbaut, caché chez Marien, où il était venu chercher un refuge avec sa femme. Le frère de Marien affirme que le commissaire n'est pas dans la maison. On refuse d'ajouter foi à sa parole et les insurgés se livrent à de nombreuses recherches. Ils finissent par trouver Debbaut caché dans un réduit pratiqué au-dessus de la cave. Ils l'emmènent. D'autres pillent l'habitation du greffier de la justice de paix, celles d'un médecin nommé Bauwelers et de l'officier municipal Van Driessche.

Cependant le malheureux Debbaut est entraîné par ceux qui l'ont découvert, aux cris : « Nous allons le raccourcir d'une tête ! Il a tant signé de passe-ports, nous allons lui signer son passe-port définitif. » On le conduit au cabaret le *Cygne*, en

---

(1) Procédure à charge de Greveraerts et consorts. Jugement du conseil de guerre du 7 brumaire an VIII; id., 18 thermidor an VIII (arch. comm. de Bruxelles).

l'accablant de coups. Là, il réussit à gagner la porte et se sauve vers l'église. Fatalité! il tombe à la renverse sur le sol du cimetière. Cette chute le perdit. Dans les violences de la rue, l'homme qui tombe est toujours un homme mort.

Les bourreaux de Debbaut le relèvent cependant en s'écriant : « — Chien, tu n'es pas digne de fouler la terre bénite! » On le porte sous l'arbre de la liberté ; de là, dans une écurie, puis en face de la croix replantée sur la place communale, où il est enfin achevé à coups de crosse par les hommes, à coups de sabots par les femmes.

Les supplications de sa jeune épouse, — elle avait vingt-six ans, — les larmes et les prières de cette malheureuse, qui suivait la victime et tentait de lui faire un rempart de son corps, tout fut impuissant pour protéger Debbaut.

Après l'assassinat, les auteurs du crime creusèrent une fosse sous l'arbre de la liberté et enterrèrent le cadavre de l'infortuné commissaire.

Pareilles horreurs déshonorent toutes les causes, et nous n'avons tenu à les rapporter complètes que pour démentir une assertion officielle répétée du haut de la tribune parlementaire et, malheureusement, par un Belge. Cette assertion aggraverait encore la tache hideuse que nous n'avons pas tenté de voiler. Il faut la démentir, car elle est fausse.

L'administration centrale du département de l'Escaut, dans une lettre qu'elle adressait au gouvernement le 21 frimaire an VII, et que celui-ci fit insérer au *Moniteur* et dans le *Bulletin décadaire*, raconte la scène de Zele en ces termes :

« A genoux devant les rebelles, sa femme et son enfant leur

demandent la conservation de ce qu'ils ont de plus cher. Les rebelles y consentent, *si Debbaut abjure ses principes républicains. Mais Debbaut préfère la mort.* Un coup de sabre allait terminer ses souffrances, lorsque son épouse, lui faisant un rempart de son corps, reçoit le coup dans le bras. Mais bientôt Debbaut est atteint, frappé de mille coups ; *il respirait encore, les brigands l'enterrent ;* mais sa main s'échappe et retrouve comme par instinct celle de ses enfants qui se serrent vainement autour de lui. »

Et Meyer, député de Gand aux Cinq-Cents, qui, ainsi que le porte le *Moniteur*, était sur les lieux au moment des troubles et avait pris une part très-active à leur répression, affirmait dans la séance du 4 nivôse, qu'à Zele, le commissaire du Directoire exécutif fut *enterré vivant*.

Ni ce détail affreux, ni le coup porté à la femme Debbaut, ni l'héroïsme théâtral qu'on prête à la victime pour l'élever au rang d'un martyr, ni même la présence de ses enfants ne sont vrais.

Nous copions notre récit, déjà trop lamentable, dans la déposition de la malheureuse veuve, faite devant le juge de paix du canton de Zele, le 13 frimaire an VII; déposition longue, circonstanciée et pourtant muette sur toutes les allégations aggravantes qui précèdent.

Au contraire, le témoin affirme positivement que son mari expira après un coup de crosse porté par un assassin qu'elle nomme.

Deux autres témoins, le frère et le domestique du président Marien, n'en parlent pas davantage.

L'administration de l'Escaut écrivait cependant *huit* jours après cet interrogatoire authentique et Meyer pérorait un mois plus tard.

Chose moins croyable encore et qui montre le degré de foi que l'on peut accorder aux documents officiels de cette époque !

La minute de la lettre du 21 frimaire an VII repose aux archives provinciales de Gand (1). Elle n'est pas conforme à l'extrait prétendu inséré au *Bulletin décadaire*, d'après les ordres du ministre de l'intérieur, François de Neufchâteau. La lettre originale dépasse en exubérance de style le résumé ministériel qui est une édition mitigée (2).

Et aux mêmes archives, à côté de la minute de cette lettre, se trouve un procès-verbal d'audition de témoins, dressé par le juge de paix d'Overmeire, le 23 brumaire an VII, contenant les déclarations de la veuve Debbaut et n'accusant personne d'avoir enterré vif son malheureux mari (3).

Ce procès-verbal n'est pas même celui auquel nous avons emprunté notre récit du meurtre de Zele. La source où nous avons puisé, est une déposition reçue, vingt jours après la précédente, par le juge de paix de la localité.

La municipalité gantoise affirmait ainsi ses exagérations alors que la preuve de leur inexactitude reposait entre ses mains depuis un mois.

Telle est la bonne foi de l'esprit de parti.

(1) Lettre de l'administration aux ministres, etc. Reg. n° 6.
(2) *Rapporteur* du 21 pluviôse an VII.
(3) Farde 360 2° (arch. Flandre orientale), adm. française.

Le conseil de guerre séant à Bruxelles condamna le 22, pluviôse an VII, deux individus à la peine de mort à propos des pillages de Zele, mais non comme les auteurs de l'assassinat du commissaire. Quatre habitants de Zele, traduits comme complices de ce crime devant le même tribunal, furent acquittés de cette accusation, le 1er brumaire an VIII, tout en subissant une condamnation à l'emprisonnement pour avoir fait partie des rassemblements (1).

La révolte marchait vers Gand.

Overmeire et son canton, agités depuis dix jours, se signalèrent, dès le 30 vendémiaire, par une active coopération. Lokeren tombe le même jour au pouvoir des rebelles, qui coupent l'arbre de la liberté, et Termonde même est envahi le 1er brumaire par une bande venue du Brabant, ayant à sa tête un nommé Rollier. Ce chef portait une veste rayée, un chapeau retroussé à cornes, un plumet de couleurs diverses et une cocarde rouge et blanc.

Nous retrouverons, plus tard, Rollier à la tête des insurgés brabançons, défendant contre la garnison de Bruxelles le pays que bornent la rive occidentale du canal de Bruxelles à Willebroeck, à l'est, et la rive gauche du Rupel, au nord.

A la différence de Saint-Nicolas, Termonde paraît n'avoir opposé aucune résistance à l'ennemi. L'esprit public y était notoirement mauvais. Dès le 19 septembre 1798, son administration locale avait été suspendue et remplacée par l'admi-

---

(1) Archives communales de Bruxelles.

nistration du département (1). Le secrétaire fut arrêté le 17 novembre, prévenu de participation à la révolte, que ses deux frères étaient accusés d'avoir organisée et dirigée.

Toute la contrée entre Gand et Termonde se souleva ainsi en moins de vingt-quatre heures, et l'incendie menaçait de s'étendre au midi.

Des paysans venus de Wetteren avaient passé l'Escaut. Ils agitaient le pays entre ce fleuve et la Dendre, menaçant Alost et Audenarde, et propageant le feu de l'insurrection jusque dans le Hainaut. Dès le 1er brumaire, on pillait à Bois-de-Lessinnes la maison d'un citoyen Grenier. Les fonctionnaires, les acquéreurs de biens nationaux se réfugiaient dans les grandes villes, et la foule en était considérable.

Le lendemain de l'envahissement de Termonde, les vainqueurs poursuivirent leur marche dans deux directions. Des révoltés appartenant aux villages de Wichelen, Schoonaerde et Berlaere longent la rive droite de l'Escaut et arrivent à Lede.

Mal armés de fourches, de sabres, de bâtons et de quelques fusils, ils se bornent à piller les archives et à sonner le tocsin. Mais ils se distinguent entre tous par leur zèle à célébrer les offices religieux dont l'intolérance française les avait privés. Arrivée à Erpe, à l'heure des vêpres, la troupe ouvre l'église et force l'ancien clerc à chanter le salut, auquel elle assiste dévotement. Le salut fini, on se remet en route vers la commune de Meire, où l'on parvient vers 6 heures du soir. Ici,

(1) Procès-verb. de l'administr. centr. de l'Escaut. Registre R, n° 21.

nouveau salut, et cette fois avec accompagnement d'orgue.
Une demi-heure plus tard, entrée à Otterghem, où l'on célèbre
un troisième salut, puis un quatrième à Erondegem, où l'on
coupe l'arbre de la liberté, et l'on s'arrête à Impe, sur la
route de Bruxelles à Gand.

Le second courant, auquel nous faisions allusion plus haut,
suit la route d'Anvers à Gand, se dirigeant de Moerbeke,
pays de Waes, vers Loochristy, Saffelaere, Winckel, Wach-
tebeke et Mendonck.

Toutes ces communes sont occupées, le 2 brumaire (23 octobre). Là comme partout, encore une fois, les insurgés sonnent le tocsin, enrôlent les jeunes gens que le bruit attire,
coupent les arbres de la liberté, enlèvent les armes et les
tambours, déchirent les drapeaux tricolores et exigent des
receveurs publics l'argent de leurs caisses, afin de payer
l'armée rebelle et les munitions qu'elle enlève aux marchands
de poudre.

Les succès de ces rassemblements enhardissent ceux qui
les dirigent et ceux qui les composent, et l'on songe à occuper
les postes où l'autorité française, appuyée par une partie de la
bourgeoisie et par quelques troupes, se montrait déterminée à
résister.

On ne parlait de rien moins que de marcher sur Bruges,
centre des forces militaires dont la république disposait en
Belgique, quartier général de Bonnard, commandant tout un
corps d'armée (1) !

(1) Arch. prov. Flandre or. Lettre de l'ad. mun. de Gand du 5 brumaire
an VII. Farde 360, 2°.

Quoi qu'il en soit, les communications entre Gand et Anvers se trouvaient brisées, interrompues; les communications avec Bruxelles se voyaient sérieusement menacées dès le début, et Béguinot gazait la vérité à l'administration de la Dyle, lorsqu'il parlait, le 28 vendémiaire, de quatre communes insurgées dans l'Escaut.

Si alarmante que se révélât la situation dans de pareilles conditions, elle ne motiva pas encore l'abandon de Bruxelles par sa garnison et par le commandant supérieur de la force armée. Un danger plus grave allait fondre sur le gouvernement et sur ses défenseurs, si l'on ne parvenait à le conjurer. C'est ce que tenta Béguinot.

L'exemple du pays de Waes insurgé trouvait de prompts et nombreux imitateurs dans cette partie des départements de la Dyle et des Deux-Nèthes qui porte le nom bien connu de Campine. Si l'on n'y prenait garde, les révoltés flamands et brabançons allaient se rejoindre sur le Rupel, se donner la main à Malines peut-être, et, une fois réunis dans cette forte position, isoler Anvers et Bruxelles.

Dès les premiers temps de l'annexion, la Campine avait marqué au premier rang parmi les parties du territoire belge les plus antipathiques aux idées françaises.

« Les frontières de la Hollande, » écrivait l'administration centrale des Deux-Nèthes au ministre de la police, le 2 janvier 1798 (1), « les frontières de la Hollande servent de points de pèlerinage où les prêtres réfractaires, n'étant plus sur le

---

(1) MERTENS, Gesch. van Ant., VI, p. 614.

territoire français, célèbrent les offices de leur religion et attirent un concours nombreux d'habitants de la Campine, qui, échauffés par leurs prédications incendiaires, reviennent dans leurs foyers disposés à tous les mouvements que l'on voudra leur faire opérer. » Elle dénonçait plus bas dans le même document « les efforts non interrompus que l'on fait pour créer une seconde Vendée. »

De nombreux prêtres réfractaires trouvaient asile dans ce désert. Les colporteurs traversant les bruyères, hors des voies battues, propageaient de commune en commune des brochures religieuses.

Le doyen de Turnhout, Vander Slooten, était particulièrement signalé au ministère de la police comme un homme dangereux et « d'une influence majeure sur quinze lieues à la ronde (1) »

Dans la même ville vivait un homme destiné à jouer un rôle actif au milieu des troubles naissants et que ses antécédents semblaient y avoir préparé. Il se nommait Corbeels, et cumulait l'état d'imprimeur et celui de cabaretier. Sa guinguette, par une tactique familière aux conspirateurs, attirait particulièrement la gendarmerie du lieu, qui oubliait dans cette Capoue les devoirs et les lois de la discipline, à en juger par une lettre qu'adressait le directeur du jury au commandant, sous la date du 8 messidor an VI (2).

Corbeels, avant d'habiter Turnhout, avait exercé sa profes-

---

(1) MERTENS, t. VI, p. 596.
(2) Archives du tribunal de Turnhout.—Correspondance du Dr du jury.

sion à Louvain. Son imprimerie dans ce dernier lieu était, au dire de l'administration communale, « l'atelier d'où sortaient les pamphlets les plus incendiaires et les plus méprisables contre les amis de la révolution française. » « Pendant la révolution belge, cet homme s'est fait, » ajoutait la même autorité, « et a mérité la réputation d'un mauvais sujet, d'un homme pour qui tous les troubles avaient des charmes et à qui peut-être ils étaient nécessaires. Il justifie cette réputation (1). »

L'original de ce portrait, dont nous ne garantissons point la ressemblance, doit avoir pénétré très-avant dans les secrets des promoteurs de l'entreprise. En effet, quoique habitant Turnhout, où la rébellion n'éclatera que le 4 brumaire, il est à la tête des rebelles campinois à Arendonck dès le premier jour du mois, et conduit leur attaque sur le chef-lieu. On trouve chez Corbeels, d'ailleurs, les qualités d'organisateur et l'esprit d'initiative qui font les hommes révolutionnaires.

Mais n'anticipons pas sur les événements.

Le 30 vendémiaire (21 octobre), d'abord, un rassemblement se forme entre les villages de Hersselt et de Zoerle-Parwys, sur les bords de la Nèthe, près de Westerloo, à la limite nord-est du département de la Dyle. On sonne le tocsin dans la première de ces localités, et deux cents hommes répondent à cet appel patriotique. « Ils marchent sur Westerloo pour se venger, » dit l'un d'eux dans ses interrogatoires, « de la municipalité du

---

(1) Lettre du 22 brumaire an VII, à l'administr. centrale de la Dyle (arch. de l'État).

canton qui avait ordonné la publication des lois sur la conscription militaire. » En vue d'empêcher l'exécution de cette loi maudite, les paysans, ici comme partout, projettent de détruire ou d'enlever les registres de naissance.

Arrivée à Westerloo d'où la gendarmerie avait fait retraite, la troupe se rend chez le secrétaire, y prend les clefs, coupe l'arbre de la liberté en passant, pille la municipalité et la caserne de la gendarmerie qui occupaient le château, les bureaux du juge de paix et du commissaire du pouvoir exécutif, et brûle les papiers et les archives.

L'abbaye de Tongerloo venait d'être acquise par un spéculateur en biens nationaux. Les rebelles s'y portent, et la pillent également, avec le concours fort empressé des paysans de la localité. Ils s'y installent ; ils en font une sorte de quartier général et d'arsenal, où l'on fabriquait des cartouches et où l'on fondait des balles, et ils l'occupent ainsi pendant plus de cinq semaines (1). Des armes sont distribuées dans la maison d'un nommé Meulemans, souvent cité comme un chef important et, plus tard, fusillé à Tournai.

Le nord et le centre de la contrée ne sont point inactifs. A Arendouck, frontière hollandaise du département des Deux-Nèthes, dans la nuit du 30 vendémiaire au 1er brumaire, l'arbre de la liberté tombe coupé par des mains inconnues, à l'aide d'une hache dérobée dans la grange d'un cultivateur.

Herenthals, Duffel, Lierre sont envahis. Mais à Heren-

---

(1) Interrogatoire de Deckers. Jugement du conseil de guerre du 19 thermidor an VIII (Arch. comm. de Bruxelles).

thals les assaillants sont reçus à coups de fusil, et repoussés par des citoyens armés que le juge de paix guide au combat.

Une tentative nouvelle et plus heureuse, accomplie le 2 brumaire, assura néanmoins aux paysans campinois la possession d'une ville, dont la reprise par les troupes françaises sera plus tard l'occasion d'une lutte sanglante et acharnée.

Turnhout tint bon jusqu'au 5 brumaire.

L'insurrection sur le Demer et le Rupel inquiétait à juste raison, on le voit, l'autorité militaire centrale. Là surgissait un péril manifeste : il fallait être aveugle pour ne point le voir, traître ou inepte pour fermer les yeux après l'avoir vu.

Une préoccupation dominait Béguinot, officier habile et dévoué, depuis l'origine des troubles : maintenir les communications entre Bruxelles et Anvers. Sans posséder le titre de capitale des départements réunis, Bruxelles était de fait le centre de l'autorité française en Belgique. Anvers constituait, au milieu d'une guerre maritime, un poste militaire de première importance.

Dès le 28 vendémiaire (19 octobre), le général avait conçu le projet de se rendre sur les lieux menacés et de porter son quartier général à Malines. Les archives de l'administration de la Dyle contiennent trois ou quatre billets adressés par lui dans cette seule journée, et qui tous témoignent à la fois de son désir de marcher à l'ennemi comme de ses inquiétudes.

Le 30 (21 octobre), vers dix heures et demie du soir, l'administration, convoquée en séance extraordinaire, reçoit communication d'une lettre annonçant le départ de Béguinot pour Malines, avec des troupes et de l'artillerie. La gravité des événements le forçait à devancer le moment qu'il avait d'abord fixé.

L'insurrection menaçait la position importante du pont de Waelhem, sur le Rupel, entre Malines et Anvers. Une colonne venant de la Flandre remontait le Rupel par la rive gauche, nous avons déjà constaté sa présence à Saint-Amand la veille; l'autre descendait de Lierre, le long de la Nèthe. Si les rebelles réussissaient à détruire ou à occuper le pont, Bruxelles et Anvers se trouvaient coupées. Il fallait devancer l'ennemi. Des ordres envoyés à la garnison d'Anvers lui enjoignaient de concourir au mouvement, en dirigeant des troupes sur Waelhem, où la jonction des deux colonnes républicaines se devait opérer.

Béguinot annonçait, par ces quelques lignes qu'il adressait à l'administration de la Dyle (1), l'intention d'explorer les communes de Waelhem, Wavre-Sainte-Catherine, Wavre-Notre-Dame, Geffel, Duffel, Putte, Rymenam, Puers, Berlaere et Bornhem. Le hasard de la guerre en décida tout autrement.

C'était le 22 octobre. Sorti de Malines à la pointe du jour pour se porter droit sur le premier des villages indiqués dans son billet, il quitta cette ville par la porte d'Anvers, laissant pour toute garnison le dépôt d'un de ses régiments, quinze artilleurs et la gendarmerie. A peine le général s'était-il mis

(1) Autographe aux arch. de l'administr. centr. de la Dyle. (archives de l'État.

en route (1), qu'une bande de rebelles, venant les uns des Flandres, les autres de Duffel, pénètre à l'extrémité opposée de Malines, par la porte de Louvain, désarme les républicains, s'empare des canons, des caissons, et de munitions diverses, que Malines, espèce de dépôt du matériel militaire en Belgique, possédait en assez grande quantité (2). Mais, ébloui par ce succès facile et oubliant de le mettre à sérieux profit, le rassemblement vainqueur s'amuse à couper l'arbre de la liberté, à abattre le drapeau tricolore, à piller l'hôtel de ville.

MM. Mertens et Torfs, dans leur excellente *Histoire d'Anvers*, accusent les *brigands,* comme les nommait le langage officiel de l'époque, d'avoir en cette occasion égorgé à Malines quelques *théophilanthropes* (3).

Nous n'avons trouvé aucun indice à l'appui de cette assertion : dans les sources que nous avons consultées, notamment dans les jugements de condamnation prononcés contre les insurgés, il n'est nullement question d'assassinats. Ces sources sont néanmoins officielles, et partant plutôt hostiles que favorables aux auteurs du mouvement. D'ailleurs, les proclamations de Béguinot contredisent implicitement la chose, et si elle eût été vraie, il n'eût pas manqué de la proclamer sur les toits.

Le triomphe s'évanouit comme un rêve.

Averti dès le matin, le général français prend immédiatement

---

(1) Procès-verb. de la séance du 1er brumaire an VII de l'administration communale de Louvain (arch. comm. de Louvain).

(2) 64 pièces, *Moniteur.*

(3) MERTENS, t. VI, p. 494, etc.

son parti. Il rétrograde en hâte sur son point de départ et arrive à Malines avant onze heures. La colonne se forme en deux pelotons; elle attaque brusquement par deux côtés opposés à la fois. Les insurgés, surpris, cèdent; Béguinot pénètre avec eux sur la place, où le gros de l'armée envahissante s'acharnait à faire tomber l'arbre de la liberté, tandis que d'autres fêtaient par des libations prématurées leur victoire éphémère. Les mettre en fuite, reprendre ses canons et ses caissons, et faire un nombre considérable de prisonniers, fut l'œuvre d'un instant. Toute cette revanche, au dire du vainqueur, ne lui aurait coûté que la perte d'*un seul* républicain, tué par un coup de fusil tiré d'une fenêtre. Les insurgés qui ne purent se sauver par les portes de Flandre et de Bruxelles, furent hachés, disait à Louvain l'administrateur malinois Serena, qui s'y était réfugié.

La nouvelle de ce triomphe fut reçue à Bruxelles, à cinq heures et demie du soir, par l'administration municipale. Elle l'accueillit aux cris de *Vive la République,* et délégua deux de ses membres pour aller, séance tenante, en faire la proclamation immédiate aux flambeaux par les rues et au théâtre, où l'on donnait *Macbeth*, opéra-lyrique en trois actes, précédé de *Minuit*, comédie en un acte, suivant l'affiche du jour.

Le danger, à Malines, n'était pas conjuré par ce succès des républicains. Le général, à peine rentré, mit la ville en état de siège, le soir même. Dès le lendemain, en effet, les

---

(1) Lettre au commandant de la place de Bruxelles, 1er brumaire an VII (*Rapporteur* du 4 brumaire an VII).

insurgés, peu découragés par l'échec de la veille, tentèrent sur Malines un retour de vive force. Pour apprécier la valeur de cet effort, il convient de rappeler que Malines était, à l'époque des événements actuels, entourée de remparts ; ses fortifications ne furent démolies qu'en 1804. Les assaillants ne possédaient pas d'artillerie ; les troupes françaises avaient plusieurs pièces.

L'attaque de Malines fut dirigée par l'armée des paysans sur trois portes à la fois : les portes des Vaches, d'Anvers et de Diest. Les assaillants tiraillaient avec ardeur, lorsque apparut, sur le théâtre de la lutte, le petit corps républicain détaché d'Anvers, conformément aux ordres de Béguinot. Commandée par le chef de brigade Mazingant, la colonne française prit inopinément les insurgés à dos, les chargea vigoureusement et en tua un grand nombre. Le surplus, placé entre deux feux, battit en retraite, poursuivi mollement par la cavalerie.

L'engagement eut lieu à l'endroit nommé Bruyn Cruyse, à quelques minutes de la porte d'Anvers, là où le chemin qui va vers Duffel le long de la Nèthe traverse un cours d'eau coulant à la Dyle.

L'autorité militaire crut devoir terrifier par un exemple sanglant cette persistante audace. Au début d'une lutte dont nul ne pouvait conjecturer les proportions exactes et l'avenir, la ténacité et le courage d'adversaires, improvisés soldats la veille, inquiétaient non sans juste raison.

Un conseil de guerre se forma donc sans désemparer, à Malines, pour juger les révoltés pris les armes à la main.

Mazingant le présidait, ayant pour assesseurs le chef de bataillon Chameau, les capitaines Lefèvre et Carnaud et le sous-lieutenant Dalon. L'examen et l'instruction d'un procès où les juges étaient témoins eux-mêmes d'une culpabilité, prise en flagrant délit, ne pouvaient durer bien longtemps.

Dès le soir, quarante et un condamnés expiraient, fusillés sur la place de la Révolution. Deux d'entre eux n'avaient pas vingt ans ; un troisième en comptait soixante et dix. « Après quoi, » écrivait le journal bruxellois, le *Rapporteur*, « après quoi la plus grande tranquillité *continua* à régner dans cette ville. »

Malgré cette affirmation, et sans doute pour augmenter encore la sécurité, Béguinot crut devoir publier une nouvelle proclamation ordonnant aux marchands de poudre à tirer de verser dans les magasins militaires l'approvisionnement de leurs boutiques, aux habitants d'y déposer leurs armes, sous peine d'être traduits sur-le-champ devant la commission militaire et jugés comme révoltés. Le sens de cette dernière phrase trouvait un commentaire significatif dans les coups de fusil sous lesquels expiraient quarante et un malheureux patriotes, au moment même où l'on placardait la menace.

Bien plus, Mazingant et le commandant de la place Mutel faisaient ériger des batteries et donnaient l'ordre d'abattre les arbres et les haies dans un rayon de cent cinquante mètres.

Ni ces préparatifs militaires, ni la répression sanglante qui les avait précédés, ne produisirent grand effet. Les exécutions, écrivait l'administration centrale de la Dyle au Directoire (1), n'ont produit d'autre effet que de rendre la bande plus furieuse et plus menaçante.

Les journaux et les affiches du temps donnent les noms de ces victimes; ce sont tous ouvriers et cultivateurs obscurs (2).

Béguinot rentra à Bruxelles, avec de l'artillerie, le 25 octobre (2 brumaire). Une autre colonne se porta sur Anvers, qui fut mis le même jour en état de siége (3).

Voici les faits qui avaient marqué son absence.

On se souvient que le 22 octobre (1er brumaire) avait été fixé pour le départ des conscrits du chef-lieu.

La cérémonie, car c'en était une, la cérémonie eut lieu, malgré les prévisions contraires. Dès sept heures du matin, les administrateurs du département sont réunis. Ils président avec l'administration municipale et les autorités militaires. Un déjeuner civique est offert au son de la musique et au milieu de nombreux curieux.

« Pendant le cours de ces opérations, » dit le procès-verbal, « on remarque en général un air de contentement sur tous les visages. »

Toutefois, ajoute le rédacteur, le bruit s'étant répandu que la révolte avait éclaté dans plusieurs communes frontières des Deux-Nèthes, la crainte que la malveillance ne cherche à profiter de la fermentation pour empêcher le départ des conscrits fait presser le moment. Ils se mettent en marche à

---

(1) Lettre de l'administr. centr. de la Dyle, 5 brumaire an VII (archives de l'État).

(2) *Journal de Bruxelles*, 7 brumaire an VII.

(3) MERTENS, t. VI, p. 485.

midi, précédés de leur musique, escortés par de la cavalerie et de l'infanterie, et faisant retentir l'air de leurs chants patriotiques.

Malgré cet enthousiasme, le procès-verbal laisse prudemment *en blanc* le nombre des conscrits présents ou manquant à l'appel. Ce dernier chiffre devait être assez important, car on constate que parmi eux une *vingtaine* étaient légitimement empêchés.

Rentrée de la revue à l'hôtel de ville, la municipalité de Bruxelles prend séance. La lettre du commandant de la place est lue et au même moment entre le commissaire du gouvernement, Rouppe, porteur de nouvelles alarmantes.

L'assemblée, après l'avoir entendu, se déclare en permanence. Elle donne des armes aux bons citoyens, organise la garde nationale sédentaire, met en réquisition, pour un service de vigilance, les cent individus qui avaient jadis formé la garde communale et les quatre-vingt-onze employés de ses bureaux. L'ordre est donné de retirer les cordes et les battants de toutes les cloches de la ville (1).

Les nouvelles deviennent d'heure en heure plus sinistres. Bruxelles est calme, mais l'orage gronde aux portes. Une lettre du juge de paix de Merchtem annonce à l'administration départementale, également en permanence, qu'il a tout à craindre si on ne lui envoie une force armée suffisante. Il est seul fonctionnaire à son chef-lieu ; les autres ont donné leur

(1) Arch. communales de Bruxelles ; procès-verbal des séances de la municipalité.

démission. La lecture de cette lettre est interrompue par l'arrivée de nombreux fonctionnaires fugitifs, entre autres les commissaires de Londerzeel et d'Assche, le receveur de cette dernière commune. Ils déclarent que l'insurrection est générale dans les cantons de Sempts, de Londerzeel et de Merchtem; le tocsin y a sonné toute la nuit et sonne encore. L'arbre de la liberté a été coupé; les fonctionnaires sont pillés et menacés, maltraités même. La contagion menace les cantons d'Assche et de Lennick.

Le payeur général du département vient supplier de prendre les mesures nécessaires pour sauver sa caisse. Elle contenait une somme considérable, 800,000 francs (1).

Les commandants de la place et de la gendarmerie lui succèdent. On leur parle des campagnes qu'il faudrait secourir; Senault se refuse à détacher un seul homme de la faible garnison que lui a laissée le général Béguinot. Requis de dire s'il répond au moins de la sécurité intérieure de Bruxelles, il déclare qu'il ne répond de rien; mais il va prendre les meilleures mesures de sûreté possibles, en faisant armer les employés des administrations et les cavaliers non montés du dépôt de chasseurs.

On décide, de plus, de faire un appel aux bons citoyens et de les armer pour la garde intérieure de la ville.

Ces volontaires sont placés sous le commandement de l'adjudant général Rostolan.

---

(1) Lettre de l'administr. centr. de la Dyle, du 1er brumaire an VII, au ministre de la guerre.

Deux soldats, couverts de sang, accompagnant un sergent du nom de Faudoas, se présentent aux portes. Ce sont les débris d'une escouade placée à Grimberghe comme garnisaires pour accélérer la rentrée de l'impôt. Assaillis par les brigands, ils ont du battre en retraite devant le nombre. Leurs camarades ont été tués ou sont prisonniers (1). L'abbaye de Grimberghe, située à trois lieues de Bruxelles, à gauche du canal de Willebroeck, récemment acquise comme bien national par le général français Lapallière, ainsi que la maison du commissaire du pouvoir exécutif Bresson, avaient été saccagées et pillées.

Lennick-Saint-Martin s'insurge et sonne le tocsin.

Un fait caractérise la situation de Bruxelles. A la rentrée de Béguinot dans les murs de la ville, le général demande à la municipalité quelques volontaires pour faire le service d'ordonnances à son quartier général. L'autorité cherche vainement durant vingt-quatre heures et vient avouer qu'il lui a été impossible de rencontrer personne qui consente à s'exposer pour faire des courses à cheval hors ville (2).

La malle-poste pour Paris ne marche désormais la nuit que sous escorte. Les journaux l'annoncent au public.

Béguinot était retourné à Malines : l'autorité civile le supplie de revenir. « Si Bruxelles est calme et décidé à défendre ses remparts, » lui écrivait-on, « les communes environnantes sont en rébellion ouverte. »

---

(1) Rapport original de Faudoas (arch. de l'État, cartons de l'administr. centr. de la Dyle).

(2) Arch. communales de Bruxelles; registre des procès-verbaux.

Le fait ne pouvait rencontrer de contradiction.

La révolte se montrait maîtresse du terrain jusqu'à un quart de lieue de Bruxelles, à Schaerbeek, à Ever, à Crainhem. Elle gagnait les cantons wallons et la forêt de Soignes. L'administration municipale d'Isque se sauve à la Hulpe ; on sonne le tocsin dans tous les villages formant la lisière des bois. Le courrier de Paris est menacé par l'occupation de Tubize et de Hal, sur la route de Bruxelles à Mons.

Les plus sombres nouvelles arrivaient, pour combler la mesure, des localités éloignées. Aerschot et Diest avaient été envahis ; Louvain, la seconde ville du département, implorait des secours que Bruxelles se déclarait impuissant à fournir. Les journées du 2 et du 3 brumaire furent tristes.

Les fonctionnaires fugitifs continuent d'affluer en nombre tel, que l'administration municipale est requise de les loger par billets. D'heure en heure, les nouvelles déplorables se succèdent pour annoncer les progrès de l'insurrection au nord, à l'est, à l'ouest même de Bruxelles.

L'administration du département réclame partout assistance ; au commandant d'Aix-la-Chapelle, un régiment de cavalerie ; à Liége, à Namur, de l'artillerie surtout ; mêmes sollicitations sont adressées aux administrations civiles des départements du Nord et de la Meuse inférieure (1). Valenciennes reçoit la demande d'un renfort de deux cents hommes, à prendre dans la garde nationale mobilisée. Les courriers de Gand, de Liége et de Hollande sont arrêtés.

(1) Lettres des 2 et 3 brumaire an VII et procès-verb. de l'administration centrale de la Dyle (arch. de l'État).

CHAPITRE DEUXIEME.

Le 3 brumaire (24 octobre), le théâtre fait relâche; c'est d'ailleurs le seul jour pendant toute la durée des troubles.

Si l'on jette les yeux sur une carte des environs de Bruxelles, en tenant compte de cette circonstance que la forêt de Soignes, depuis la Senne vers Droogenbosch et Forêt jusqu'à Neeryssche, Tervueren et Leefdael, était occupée depuis plusieurs mois par des bandes de *brigands* (1), on se convaincra facilement que le but de l'insurrection était d'envelopper la capitale dans une sorte de blocus, et d'intercepter ainsi ses communications avec le reste du pays. Ce système d'investissement inspirait évidemment aussi les attaques dirigées sur les villes de second ordre, et il semble que cette idée constitua à elle seule toute la stratégie de l'insurrection, son unique plan de campagne. Il fallait isoler Bruxelles, Gand et Anvers, les séparer de la frontière française proprement dite, en s'assurant des points intermédiaires

Malgré la panique, on comprit, devant ce plan hostile, qu'il importait de dégager, d'éclairer tout au moins les abords de la capitale. Déjà, avant le retour de Béguinot et de ses troupes, on résolut d'agir en ce sens.

Une expédition destinée à explorer Schaerbeek, véritable faubourg de Bruxelles, sortit la première, forte de cinquante hommes. Il est vrai qu'elle rentra le soir, sans avoir brûlé une amorce.

Merchtem, comme le faisait présager la lettre écrite la veille par le juge de paix, était occupé par une bande de pay-

---

(1) *Rapporteur* du 26 fructidor an VII.

sans armés de fourches, de piques et de fusils. On décida de tenter quelque chose pour secourir ce fonctionnaire, comme il le demandait. Un appel adressé à la population civile trouve quelque écho, et une reconnaissance dans cette direction s'organise sous la conduite d'un ancien juge de paix de Bruxelles, nommé Claret (1).

Sa troupe se composait de gendarmes à cheval et de fantassins, auxquels se joignirent *huit* volontaires, tous fonctionnaires publics, sauf un, appelé Jean Huwaert. Le tout montait à quarante-huit combattants.

Partis de Bruxelles, le 2 brumaire, à quatre heures et demie du matin, par la chaussée de Gand, Claret se dirigea vers Assche, arrêtant sur la route les passants, entre autres un paysan de Buggenhout qui portait aux moines de sa commune une somme d'argent envoyée, par les petits carmes de Bruxelles. Le rapport est muet sur le sort ultérieur de cette finance.

Assche ne s'était pas joint aux rebelles; ils n'y entrèrent en effet que le soir du même jour (2). L'expédition y parvint sans encombre. Mais le tocsin avait la veille sonné à Molhem, village situé au nord d'Assche. La colonne prend cette direction et tombe à l'improviste sur les quatre premières maisons de l'endroit, qu'habitaient le clerc, l'agent municipal, « qui est un fripon de premier ordre, » déclare le rapport auquel nous em-

---

(1) Rapport original et signé. (Arch. de l'État.)
(2) Voir procédure à charge d'Adrien Vannelaer. Arch. communales de Bruxelles.

pruntons ces détails, le garde champêtre « qui est du même acabit, » et un récollet, Vandeput, accusé d'avoir officié la veille.

L'agent est saisi. Pour le faire parler on le lie, on le menace. Il désigne comme chef des *brigands* l'ancien mayeur de Merchtem, Seghers. Pour prix de sa dénonciation, l'agent de Molhem est relâché. La troupe triomphante essaye vainement de briser les cloches, et elle ferme l'église.

Tout à coup le tocsin se fait entendre. Les républicains sont découverts. Il gronde à Maesel, sans doute Maxenzele, commune située à l'ouest de Molhem, sur la route d'Assche à Termonde. Claret tourne à droite et marche sur Merchtem.

Les maisons de Merchtem étaient abandonnées par les habitants qui, avant de se sauver, avaient pillé et presque totalement détruit celle du juge de paix. On enfonce la porte de l'habitation qu'occupait Seghers, le chef désigné des révoltés; on la fouille inutilement. Claret traverse Merchtem, se dirigeant au nord. Mais, parvenue au pied de l'ancien château seigneurial, sa troupe est assaillie par une décharge de mousqueterie. Les assaillants tiraient, abrités derrière les fossés relevés des prairies bordant un ruisseau; malgré la difficulté du terrain, la colonne bruxelloise répond par une charge à la baïonnette de son infanterie. Les paysans, au nombre de cinq cents environ, armés de fourches, de piques et de fusils, sont bientôt atteints. Ils reculent, et la cavalerie les sabre dans leur fuite. Vingt et un d'entre eux restent sur le carreau, dix-sept autres sont faits prisonniers et parmi eux deux capucins.

Au dire de Claret, sous le sabre des gendarmes les victimes s'écriaient que « c'était par l'instigation des prêtres qu'ils avaient pris les armes. » C'étaient en général des jeunes gens de vingt à vingt-cinq ans. Les morts furent dépouillés et fouillés, mais on ne trouva sur eux rien d'important.

Les fuyards que l'on avait réussi à couper de Londerzeel, où le tocsin se faisait entendre, se dirigèrent vers Steenhuffel. Claret, médiocrement enhardi par le succès de cette affaire, ne les poursuit pas. Il continue sur Londerzeel, qu'il atteint, escorté par les cris de ses adversaires et par quelques coups de fusil sortis des bois voisins de sa route.

A Londerzeel, la résistance des insurgés fut moins facile à vaincre. Les premières maisons de ce village, situées en arrière du ruisseau venant de Wolverthem, étaient occupées par des tirailleurs. Claret cherche un gué, le trouve et passe ce cours d'eau. Mais, *le jour déclinant*, dit-il, il n'entra pas dans Londerzeel, quoique victorieux, et se dirigea vers Thisselt, sur le canal de Bruxelles à Willebroeck. Cette modération dans le triomphe semble suspecte à plus d'un titre. Peut-être faut-il l'attribuer à cette remarque, consignée dans le bulletin même de l'expédition, que les rebelles étaient, à Londerzeel, plus nombreux et mieux armés qu'à Merchtem.

A Thisselt, la colonne apprit la nouvelle du succès du général Béguinot à Malines, et rentra dans Bruxelles le long du canal, ramenant avec elle ses prisonniers.

Traduits devant le conseil de guerre, ces malheureux paysans n'y furent, fort heureusement, condamnés qu'à un léger emprisonnement correctionnel, le 9 brumaire an vii (1). Le conseil en acquitta trois, et notamment les deux capucins.

La modération de cette sentence, rendue par une justice exceptionnelle au flagrant de la révolte, est digne d'éloges. Mais elle amoindrit singulièrement l'importance et les dangers de l'expédition conduite par Claret. Il est assez difficile d'admettre qu'un tribunal militaire ait fait grâce à des fauteurs de guerre civile, pris les armes à la main et sur un champ de bataille ensanglanté.

Revenons à la Flandre. L'incendie révolutionnaire s'était allumé dans le pays de Waes avec la rapidité d'un feu de paille. Sa durée fut celle d'un pareil feu.

La fermeté des autorités supérieures du département de l'Escaut opposa immédiatement une barrière solide aux progrès de la rébellion. L'administration centrale s'était établie en permanence, nous l'avons dit, dès le 18 octobre 1798.

Son premier acte fut la publication d'un arrêté livrant aux conseils de guerre tout individu saisi dans un rassemblement armé. Elle envoya de plus le commissaire du Directoire sur le théâtre de la guerre civile, avec le pouvoir absolu de prendre toutes les mesures qu'il croirait nécessaires pour rétablir la tranquillité publique.

La force manquait un peu à cette dictature improvisée, pour commander l'obéissance aux populations. L'administration gantoise ne se berçait pas d'illusions à cet égard et elle s'empressa de réclamer des renforts au général Bonnard à

(1) Jugement (arch. communales de Bruxelles).

Bruges, et aux ministres à Paris. Une colonne mobile, formée des troupes disponibles, marcha sur Saint-Nicolas. Des secours en hommes et en munitions furent expédiés au détachement envoyé le 13 dans le canton d'Overmeire, sous le commandement du chef de la gendarmerie. Ce dernier avait rencontré, dans sa marche, de sérieux obstacles. Les insurgés osèrent l'attaquer les premiers à Calcken lorsqu'il opérait sa retraite d'Overmeire sur Gand. Des soldats furent blessés, et deux officiers faits prisonniers.

Le 21 octobre, Gand était sans nouvelles de la colonne dirigée vers Saint-Nicolas sous le commandement du général Laurent. L'inquiétude grandissait avec le péril. A Gand comme à Bruxelles, les fonctionnaires républicains fugitifs affluaient. Le tocsin grondait aux portes mêmes de la ville et les populations rurales limitrophes tenaient les discours les plus menaçants.

Décidée, comme elle le consigne textuellement au procès-verbal de ses séances, décidée à employer tous les moyens que son énergie et son attachement à la république peuvent lui suggérer pour faire triompher la cause de la liberté, l'administration départementale appelle près d'elle les patriotes dont la sagesse et le courage lui sont plus particulièrement connus. Elle les invite, au nom de la patrie, à solliciter tous les citoyens d'un civisme reconnu à se rendre à la municipalité pour prendre les armes et entourer les autorités constituées. Il s'agit de mettre Gand à l'abri d'un coup de main. Les receveurs des contributions, les payeurs généraux, le directeur des domaines, tous les agents du fisc, tous les détenteurs de deniers publics reçoivent l'avis officiel de mettre en sûreté leurs caisses et celles de leurs préposés. La vente de la poudre à toute personne qui ne présenterait pas une autorisation écrite de l'administration du département est interdite. Ici, comme à Bruxelles, on redoute aussi de voir tomber les munitions de guerre aux mains des malveillants. Les armes que possèdent les armuriers sont frappées de réquisition pour les confier aux patriotes appelés à la défense des autorités. Le prix leur en devait être payé avec les fonds des contributions à lever sur les communes rebelles. Enfin, l'urgence des renforts semble telle, qu'on invite le commandant militaire de Lille à faire connaître, par la voie du télégraphe, au Directoire la situation alarmante du département.

Cependant le général Laurent avait réussi à occuper de vive force, dans la journée du 21 octobre, Lokeren et Saint-Nicolas, et à rétablir les communications avec Anvers par le pays de Waes. Les rebelles, à Saint-Nicolas, ne cédèrent pas sans résistance. Une lutte vive s'engagea à la sortie de la ville vers Saint-Pauwels. Quinze insurgés périrent sur ce champ de bataille où gisait en outre un grand nombre de blessés. Le reste prit la fuite. Ce fut le premier succès des armées républicaines dans la guerre civile (1).

La nouvelle de cette victoire parvint à Gand durant la soirée. Le rapport du général fut sur-le-champ imprimé et affiché partout. A Bruxelles, une lettre du général Béguinot à l'administration centrale de la Dyle annonçait le triomphe de

(1) VAN DEN BOGAERDE, *Het districkt Ste-Nikolaas*, t. II, p. 325.

Laurent dans les termes les plus pompeux. « Les rebelles de l'Escaut sont entièrement soumis, » écrivait-il sous la date du 30 vendémiaire ; « on leur a tué près de trois cents hommes. » Les rebelles étaient battus, mais non soumis, même au pays de Waes ; car le surlendemain, 2 brumaire, à 9 heures du matin, six cents hommes de troupes françaises traversaient Gand et se dirigeaient en toute hâte vers le pays de Waes (1).

Toutefois, l'arrondissement de Saint-Nicolas cessa d'être le théâtre des luttes armées. L'insurrection flamande, cherchant à se concentrer, gagna la rive droite de l'Escaut et se répandit au sud, en remontant le cours de la Dendre.

Pour mettre un terme au passage incessant des insurgés flamands sur la rive droite de l'Escaut, deux chaloupes canonnières remontèrent le fleuve et s'embossèrent en face de l'abbaye de Saint-Bernard. L'opération réussit à merveille. Une colonne fut surprise et canonnée ; quatre-vingts hommes périrent mitraillés.

L'une de ces canonnières, nommée *la Citoyenne*, servait en même temps de prison aux insurgés que les troupes recueillaient en parcourant les deux rives (2).

(1) *Gazette van Gent*, 2 brumaire an VII.
(2) Procédure à charge de Jacques Vanderherten. Lettre de la municipalité de Tamise au capitaine rapporteur à Bruxelles, 10 frimaire an VII. Arch. communales de Bruxelles.

CHAPITRE III.

ATTAQUE DES VILLES DE SECOND ORDRE.
TENTATIVES SUR LOUVAIN ET ALOST — COMBATS EN BRABANT ET EN CAMPINE.
— INSURRECTION DU LUXEMBOURG ALLEMAND. —
LA GUERRE DES BATONS.

Nous l'avons dit au chapitre précédent, le soulèvement général des campagnes flamandes et brabançonnes inspira bientôt aux insurgés la pensée d'occuper les villes de second ordre.

L'exécution de ce plan marque la seconde phase de l'insurrection : c'est, à vrai dire, le deuxième acte du drame.

L'occupation de localités plus importantes que de simples bourgades présentait un double avantage, précieux dans chacun des éléments qui le composent. La révolte au début manquait d'un point d'appui, propre à servir, après un échec, de place de ralliement ou de refuge, au moins momentané. A cette époque, des remparts et des fossés ceignaient encore toutes nos petites villes. Il ne fallait pas dédaigner l'abri qu'offraient ces restes de fortifications, que l'on pouvait facilement rétablir en leur donnant, sans grosse peine ni dépense de temps, une valeur défensive bien supérieure à celle de simples ouvrages de campagne. D'autre part, ces mêmes villes, défendues par quelques poignées de soldats, des gendarmes ou des bourgeois armés, livraient aux mains du vainqueur, après un succès, ces armes et ces munitions qui lui faisaient défaut. La possession des caisses publiques apportait en outre le nerf de la guerre. Enfin, les insurgés espéraient trouver peut-être parmi le butin quelques-unes de ces pièces d'artillerie qu'ils convoitaient avec tant de vivacité et qu'ils ne surent pas conserver à Malines, après les avoir conquises. « Allons à Audenarde prendre les canons des Français! » criaient les paysans du voisinage en s'excitant à marcher contre cette ville (1).

Audenarde se défendait néanmoins et fermement contre une population insurgée venue principalement de Renaix. Attaquée depuis plusieurs jours, elle tenait encore le 24 octobre, car, le 25, l'administration départementale de l'Escaut félicitait la municipalité sur sa belle défense et l'engageait à continuer jusqu'au milieu de la nuit (2).

Malgré ces exhortations, Audenaerde dut céder; mais elle fut reprise par un détachement de la garnison de Gand, dès le 26, à neuf heures du matin, après une lutte sérieuse. Quarante *brigands* restèrent morts sur la place. Ils avaient, du-

---

(1) Procédure à charge de Desmet. Arch. communales de Bruxelles.

(2) Procès-verbal de l'administration centrale de l'Escaut, du 4 brumaire an VII. Arch. de la Fl. or.

raut leur occupation, détruit les archives cantonales, brûlé l'arbre de la liberté, ravagé le quartier de la gendarmerie et la maison du commandant (1).

Alost, plus heureux, parvint à écarter la rébellion de ses murs, grâce à la prévoyance de l'autorité. Pour assurer davantage cette position intermédiaire entre Gand et Bruxelles, l'adjudant général Leclaire estima prudent d'y envoyer, le 24 octobre, une compagnie d'infanterie. La précaution était bonne et prise au moment opportun. Dès le surlendemain, Alost dut repousser par la force une agression du dehors (2).

Nous empruntons le récit de cette attaque, opérée le 26 octobre, aux interrogatoires de trois acteurs, pris les armes à la main par les troupes françaises.

D'anciens militaires autrichiens avaient enrôlé à Ninove deux cents jeunes gens parmi les nombreux rebelles rassemblés dans cette commune. A leur tête se plaça un négociant de Ninove même, nommé Jean François Vandersmissen. C'était un jeune homme de vingt-deux ans, appartenant à la bourgeoisie de sa ville natale, doux de caractère et de mœurs, à en juger par les certificats nombreux joints à son dossier. Tous attestent qu'il avait employé de grands efforts pour calmer la populace et éviter le pillage des propriétés particulières. Son frère, qui l'aidait dans cette œuvre de bon citoyen, partagea avec lui l'honneur de commander à Ninove, jusqu'au jour où, battu

---

(1) *Gazette van Gent*, 12 brumaire an VII.
(2) Procès-verbal de l'administration centrale de l'Escaut, du 3 brumaire an VII. Arch. de la Fl. or.

par les Français, il périt noyé dans la Dendre en voulant se sauver à la nage.

Depuis deux jours on répétait autour de cette ville qu'il fallait ouvrir les églises et combattre pour la religion. « D'ailleurs, » ajoutaient les meneurs, « nous avons beau jeu : les Anglais sont maîtres d'Anvers (1) ! »

Aux insurgés de Ninove vinrent se joindre cent cinquante paysans de Denderwindeke, armés comme eux, disaient ces arrivants, pour expulser la République au cri de : *Vive l'Empereur!* La bande de Denderwindeke s'était donné le luxe de deux tambours. Elle en céda gracieusement un aux frères d'armes de Ninove. Son garde champêtre lui servait de chef.

A peine entrés dans Ninove, les paysans débutent par renverser l'arbre de la liberté. Ils le brûlent et avec lui une *statue*, un simulacre en planches probablement, qu'ils appelaient la *déesse* de la Raison. Le tocsin sonne : les fonctionnaires livrent leurs archives, on les détruit, et la journée se passe.

Le lendemain, dès six heures, le tambour bat le réveil dans les murs de Ninove, et l'expédition se met en marche par Kerkxken vers Haeltert et Meire, jusqu'à Nieuwerkerke, sonnant le tocsin et ramassant sur la route tout ce qu'elle rencontre d'hommes, d'armes et de munitions.

Au delà de Nieuwerkerke, près du château de Regelsbrug, à une demi-lieue d'Alost environ, les chefs commandent une

---

(1) Interrogatoire de Van Decker, du 26 brumaire an VII, devant le capitaine rapporteur (archives communales de Bruxelles).

halte et établissent une sorte d'ordre de bataille. On distribue des armes à feu à ceux qui en manquent. La colonne se met en rang, trois par trois, les mieux armés les premiers, ceux surtout qui possédaient des baïonnettes; et l'on marche bravement sur Alost au cri de : « Vive l'Empereur! » Il y avait là de 400 à 500 paysans mal armés. Alost renfermait une population civile de douze mille âmes et une garnison renforcée dès la veille. D'anciens gardes champêtres ou forestiers guident ces soldats d'un jour.

Alost les accueillit par une décharge de mousqueterie bien nourrie : des bourgeois armés s'étaient joints aux militaires, et les municipaux, ceints de l'écharpe tricolore, marchaient en tête, le fusil à la main (1). Malgré le feu, les insurgés pénètrent dans la ville, enlevés par le courage d'un ancien militaire autrichien, Joseph de Troch, qui, avant de s'improviser général, exerçait à Ninove la profession de *conducteur d'ânes*. Cette dernière qualification ferait supposer une mauvaise plaisanterie, si nous ne la trouvions dans la bouche d'un prisonnier fait sur le champ de bataille, à un moment où il devait se sentir peu disposé à plaisanter (2).

Des décharges nouvelles dispersent les insurgés. Beaucoup d'entre eux, égarés dans des rues qu'ils ne connaissaient pas ou dans les jardins où ils s'étaient répandus à la

---

(1) Discours de MEYER aux Cinq-Cents, déjà cité.

(2) Interrogatoire de J.-F. Van Paepeghem devant le commissaire du district, E. Chompré. Van Paepeghem, Vandersmissen et un ancien soldat de Murray, nommé Van Decker, furent condamnés à mort par le deuxième conseil de guerre de la 24e division, le 7 frimaire an VII.

suite de de Troch, ne trouvent point d'issue. Ils sont faits prisonniers par les bourgeois armés. Les autres se retirent sur Ninove, par où ils étaient venus. Ils ne paraissent pas avoir été inquiétés dans leur retraite, sans songer néanmoins au moindre retour offensif : Alost est délivré.

Une entreprise analogue réussit mieux en Campine. Turnhout, où l'on avait sonné le tocsin le 4 brumaire, est occupé le 5, après un échange de coups de fusils avec la gendarmerie et les douaniers. La ville prise devient le centre d'une sorte d'organisation militaire. Les révoltés siègent à l'hôtel de ville, après en avoir chassé la municipalité, qui leur refusait de la poudre. Des compagnies sont régulièrement et militairement organisées (1). Elles ont, pour chef principal, le libraire Corbeels, que nous avons déjà fait connaître au lecteur; Corbeels, qui plus tard payera cet honneur de sa tête. Cet officier, arraché la veille à ses presses, montre plus d'énergie et plus d'intelligence qu'aucun autre au milieu du désordre révolutionnaire. Ainsi, maître de Turnhout, il arme et exerce ses compagnies ; il enrôle un chirurgien pour se créer un service de santé. Il faut un drapeau à cette armée, Corbeels enlève la bannière du grand serment de la Rhétorique chez le dépositaire et en donne un reçu. Il nomme des sous-officiers et des enseignes. Ses lieutenants sont au nombre de deux, Brouwers et Lambrechts. Le premier survécut à la défaite générale et tint encore la campagne durant tout l'hiver. Ses soldats reçoivent comme signe de ralliement un brassard blanc orné

---

(1) Interrogatoire d'Antoine Lysen, chirurgien. Arch. com. de Brux.

d'une croix rouge. Ils se décoraient volontiers aussi des couleurs patriotiques de 1790.

Mais une tentative plus grave, mieux conçue et plus audacieuse, faillit mettre aux mains de la révolte l'une de nos plus populeuses cités, située au cœur même du pays.

Il s'agit de Louvain.

L'esprit public à Louvain montrait pour les principes révolutionnaires de maigres sympathies, quoiqu'une municipalité vaillante, et dévouée au nouvel ordre de choses, dirigeât l'administration locale. Siége d'une antique université, auprès de laquelle de riches dotations attiraient chaque année une nombreuse population d'étudiants étrangers, Louvain voyait dans la suppression de cet établissement un grief moral et une perte matérielle : l'intérêt se confondait avec le sentiment religieux et patriotique dans un froissement commun. Enfin, cette vieille cité catholique servait de refuge depuis l'occupation aux agitateurs, aux conspirateurs même, et les mesures relatives à la persécution des couvents et des prêtres y avaient, plus que partout ailleurs, ému les cœurs et suscité les passions.

Louvain, à ces divers titres, devait tout d'abord attirer l'attention des insurgés.

La municipalité ne se berçait d'aucune illusion. « Il y a ici, » écrivait-elle, « *trois cents* patriotes dignes de confiance, beaucoup de gens paisibles et le reste mal intentionnés (1). »

---

(1) Lettre du 13 frimaire an VIII, à l'administration centrale de la Dyle (archives communales de Louvain). Procès-verbal des séances.

Nulle force militaire sérieuse, là plus qu'ailleurs, n'imposait aux turbulents. La garnison comptait *dix-huit* fantassins, plus *neuf* gendarmes (1). Il semblait véritablement que l'insurrection n'eût qu'à tendre la main pour prendre. Elle la tendit en effet, mais trop tard, et ne prit rien, faute de promptitude et de décision.

Malines, on s'en souvient, avait été envahi le 1ᵉʳ brumaire (22 octobre), au matin, par des bandes venues en partie de la Flandre. Elles opéraient au sud de cette ville, puisqu'elles y pénétrèrent par la porte de Louvain.

Une partie de ce corps se détacha dans la direction de cette dernière ville.

Évitant la grande route, elle marcha de village en village par la traverse entre la Dyle et le canal, suivant à peu près la ligne occupée aujourd'hui par le chemin de fer de l'État. En effet, ce même jour, « une bande de brigands, dits *flamands*, » pillait, à Haecht, la maison du commissaire du Directoire, et ce fonctionnaire informait par une lettre, de cet événement, son collègue de Louvain. Nous empruntons à cette épître le renseignement fixant la nationalité des envahisseurs et montrant par là, d'un même coup, leur itinéraire et leur origine.

Haecht est un chef-lieu de canton situé à mi-chemin de Malines à Louvain, aujourd'hui station du chemin de fer de l'État. L'on y trouve un pont sur la Dyle, qui permettait de communiquer avec la Campine par Keerberghen et Schrieck d'un côté, de l'autre avec Aerschot.

(1) Procès-verbal de l'administration municipale du 1ᵉʳ brumaire an VII (archives de Louvain).

CHAPITRE TROISIÈME.

Le tocsin sonne, ajoutait le signataire de la lettre, et les conscrits du pays se joignent aux arrivants. La masse se concentre vers Aerschot, pour donner la main aux bandes campinoises qui marchaient du quartier général de Tongerloo vers Diest, et s'en emparèrent le même jour.

L'information était exacte. En effet, à cinq heures et demie du soir, se présentait, pour la confirmer, le frère du président de la municipalité d'Aerschot, Borrens. Il annonçait l'invasion de ce bourg par trois cents insurgés, mal armés, mais qui n'en avaient pas moins tué ou blessé son frère.

Cette bande, toujours composée d'étrangers, marqua son passage le long du Démer par des scènes de violence sanglante, qui rappellent les horreurs commises à Zele et à Assenede. Les révoltés campinois ne souillèrent point leur cause par l'assassinat.

Ainsi, à Aerschot, le lendemain de l'occupation, fut massacré froidement le secrétaire Daels. Le receveur de Montaigu, fait prisonnier, reçut de nombreuses blessures et son escorte le précipita tout sanglant dans le bief du moulin de Sichem, d'où, fort heureusement, on le repêcha. Des hussards français ramassèrent, à Montaigu, le commissaire Bonnardel, laissé pour mort sur le pavé (1).

L'autorité louvaniste arrêta ses mesures avec promptitude. On s'assura des clefs des clochers et des poudres disponibles : il y en avait trois cents paquets ! Le président de la munici-

---

(1) Manuscrit Janssens. — Procès-verbal de l'administration centrale de la Dyle, du 5 brumaire an VII (archives de l'État).

palité, Claes partit pour Bruxelles, à l'effet de réclamer des secours en troupes. On écrivit au général Béguinot et au département dans le même but.

Restait à pourvoir au danger intérieur. La population louvaniste s'agitait dans les cabarets : à la *Boule de fer*, rue de Namur, on chantait *les chansons de la révolution belgique*, dit un procès-verbal de séance que nous résumons. Des patrouilles de volontaires s'organisent; on envoie un espion à Aerschot par *la diligence*, et la municipalité met un crédit extraordinaire de 10 florins (*dix!*) à la disposition de sa police pour stipendier des agents secrets dont la mission consistait à aller surveiller le canton de Haecht.

Le lendemain, dès six heures du matin, un huissier de Diest, Tielens, est introduit au sein de l'administration municipale, demeurée en permanence. Battu et dépouillé la veille par les insurgés pour avoir vendu le mobilier des églises, il s'était sauvé avec peine. Les troubles à Diest avaient éclaté vers midi. Le feu de la gendarmerie n'avait pas réussi à arrêter le mouvement, et trois cents campagnards, dont un dixième seulement armé et encore peu au fait des armes, occupaient la ville en vainqueurs. On comptait dans leurs rangs beaucoup de jeunes réquisitionnaires et jusqu'à des vieillards de soixante et dix ans.

D'un autre côté, le commissaire du gouvernement, à Aerschot, prévenait qu'une attaque sur Louvain se montrait imminente.

L'heure sonnait de combiner un plan de défense pour la repousser, et le temps arrivait de suppléer par l'énergie à l'insuffisance des ressources. La municipalité de Louvain ne faillit point à cette tâche, quelle qu'en fût la difficulté.

La ville manque de garnison : l'autorité arme les citoyens dévoués au nouvel ordre des choses, et trois compagnies de gardes bourgeoises, ayant pour chefs d'anciens officiers français, sont organisées. L'on confie le commandement de cette milice improvisée à Pierre Gens, patriote dont le zèle avait déjà été mis à l'épreuve à d'autres époques. En même temps que Gens reçoit l'avis de sa nomination, ordre lui est transmis d'aller occuper avec cinquante hommes les points et les rues les plus menacés. La consigne est aussitôt exécutée que reçue (1).

Une proclamation, rédigée par l'administration pour être lue *en cas de besoin*, donne la mesure des dangers que l'on redoutait et des sentiments qui animaient la population. Elle était ainsi conçue :

« La municipalité :

« Vu le danger où se trouve la commune ;

« Arrête :

« Quiconque se permettra de tirer sur les militaires français ou sur les patriotes de la commune, sera fusillé sur-le-champ ;

« La maison d'où partiront des coups de fusil ou d'où l'on jettera sur les militaires français ou les patriotes, sera brûlée sur-le-champ ;

(1) Administration communale de Louvain à l'administration centrale de la Dyle, 4 brumaire an VII (archives de l'État).

« Toute maison dont on se permettra de fermer la porte aux défenseurs de la patrie, sera brûlée sur-le-champ et celui qui la fermera, fusillé. »

Vers le soir, l'arrivée des journaux de Bruxelles, annonçant la reprise de Malines et les succès obtenus en Flandre, vint calmer quelque peu l'inquiétude. Le président Claes rentra également de Bruxelles, apportant cent cinquante fusils. Sur ces entrefaites, l'insurrection s'était rapprochée des murs : des paysans armés occupaient Wygmael et Winghe-Saint-Georges. A Lubbeek, une trentaine d'hommes armés avaient envahi le village et pillé la maison du garde champêtre Sterckx, aux cris de : *Vive Charles de Loupoigne!*

La journée du 24 octobre (3 brumaire) se passa à Louvain sans alerte nouvelle. On l'employa à organiser plus complètement la garde patriotique : l'insurrection eut le tort de la perdre dans l'inaction. « Les rebelles s'endorment dans une fausse sécurité et s'aveuglent sur les dangers, » écrivait la municipalité de Louvain, le 4, à l'administration centrale de Bruxelles.

Au quartier général de Diest, l'on tenait table ouverte sur la place; le tocsin sonnait, les tambours battaient le rappel; les paysans s'exerçaient et manœuvraient au cri de *vivent les patriotes!* Mais l'on agissait peu et l'indécision régnait dans les projets : les uns voulaient marcher vers Hasselt; les autres inclinaient pour une attaque sur Louvain.

Un semblant de gouvernement révolutionnaire s'était formé sous la direction supérieure d'un avocat, nommé Cluckers.

Ce pouvoir se borna à lever une contribution de trois mille florins, dont Cluckers opéra la répartition.

Les bandes chassées de Malines, qu'elles avaient vainement tenté de reprendre, montraient maintenant, au dire des espions, un véritable découragement. L'artillerie des Français leur inspirait une crainte vive et légitime.

Nos campagnards belges ne réussirent pas à imiter les sublimes paysans vendéens qui, armés de bâtons, prenaient les canons de la république. Mais, en tête des *blancs*, marchaient, pour inspirer la foi qui fait les martyres et les triomphes, la Rochejaquelein, d'Elbée, la Trémouille et Talmont. Nos pauvres Campinois marchaient seuls.

Les cartouches distribuées se trouvaient trop grandes pour le calibre des fusils de chasse dont les mieux armés d'entre les paysans étaient porteurs. Le soir, l'armée insurrectionnelle se débandait régulièrement pour permettre à chacun d'aller coucher chez soi.

Ainsi se résumaient les rapports reçus, à la municipalité de Louvain, de ceux qu'elle appelait des *affidés*, payés à raison de *dix sols* par jour, pour aller écouter ce qui se disait dans les rangs ennemis (1).

L'apathie des assaillants releva le courage des défenseurs du régime établi. Et lorsque, le 25 octobre (4 brumaire),

---

(1) L'agent municipal de Campenhout, Louis Meyer, s'était offert à remplir cet office à Malines. Le mouchard expédié à Diest se nommait Geeraerdts, faiseur de flèches de son métier. J'aime à nommer ces Belges qui servaient ainsi l'étranger contre leurs frères : le pilori de l'inflexible histoire doit être le châtiment des défaillances comme des crimes politiques.

le receveur de la barrière de Diest annonça à Louvain, qu'une colonne, partie de la première de ces villes à 6 heures du matin, s'avançait par la chaussée; que son avant-garde, forte de trois mille hommes, avait été laissée par lui à deux lieues de Louvain, aux basses montagnes de Loo, près de l'endroit appelé *Vorschenzang*, de nombreux tirailleurs volontaires se portèrent hardiment à la rencontre de l'ennemi.

Un second corps, venu de Diest également, rejoignit le même jour à Aerschot les paysans flamands qui l'occupaient depuis le 1er brumaire (22 octobre), et passaient leur temps à piller les maisons des fonctionnaires fugitifs. A la tête de ce détachement marchait Eelen, de Montaigu, l'un des chefs dont le nom est le plus fréquemment cité dans les documents contemporains. Eelen apportait l'ordre du départ vers Louvain. Avant de se mettre en route, la colonne éprouve le besoin de se compléter par une musique militaire. Elle enrôle de force un joueur de flûte. « Tu souffles depuis assez longtemps pour les Français, » lui dit-on, « souffle pour nous maintenant ! » Le manque de munitions retarda le mouvement. La nuit du 25 au 26 octobre (4-5 brumaire) fut employée à fondre des balles. On alla réveiller, vers deux heures du matin, un malheureux chaudronnier pour le charger de la besogne. Des hommes armés le gardaient à vue durant son travail. Il y consacra douze heures consécutives et quatre cents livres de plomb, que l'on s'était procuré en arrachant les gouttières du couvent des capucins (1).

(1) Procédure à charge de J.-F. Christiaens (archives communales de Bruxelles).

L'armée des paysans arriva en vue de Louvain dans la soirée du 4 brumaire (25 octobre), mais elle ne tenta rien contre la ville. Le quartier général s'établit à l'abbaye de Vlierbeek. Des postes avancés couronnaient les hauteurs faisant face aux portes de Diest et du Canal, ce point vulnérable par lequel Louvain fut toujours menacé, témoin 1831.

Le 26, à midi, tout s'ébranle pour prendre décidément l'offensive. Les colonnes insurgées quittent l'abbaye et se dirigent vers la barrière située sur la route de Diest, en suivant un chemin creux et très-bas. Après une marche de deux heures, dont on comprend mal la lenteur, une patrouille bourgeoise aperçoit l'ennemi et fait feu.

Une vive fusillade s'engage immédiatement entre les insurgés et la colonne républicaine venant soutenir sa patrouille. Bon nombre de curieux sortis de Louvain accompagnaient la force publique en amateurs. Ils prennent la fuite aux premiers coups.

Les paysans à cette vue croient que la colonne elle-même se débande, et l'ardeur de leurs attaques redouble sous l'aiguillon d'un succès imaginaire. En vain la gendarmerie à cheval charge pour les recevoir et dégager l'infanterie. Son effort est impuissant, les défenseurs de Louvain sont vigoureusement ramenés jusqu'aux remparts de la place, dont les assaillants tentent d'occuper les portes voisines.

La lutte à ce moment s'échauffe ; elle devient opiniâtre. L'assaut semble imminent. Cependant, après un combat animé de trois quarts d'heure, les paysans sont écartés des murs, abandonnant sur le champ de bataille les cadavres de sept des leurs.

Animée par ce triomphe, la garnison de Louvain veut inquiéter la retraite de l'armée insurrectionnelle. Une colonne mobile sort pour entamer une poursuite. Mais elle rentre bientôt, ramenant un prisonnier et un tambour, après avoir perdu elle-même deux hommes. Au nombre de ces victimes se trouvait le receveur de la barrière auprès de laquelle le combat s'était livré.

Pareil résultat prouve le bon ordre dans lequel s'opérait la retraite que l'on avait vainement espéré troubler et changer en déroute.

Pas plus qu'à Malines, un premier échec ne découragea à Louvain l'armée nationale. Malgré l'arrivée durant la nuit d'un renfort de soixante volontaires bruxellois, conduits par l'adjudant général Frantzen, et de 4,500 cartouches, les paysans attaquent de nouveau Louvain entre la porte d'Eau et la porte de Diest (1). Ils occupent un cabaret nommé la *Maison blanche*, et s'étendent de la rive droite sur la rive gauche de la Dyle. Trois cents hommes partis du pont de Wygmael marchent sur Herent, traversent la rivière et le canal, et menacent la porte de Malines.

Les assiégés sont harassés : les renforts manquent; des arrestations nombreuses opérées dans la ville attestent la gravité de la situation. L'entrée et la sortie des portes sont défendues.

(1) Procès-verbal de l'administration communale de Louvain, du 6 brumaire an VII.

L'insurrection, jusque-là concentrée au nord-est, gagne le sud de la place. Le général Lapallière, arrivant de Namur, informe en effet l'autorité que des rassemblements inquiétants se groupent à Héverlé.

Les communications de Louvain avec Bruxelles par Cortenberg ou Tervueren restaient seules ouvertes. Encore le mouvement d'est à l'ouest opéré par les paysans, après avoir traversé la Dyle, compromettait-il sérieusement la première de ces routes, la seule praticable pour les mouvements militaires.

L'adjudant général Frantzen tente une sortie dans cette direction à la tête des troupes et des volontaires qu'il vient d'amener de Bruxelles. Il suit la route de Malines, et rencontre, vers trois heures de relevée, l'ennemi à Wilsele, village en avant d'Herent. Cette opération ne fut pas heureuse, quoique les volontaires bruxellois s'y distinguassent par leur courage (1). Les insurgés, usant d'une manœuvre habile, réussirent à séparer du corps principal, formé d'infanterie, la gendarmerie à cheval qui l'appuyait. Rudement assaillie dans cet isolement, puis entourée, cette cavalerie ne parvint que péniblement à se faire jour. Le commandant, nommé Vaillant, eut son cheval blessé, et perdit un gendarme du nom de Dommanges. Deux autres cavaliers furent démontés. Tel est au moins le résultat qu'avoue le bulletin de Frantzen (2). Mais il semble permis de l'accuser légèrement d'optimisme, lorsque l'on voit le général ordonner, au retour de son expé-

(1) Rapport du général Béguinot, du 8 brumaire an VII (*Rapporteur* du 11 brumaire an VII).

(2) *Journal de Bruxelles*, n° 40.

dition, que « vu le nombre des assaillants, on gardera une pure défensive. »

Béguinot affirmait à Bruxelles, dans le rapport adressé à l'administration centrale, que les rebelles *surpris* à Wilsele et taillés en pièces avaient perdu trente hommes.

La position de Louvain, somme toute, s'aggravait d'heure en heure. Les volontaires se déclaraient hautement épuisés et découragés. En vain l'autorité écrivait-elle coup sur coup, et chaque jour avec plus d'insistance, tantôt à Béguinot, tantôt à l'administration centrale du département; aucun renfort n'apparaissait, et le nombre des assiégeants grandissait avec leurs succès.

Cependant, vers deux heures après midi, l'on signale l'arrivée prochaine d'un corps de troupes envoyé par le général commandant la Meuse-Inférieure : il s'agissait de six cents hommes environ, pour lesquels la municipalité s'empresse de faire préparer des logements. A trois heures, une colonne mobile, commandée par le général Duruth, entre dans Louvain, venant de Diest.

Diest était retombé d'une façon assez originale au pouvoir des troupes républicaines. Une quarantaine de hussards occupaient le village limbourgeois de Herck, où l'arbre de la liberté avait été coupé. Au premier bruit de troubles à Diest, quelques hommes se détachèrent et essayèrent de comprimer l'insurrection. Ils pénétrèrent dans Diest, poussèrent même jusqu'à Montaigu ; mais ils se virent bientôt forcés de retourner d'où ils étaient venus, vivement poursuivis.

Le 26 octobre, la garnison de Diest, que commandait Cor-

beels, conçut le projet d'attaquer cette cavalerie française à
Herck, et partit tout entière pour exécuter ce projet. Sur ces
entrefaites, la colonne de Duruth arriva dans la soirée et
trouva Diest évacué et sans défense. Si la reprise de Diest
dans ces conditions, et par application du proverbe « qui
quitte sa place la perd », montre un côté risible, les suites
assombrissent singulièrement le tableau.

Les troupes de Duruth, victorieuses à défaut d'ennemis,
entrèrent à Diest comme dans une place prise d'assaut, massacrant sur le passage neuf bourgeois inoffensifs. Tous ceux
que les républicains découvrirent nantis d'armes, de poudre
ou de plomb, furent arrêtés et jetés en prison.

Dans la nuit, et au moment où les Français se préparaient
à leur tour à évacuer leur facile conquête, trois de ces infortunés furent menés hors de la porte de Louvain et fusillés. L'un
d'eux échappa à la mort d'une façon toute miraculeuse. Les
trois victimes avaient été liées l'une à l'autre. La décharge
meurtrière en tua deux sur place, mais le troisième tomba
blessé seulement, et entraîné sous les corps de ses compagnons.
On le retrouva vivant encore, malgré les balles qu'il avait reçues et les nombreux coups de baïonnette dont les troupes
françaises en défilant ne rougirent pas de percer ce qu'elles
devaient croire un cadavre. On transporta le blessé à l'hôpital,
où il guérit.

Quelques heures plus tard, un régiment de hussards, venu
de Maestricht, occupa Diest définitivement. La bande insurgée,
qui s'était aventurée à Herck, se replia par la Campine sur
Turnhout, laissant ainsi la route ouverte et libre aux renforts

que le général Chabert, commandant de Maestricht, dirigeait vers Louvain (1).

La marche de ce corps avait rencontré néanmoins quelques obstacles. Un rassemblement formé sur le territoire batave envahit le département de la Meuse-Inférieure et ralentit les opérations commencées par le général français (2), dès le 24 octobre. Il est probable que cette attaque motiva le mouvement sur Herck, tenté le 26 par les paysans qui occupaient Diest : ils voulaient rallier le secours venu du Brabant hollandais et manœuvrer de concert.

La joie causée à Louvain débloquée par l'entrée de Duruth fut grande, mais courte. A peine le général a-t-il donné quelque repos à ses soldats, qu'il annonce son départ pour le lendemain au petit jour : c'était une retraite évidente devant l'ennemi, une véritable évacuation de la seconde ville du département. La panique devient générale parmi les volontaires, les autorités et les partisans du régime français.

Nous laissons la municipalité de Louvain en faire elle-même la peinture en transcrivant ici la lettre qu'elle adressa à l'administration départementale le 8 brumaire an VII :

« Citoyens administrateurs,

« Nous vous avons exposé l'état de notre commune par

---

(1) Manuscrit Janssens. — Interrogatoire d'Antoine Laenen devant le directeur du jury, à Turnhout, le 5 pluviôse an VII (archives communales de Bruxelles).

(2) Procès-verbal de l'administration centrale de la Dyle, du 7 brumaire an VII (archives de l'État).

notre lettre du 6 du courant, sans prévoir qu'une suite d'événements allait le rendre infiniment plus alarmant qu'il ne l'avait été jusque-là. L'avant-midi de ce 6 brumaire, une fermentation se manifesta dans toute la commune, elle paraissait s'accroître et nous menacer de troubles très-prochains; quand nous apprîmes l'approche d'un corps de troupes venant de Diest sous les ordres du général Durut. L'arrivée de cette troupe impose silence aux malintentionnés. Les patriotes, que sept jours de fatigues, de veilles, avaient excédés, conçurent l'espoir d'être secourus, de trouver un service moins pénible, et de n'être plus abandonnés. C'est là l'effet que produisit cette arrivée; mais le soir on annonça que le général partirait avec sa colonne vers 4 heures du matin. Nous chargeâmes le président de notre administration et le commissaire du Directoire exécutif, de se transporter de suite chez lui et de lui exposer notre situation dans tout ce qu'elle avait d'alarmant; ils remplirent cette mission et employèrent près du général les raisons les plus fortes pour l'engager à laisser au moins une partie de ses hommes dans la place. Entretemps le bruit de son départ s'était répandu, avait jeté la consternation entre les patriotes et inspiré plus de confiance que jamais aux malintentionnés qui favorisent les rebelles. Dès lors la garde patriotique que nous avions organisée, et qui, malgré les fatigues, avait jusqu'alors assez bien fait son service, menaça de s'y refuser. Ce ne fut qu'avec la dernière peine que nous parvînmes à établir des gardes aux portes, et peu avant dans la nuit nous apprîmes que ces postes étaient abandonnés. La maison commune l'était aussi totalement. Vers deux heures et demie le commissaire du Directoire exécutif et le secrétaire de la municipalité se rendent de nouveau près le général Durut, lui exposent l'état de la commune, le découragement des patriotes, les fatigues sous lesquelles ils succombent, le danger qu'il y a de dégarnir de ses troupes une place qui deviendra la proie des brigands au moment où il la quittera; il nous répond qu'il a des ordres impératifs de quitter la commune, et qu'il la quittera. Nous l'engageons à laisser au moins une partie de sa colonne à Louvain; nous ne lui demandons que cinquante ou vingt-cinq hommes, sûrs que le moindre secours par lequel on aurait prouvé aux patriotes qu'ils n'étaient pas abandonnés, les aurait retenus à leur poste et maintenus dans le devoir. Le général Durut nous refusa tout. Le commissaire du Directoire exécutif et le secrétaire revinrent à la commune, où nous étions réunis avec un très-petit nombre de patriotes; ils font rapport du refus que leur a fait le général Durut; mais, pour moins alarmer leurs concitoyens, ils se gardent de dire que le général Durut marche avec sa colonne à Bruxelles; ils disent qu'il est destiné à une expédition dont le succès dépend principalement de la manière dont les patriotes de Louvain maintiendront leur commune; mais un cri presque unanime leur annonce que ces patriotes ont pris la ferme résolution de suivre le général Durut. Le commissaire du Directoire et le secrétaire insistent, engagent les patriotes à ne point abandonner une commune qu'ils ont si bien défendue depuis huit jours : rien n'est écouté. Enfin, le président de la municipalité, d'après la résolution de celle-ci, requiert, au nom de la loi, le citoyen Durut de ne point abandonner la commune : cette réquisition ne produit aucun effet. Les patriotes se dispersent et vont pourvoir chacun à sa sûreté individuelle : beaucoup partent avant la colonne du général Durut, qui trop tard, et comme nous étions déjà avancés sur la route, annonça qu'il venait de se résoudre de laisser trente hommes à Louvain. Nous nous rendîmes alors vers vous, pour demander les secours qui nous étaient nécessaires, et vous en avez, aussi bien que nous, senti la nécessité absolue. Nous sommes rentrés hier soir, avec le petit secours que vous nous avez accordé. Nous avons trouvé la commune occupée par la colonne sous les ordres du commandant Soulés : elle est tranquille, et elle n'a point cessé de l'être. Le commandant Soulés nous a ordonné ce matin de faire imprimer, publier et afficher une proclamation par laquelle la commune est mise en état de siège. Quoiqu'il ne nous appartienne point de juger de l'état militaire de notre place, nous croyons que cette mesure qui prive tout à coup une commune de ses autorités et de ses lois constitutionnelles, pour la soumettre au régime militaire, n'était point commandée par les circonstances. Louvain a été menacée, mais pendant le temps où elle était abandonnée ; il suffit, à ce qu'il nous semble, de la garnison actuelle, pour n'avoir plus rien à craindre pour sa sûreté. Nous avons défendu notre commune nous seuls pendant un temps considérable : pouvions-nous attendre que, pour prix de nos services et de notre dévouement, on nous soumettrait tout à coup au régime militaire? Nous vous invitons, citoyens administrateurs, à vouloir faire ces observations au général Béguinot, à qui nous allons écrire au même sujet. »

La municipalité et de nombreux patriotes compromis dans la résistance étaient effectivement arrivés au milieu de la nuit à Bruxelles, où le bruit de la prise de Louvain se répandit aussitôt.

Le général Béguinot court au sein de l'administration centrale pour se plaindre de la fuite des autorités louvanistes, qu'il appelle « une lâcheté faisant un détestable effet à Bruxelles. » Il dément la nouvelle de l'occupation de Louvain par les rebelles : des troupes venues de Diest doivent y avoir remplacé celles de Duruth le lendemain du départ de la garnison. Enfin le général annonce qu'il a mis Louvain en état de siége au point de vue militaire seulement, et il invite l'administration centrale à presser le retour des administrateurs locaux réfugiés dans la capitale.

Béguinot avait raison lorsqu'il annonçait l'entrée de nouvelles troupes dans Louvain. Cent cinquante hommes d'infanterie, quarante chevaux et une pièce de canon arrivèrent, dès le matin du 7 brumaire, se joindre aux trente soldats laissés par Duruth (1).

Retrouver, au milieu des réfugiés dont Bruxelles regorgeait, les magistrats de Louvain, n'était pas chose facile. L'administration centrale délégua deux de ses membres, qui découvrirent enfin le commissaire du Directoire et le secrétaire

---

(1) Procès-verbal de l'administration municipale de Louvain, du 7 brumaire an VII.

Van Meenen. Amenés devant l'autorité départementale, ils reçurent une semonce fraternelle et promirent de retourner immédiatement à leur poste. Ce fut ensuite au tour du président Claes, qui se montra beaucoup plus récalcitrant. Après un premier refus très-net, et sur le vu d'une lettre annonçant l'entrée des troupes à Louvain, il finit par consentir à rentrer dans la ville confiée à son administration. Mais il exigea des voitures pour lui et pour ses compagnons, épuisés par quatre jours et cinq nuits de veilles et de fatigues. Rouppe, commissaire du pouvoir exécutif près la municipalité de Bruxelles, fut chargé de convertir au même sentiment la colonne de citoyens armés qui avait suivi Duruth, et il réussit complétement à ranimer leur courage et à les persuader.

Pendant que ces faits se passaient à Bruxelles, les insurgés attaquaient une troisième fois les remparts de Louvain. Le 7 brumaire (28 octobre), vers trois heures, ils tentèrent un nouvel assaut des portes de Diest et du Canal. La garnison et les volontaires les repoussèrent encore, après un combat d'une heure, qui coûta cinq morts aux assaillants (1). Ce fut le dernier effort de l'insurrection de ce côté. L'attaque dégénéra en un blocus que chaque jour rendit moins rigoureux en amenant des renforts de troupes régulières, devant lesquelles l'armée insurgée rétrogradait sensiblement en se concentrant vers Diest et Aerschot.

« Battus à Louvain, nous nous retirâmes sur Hauwaert et

---

(1) Procès-verbal de l'administration municipale de Louvain, du 7 brumaire an VII.

de là à Aerschot et à Rotselaer, » déclarait l'un de ses soldats, au juge de paix de Tervueren dans son interrogatoire (1).

Cet itinéraire accuse l'incertitude et la crainte de suivre la grande route de Louvain vers Diest. Hauwaert est situé dans la direction de Louvain vers Diest, à gauche de la chaussée reliant ces deux villes : la direction d'Hauwaert vers Aerschot forme avec la première un angle aigu, qui reproduit assez exactement l'angle nord-nord-est de la boussole. Rotselaer se place, plus à l'ouest encore, sur la Dyle. L'armée insurgée, à partir d'Hauwaert, opérait une conversion à gauche.

L'occupation de Diest par des troupes républicaines venues du Limbourg, explique ces marches et ces contremarches.

Nonobstant la diminution graduelle du péril, la menace de Béguinot reçut son exécution. Louvain fut déclaré en état de siége par une proclamation de ce général, datée de Bruxelles (2).

Nous venons de le voir, la municipalité, dont la proclamation semblait incriminer le courage et la conduite, protesta vivement contre la mesure, mais en vain. L'autorité suprême passa désormais aux mains du commandant de la place, Soulès. Nous ne nous en occuperons plus.

Au nombre de ceux qui attaquèrent Louvain, se trouvait

---

(1) Interrogatoire de Smet, du 12 nivôse an VII (archives communales de Bruxelles).

(2) *Rapporteur* du 11 brumaire an VII, n° 83.

la compagnie campinoise, commandée par Van Gansen, que nous retrouverons plus tard à Diest.

La reprise de Malines avait assuré les communications entre Bruxelles et Anvers, mais les progrès de l'insurrection remontant la Dendre inquiétaient la double route reliant la capitale belge à Paris par Mons et par Tournai.

Béguinot utilisa les premiers renforts qui lui parvinrent à refouler l'ennemi dans cette direction. Pour mieux réussir, il combina l'action des troupes placées sous ses ordres immédiats avec les mouvements des garnisons plus méridionales.

Une colonne mobile partit de Bruxelles pour Hal et Enghien, le 25 octobre (4 brumaire). Forte de quatre cents hommes, elle se composait de troupes arrivées la veille du département du Nord. Un jeune officier, brave et intelligent, le capitaine Tugnot, marchait à sa tête (1).

Le lendemain, vers 9 heures du matin, Tugnot atteint Enghien. Un détachement de cavalerie, venu de Mons, se dirigeait sur le même point. Les insurgés, rangés en bataille sur la place, attendent l'ennemi et ne cèdent qu'après avoir repoussé deux attaques successives. Néanmoins la troupe républicaine rétrograde vers Hal, où elle entre à deux heures. Les rebelles, surpris ici et attaqués de deux côtés, se défendent avec courage. Des rapports allèguent qu'ils laissèrent cent morts sur la place et que les campagnes et les bois d'alentour étaient semés de ca-

(1) *Moniteur*, 23 brumaire an VII.

davres (1). Vers le soir, les vainqueurs reçoivent des renforts à Hal. Ils reprennent, à dix heures, la route d'Enghien, où ils rentrent à trois heures du matin, le 27; tout était calme, et l'on rencontra un fort détachement d'infanterie venu de Tournai.

Les trois colonnes, ayant opéré leur jonction, marchent sur la commune brabançonne d'Hérinnes, où l'ennemi les attendait encore une fois de pied ferme.

Au nord d'Hérinnes, de l'est à l'ouest, coule un ruisseau, nommé *Arebeke*, qui se jette, à quelques pas plus loin, dans la *Marcq*, près d'un moulin. Ce ruisseau baigne une colline, appelée la Montagne de la Chartreuse. Les rebelles s'y étaient retranchés au nombre de trois cents comme dans une sorte de citadelle, et y possédaient un magasin de vivres (2). Il fallait prendre ce poste par escalade, après avoir traversé le ruisseau qui lui servait de fossé.

Les colonnes françaises se divisent et tentent l'assaut par trois points distincts. Un feu violent de mousqueterie et d'artillerie, selon le rapport de Béguinot, deux coups de canon seulement, d'après l'administration d'Hérinnes, débusquent les paysans de leur fort. Ils fuient, abandonnant un grand nombre de morts, parmi lesquels, au dire du même rapport, plusieurs prêtres, ainsi qu'un des principaux chefs, sur lequel on trouve des pièces importantes con-

---

(1) Lettre de l'administration communale d'Hérinnes à l'administration centrale de la Dyle, 12 brumaire an VII (archives de l'État).

(2) *Moniteur*, 23 brumaire an VII.

cernant l'organisation de la révolte et les projets des insurgés.

La lettre d'Hérinnes parle bien de la mort d'un chef de rebelles, qu'elle appelle *leur représentant du peuple*; il se nommait J.-B. Van den Eeckhoudt, assesseur du juge de paix; mais elle est muette sur les papiers trouvés, et les archives de l'administration centrale n'en disent pas davantage. Seulement l'administration d'Hérinnes ajoute qu'au retour on fit prisonnier un individu de Thollembeek, nommé J.-B. Lummens, qui avait présidé un conseil de guerre pour les insurgés, et que celui-ci dénonça, comme leur chef, Paul Nechelput, fugitif.

Leuze, un instant au pouvoir d'une bande venue de Renaix et d'Audenarde, avait été repris, chemin faisant, par la colonne de Tournai. Les cent cinquante hommes dont la bande se composait auraient tous péri par le fer et le feu, selon les bulletins, sauf six prisonniers. Là, comme à Hérinnes, les républicains se vantaient de ne pas avoir payé d'*un seul homme tué* les victoires remportées !

Les bulletins du général Béguinot, malgré ces observations, sont encore un modèle de modération auprès des écrits émanés des commandants inférieurs. Dans la littérature militaire du temps, le lyrisme croît en raison inverse du grade de l'écrivain.

La partie méridionale de la Flandre, les environs d'Ypres avaient, eux aussi, vu lever l'étendard de la révolte. Une colonne mobile sort d'Ypres dans les premiers jours de brumaire et rentre le 4. Voici son rapport (1) :

---

(1) *Journal de Bruxelles* du 13 brumaire an VII.

« La troupe rentre. Victoire!

« Vingt-cinq volontaires, appuyés de 12 hussards du 2ᵉ régiment commandés par le lieutenant Jorry, ont tué 20 ou 30 insurgés en les repoussant jusques auprès d'Hooglede. Ils ont enlevé le drapeau de la commune d'Hooglede, sur lequel les insurgés avaient empreint l'aigle impériale; ils ont ramené cinq prisonniers. L'exemple exigerait qu'on les fusillât.

« Les 25 volontaires se sont menacés, en partant d'Ypres, de *se fusiller eux-mêmes*, si l'un d'eux bronchait, et ils ont fait des prodiges.

« Les hussards ont combattu comme des lions.

« *Personne n'est blessé*, malgré plusieurs décharges successives à bout portant.

« Un seul volontaire a tué, à lui seul, huit hommes et trois prêtres; ses mains, son fusil, sa baïonnette dégouttaient de sang; il était séparé de sa troupe quand il fut attaqué par eux, et il s'en est tiré en en délivrant la terre. »

Dix gendarmes, dont un lieutenant, ajoute le même document, ont, à Moorslede, soutenu l'attaque de deux cents hommes. Le lieutenant a été tué.

Le *Journal de Bruxelles* insère bravement cette petite Iliade *in extenso*. Et le *Moniteur* imite son exemple (1)! Le *Rapporteur* se borne à reproduire les faits sans phrase.

Les garnisons de Malines et d'Anvers suivaient la tactique adoptée entre Bruxelles et les villes du Hainaut. Des colonnes

(1) *Moniteur* du 11 brumaire an VII.

mobiles, parties des deux points simultanément, manœuvraient pour dégager les abords et aboutir à une jonction. Plusieurs engagements sérieux furent la conséquence de l'exécution de ce plan.

Un détachement de la 15e demi-brigade, commandé par le capitaine Pradier entre autres, partit de Malines et rencontra les rebelles à Duffel sur la Nèthe, le 29 octobre (8 brumaire). Ils occupaient l'église et le château de Muggenberg en nombre assez considérable et s'étaient retranchés (1).

Ce poste paraît avoir été considéré par eux comme une sorte de camp ou de forteresse, car ils y avaient renfermé des prisonniers, un officier du génie, un gendarme, un chasseur à cheval du 16e régiment et un paysan, arrêté comme espion français.

L'attaque de Pradier, vigoureusement menée, réussit complétement. Les rebelles, après une vive résistance, furent débusqués de leur position par le canon et la fusillade. L'église et le château sont successivement enlevés. Leurs défenseurs reculent jusque Waelhem, où ils tentent de résister encore dans le cimetière, à l'abri d'un mur assez élevé qui l'entourait. Ils ne peuvent néanmoins s'y maintenir et demandent enfin le salut de leur retraite aux fossés des prairies inondées, qu'ils traversèrent ayant de l'eau jusqu'aux aisselles.

Les prisonniers français trouvèrent leur délivrance dans l'heureuse issue de cette expédition.

(1) *Rapporteur*, du 20 brumaire, et rapport au général Béguinot, *Rapporteur*, du 16 brumaire.

Il est à observer que le bulletin français ne mentionne aucune capture et se borne à affirmer que tout ce qui n'a pas fui a été tué.

Des troupes, amenées de Hollande vers Anvers, eurent ce même jour une affaire plus chaude encore à soutenir.

Entrées en Belgique par Turnhout, que l'insurrection évacua à son approche, la colonne républicaine marcha sur Hérenthals. Hérenthals était à ce moment le vrai quartier général de l'armée campinoise, qui y avait réuni ses forces principales, environ trois mille hommes. Les chefs résolurent de livrer bataille, retranchés derrière les murs de la ville et à l'intérieur des maisons. Ils espéraient aguerrir ainsi leurs soldats improvisés. Le souvenir du succès remporté à Turnhout en 1790, dans des conditions de défense analogues, inspirait peut-être leur détermination.

Les Français attaquent. Leurs forces consistaient dans la 48ᵉ demi-brigade, le 5ᵉ chasseurs à cheval, une compagnie d'infanterie légère et de l'artillerie. La défense d'Hérenthals fut des plus opiniâtres et vraiment sanglante. Durant près de vingt-quatre heures, les insurgés résistèrent à l'élan et à la discipline de leurs adversaires, tirant sans relâche par les fenêtres des maisons et le soupirail des caves ou derrière les barricades obstruant les rues. Duruth, furieux, ordonna de brûler la ville, et l'ordre reçut son exécution immédiate au moyen de l'artillerie, placée à une distance telle, qu'il devenait impossible, à des combattants dénués de canons et de cavalerie, d'en paralyser les effets.

La moitié d'Hérenthals, dit Béguinot, soixante maisons,

d'après Duruth; soixante-dix-huit, d'après d'autres documents, furent la proie des flammes (1).

Les Français restèrent enfin maîtres de la place, où les paysans laissèrent 600 morts dans les rues, de nombreux prisonniers au pouvoir de l'ennemi, et perdirent deux drapeaux.

Les vainqueurs ramenèrent ces trophées à Anvers.

Tout ce que l'on put saisir les armes à la main avait été déjà fusillé sur place, et la troupe refoulait à la pointe de la baïonnette les malheureux qui tentaient d'échapper à l'incendie par la fuite.

« Les Français, » dit un témoin oculaire, « massacraient tous ceux qu'ils rencontraient (2). »

Une tradition, recueillie par M. Conscience, attribue la violence des Français à ce fait que, volontairement ou par erreur, les insurgés avaient tiré sur le trompette venu pour les sommer de se rendre et avaient tué ce parlementaire.

La perte des Français était considérable. Le manuscrit du Dr Janssens rapporte qu'ils chargèrent de leurs blessés quatorze grandes charrettes (*dubbel karren*).

« Ceci, » concluait Béguinot, dans son rapport du 9 brumaire, « servira d'exemple et annoncera aux communes rebelles qu'un pareil sort les attend, si elles ne s'empressent de rentrer dans l'ordre. »

(1) *Journal de Bruxelles* des 10 et 11 brumaire an VII; lettre au capitaine Nutel (*Rapporteur*, du 16).

(2) Interrogatoire de Guillaume Adams devant le directeur du jury, à Turnhout, 8 ventôse an VII (archives communales de Bruxelles).

La compagnie Corbeels était à Hérenthals et combattit sous ses ordres. Elle dut éprouver des pertes sérieuses ; car, après l'évacuation, Corbeels conféra des grades et se vit réduit à élever au rang de sergent un simple soldat, enrôlé l'avant-veille à Turnhout (1).

Nonobstant ces pertes, Corbeels ramena sa troupe en bon ordre et s'arrêta à Lichtaert.

Ces succès partiels, en définitive, portaient de maigres fruits. « Les insurgés dispersés, battus, poursuivis, se rassemblent aussitôt et reparaissent plus nombreux qu'auparavant, » écrivait-on de Bruxelles à la *Gazette de Leyde*, le 5 novembre (2).

Aussi l'ordre vint-il, de Paris à Bruxelles, de cesser cette guerre stérile et de détail pour opérer une concentration de forces destinée à agir désormais en masse (3).

C'est ici le moment de jeter un coup d'œil général sur l'insurrection parvenue à l'apogée de son développement et se repliant sur elle-même pour mieux lutter, à l'exemple de son colossal adversaire, la République.

Le terrain qu'elle occupait, malgré les efforts dont nous avons esquissé les phases diverses, était depuis dix jours resté à peu de chose près le même, sauf le pays de Waes, d'où la répression l'avait expulsée. Le cours de la Dendre depuis

---

(1) Interrogatoire de Jean Laenen devant le directeur du jury, à Turnhout, 7 pluviôse an VII (archives communales de Bruxelles).

(2) N° du 12 novembre 1798.

(3) Procès-verbal de l'administration centrale de la Dyle, 7 brumaire an VII (archives de l'État).

son confluent dans l'Escaut à Termonde jusqu'à Lessines, les rives du Ruppel et des Nèthes, la Campine anversoise, limbourgeoise et brabançonne, lui appartenaient, à part les villes et un court rayon alentour. En réalité, toutes les campagnes, de la Meuse à la mer du Nord, étaient soulevées ou sur le point de se soulever.

Au delà de la Meuse, la contagion atteignait les départements de l'Ourthe et des Forêts, et la contrée d'entre Meuse et Rhin tout entière donnait de sérieuses inquiétudes. L'insurrection armée y trouva son berceau dans l'angle supérieur du grand-duché actuel de Luxembourg et les villages aujourd'hui prussiens qui le bordent à l'est. Deux courants partirent de cette source et s'étendirent rapidement, l'un roulant vers le nord, l'autre se dirigeant au midi. Suivons celui-ci d'abord.

Le mécontentement et l'impatience du joug étranger agitaient depuis longtemps le Luxembourg, comme le reste de nos provinces. Les masses y semblaient mieux préparées peut-être qu'aux Pays-Bas, à l'idée d'une lutte armée. En effet, dès la première invasion française, le général autrichien Beaulieu avait fait appel au concours de volontaires pour la défense du territoire national, et cet appel avait été entendu. Le sang luxembourgeois avait arrosé la terre natale.

L'événement ne justifia point cette prévision. Les paysans luxembourgeois ne montrèrent, en 1798, ni le zèle ni l'énergie des populations brabançonnes. Nulle part, malgré l'avantage naturel qu'offre pour la guerre de partisans un pays accidenté, montueux, coupé de torrents impétueux l'hiver, nulle part ils ne tinrent sérieusement tête aux forces relativement peu nombreuses de la République.

Quoi qu'il en soit, les insurgés belges provoquèrent, paraît-il, une diversion qui pouvait diviser les forces ennemies et barrer la route, si elle parvenait à se fortifier, aux renforts demandés à l'armée du Rhin.

Weiswampach, village presque contigu à la province de Liége, fut choisi pour propager de là l'insurrection dans le département des Forêts. Un Brabançon, né aux environs de Louvain, nommé Nicolas Lambertz, y exerçait les fonctions de curé. Il avait conservé, dans sa province d'origine, de nombreuses amitiés et d'actives relations. Des dignités ecclésiastiques ajoutées à sa qualité de pasteur lui attribuaient sur le clergé voisin une sorte d'autorité disciplinaire, et lui assuraient partout une influence considérable. C'était d'ailleurs un homme instruit et courageux.

Averti que l'heure de la lutte avait sonné dans le Brabant, il répondit à l'appel et signa, avec quelques patriotes obscurs, mais hommes de cœur comme lui, un compromis par lequel ils s'engageaient *solidairement* les uns vis-à-vis des autres à *chasser l'ennemi du pays et à sauver* ainsi *la religion de leurs pères et la vie de leurs enfants.*

Le jour du soulèvement fut fixé au 25 octobre et le lieu de réunion le bois d'Hupperdange. Des proclamations violentes menaçaient de l'incendie et de la mort les villageois pusillanimes qui refuseraient d'obéir. Le tocsin sonna dans plusieurs communes que baigne l'Our, petite rivière séparant aujourd'hui, à l'est, le grand-duché de Luxembourg de la Prusse.

Le lendemain matin, trois cents hommes armés se trouvèrent réunis au rendez-vous et marchèrent sur le village de Leidenborn, où était cantonnée une brigade de gendarmerie. Deux gendarmes, le commissaire du pouvoir exécutif, son secrétaire et un particulier de Vianden, accidentellement logé chez ce fonctionnaire, furent faits prisonniers et emmenés, garrottés et à pied, jusqu'à Hosingen, dont le couvent leur servit de prison.

Des expéditions du même genre avaient été accomplies dans d'autres localités environnantes, et le cloître d'Hosingen renfermait, dès le soir même, soixante prisonniers, parmi lesquels trois commissaires, leurs secrétaires, trente gendarmes, plusieurs femmes et même des enfants. Le commandement et la garde des captifs étaient confiés à un maçon, capitaine de vingt hommes.

Chemin faisant, les églises avaient été rouvertes, le *Te Deum* chanté, les croix relevées, les arbres de la liberté abattus, les caisses et les archives publiques pillées. De nombreux renforts rejoignirent les premiers arrivés, et l'armée insurrectionnelle songea à agir.

Elle se choisit pour chef suprême un jeune homme de vingt ans, Hubert Behrens, de Bocholtz, parfaitement inconnu, comme le remarquent les rapports français. Ce général improvisé montait un cheval de prix et portait pour insigne de son grade une longue plume rouge au chapeau. Le rassemblement sous ses ordres n'excédait pas d'ailleurs le chiffre de quinze cents hommes, la plupart armés de piques, d'instruments aratoires ou de simples gourdins. Cette arme était sans doute la plus nombreuse, car elle a dans le pays donné son nom à la guerre. Ce que l'on appelle en Belgique la *Guerre des Paysans* a reçu à Luxembourg la qualification traditionnelle de *Guerre des Bâtons* (Klöppelkrieg), et trouvé un historiographe dans M. Engling, professeur de philosophie à Luxembourg (1).

Nous empruntons la plupart de nos détails à cette publication, principalement écrite sur traditions orales recueillies par des membres du clergé ou par l'auteur.

L'ardeur belliqueuse animait tous les cœurs. On parlait tout haut de marcher sur la forteresse de Luxembourg, que les Français épouvantés se disposaient, disait-on, à évacuer, tandis que la population civile insurgée tendait une main amie aux révoltés du dehors.

Ces illusions cachaient sous leur exagération un fond de vérité.

Des intelligences secrètes existaient entre les rebelles et des habitants de Luxembourg, au témoignage du général Morand, commandant le département, et l'esprit public, selon cet officier, y était on ne peut plus mauvais (2).

(1) *Geschichte des Sogenannten klöppelkrieges*. Luxemburg, 1857. Nous avons contrôlé et complété, autant que possible, ce récit par la comparaison avec les documents officiels et les journaux du temps. Plusieurs faits avaient déjà été recueillis par l'historien éminent qui se cache sous le pseudonyme de Pimpurniaux : voy. son *Guide du voyageur en Ardenne*, t. II, p. 56 et suiv. Mais Pimpurniaux paraît avoir écrit avant M. Engling : il est moins abondant en détails.

(2) Rapport de Morand au général Micas, 11 brumaire an VII (*Rapporteur* du 20 brumaire).

D'aussi bonnes nouvelles aidaient prodigieusement au recrutement ; aussi l'armée, grossie au chiffre de trois mille hommes environ, quitta-t-elle son quartier général, le 29 octobre, à dix heures du matin. Jamais l'insurrection ne réunit un nombre plus considérable d'adhérents armés. Tous avaient revêtu leurs habits de fête. On s'avança, plein d'espoir et de cœur, jusqu'au village d'Hosscheid, dans la direction du midi, probablement avec l'idée de passer la Sure au-dessous de son confluent avec la Woltz.

Là, des informations moins rassurantes et plus vraies arrêtent le mouvement. On tient conseil en pleine campagne. La discorde s'y glisse ; des gros mots on passe aux voies de fait. Au milieu du désordre, un cri s'élève : *Voilà les Français!*

Panique générale, véritable sauve qui peut. Plus de conseil : chefs et combattants cherchent leur salut dans la fuite, et l'armée tout entière se disperse, comme la fumée sous le vent.

La nouvelle de l'arrivée des Français était fausse. Oubliant la leçon de don Quichotte, nos braves Luxembourgeois avaient, paraît-il, pris de loin, pour une armée ennemie, le troupeau commun de Lipperscheid, que le bouvier ramenait vers le soir aux étables du village.

Mais l'annonce du danger n'était que prématurée. Le général Morand, commandant de Luxembourg, avait formé deux colonnes mobiles, composées chacune de trois cents hommes d'infanterie avec quarante cavaliers, et commandées par les adjudants Macquin et Duverger. Elles manœuvraient sur les deux rives de l'Our, et l'une d'elles occupait le village (aujourd'hui prussien) d'Arzfeld, sur la rive gauche de ce cours d'eau.

Les insurgés des communes voisines, trompés, ou se faisant illusion sur la force de l'ennemi, conçurent le projet téméraire de le déloger. Le 30 octobre, vers sept heures du matin, après avoir reçu l'absolution générale, à genoux, devant la porte d'une église, rencontrée sur la route, ils se dirigèrent vers Arzfeld, au nombre de cinq cents environ, guidés par un habitant de Dasbourg.

La bande parvint, sans rencontrer l'ennemi, jusqu'aux jardins mêmes de la commune, qu'ils croyaient abandonnée à leur approche.

En vain une femme, au sortir d'Irreshausen, essaya-t-elle de les détourner de leur dessein. Ils méprisèrent ses conseils et ses renseignements, et poursuivirent leur route. Deux cavaliers français, deux vedettes sans doute, stationnaient en avant d'Arzfeld ; à peine aperçoivent-ils la tête de la colonne insurgée, qu'ils tournent bride au galop.

L'ennemi fuyait, épouvanté par l'ardeur et le nombre des assaillants. Ceux-ci le pensaient au moins.

Un roulement de tambour les détrompe. Duverger paraît, marchant au pas ordinaire, à la tête d'une centaine de fantassins. Arrivé à quinze pas, il se retourne et arrête son détachement, qui fait front, l'arme au bras. Les fusils étaient chargés.

La cavalerie française, pendant ces préparatifs, se glissait lentement et en silence le long d'un petit bois. Dérobant son approche aux regards, elle parvint, homme par homme, à se placer, inaperçue, en queue de l'arrière-garde ennemie.

Quelques mètres séparaient à peine les cavaliers français des paysans, lorsque les trompettes sonnèrent pour avertir le commandant et l'ennemi, du succès de cette diversion.

Duverger, alsacien de naissance, s'avance seul, et s'adressant en allemand aux insurgés, il leur crie : « Mes enfants, que voulez-vous ? » Pour toute réponse, leur chef, qui sent le piége où lui et les siens viennent de tomber, jette au loin son sabre avec le fourreau, relève les pans de sa blouse blanche, et prend ses jambes à son cou, laissant pour dernier commandement à sa troupe : « Que ceux qui savent courir courent. » Son exemple fut suivi avec le plus grand empressement. Deux fuyards seulement eurent le courage de se retourner, pour décharger leurs fusils sur l'infanterie française.

L'officier, placé à la tête de la cavalerie qui coupait la retraite à l'arrière-garde, reçut une toute autre réponse. Comme Duverger, mais en français, il aborda l'ennemi par ces mots : « Que voulez-vous, mes enfants ? »

A sa voix, un paysan de Boxhorn, nommé Antoine Maiesch, sort des rangs, armé d'un fusil de chasse à deux coups. Cet homme, qui parlait le français, fait quelques pas en avant et répond à haute voix : « Nous voulons la guerre ! » Puis il couche en joue son interlocuteur, tire et lui fait vider les arçons.

Ce coup fut le signal d'un feu meurtrier de l'infanterie française, tirant à brûle-pourpoint, et d'une suite non interrompue de charges de cavalerie. Les paysans, cernés et serrés de près, tombaient sous le plomb et le sabre sans songer à résister, jetant, pour mieux courir, leurs armes, leurs chapeaux, leurs souliers et jusqu'à leurs habits. Les obstacles naturels qu'offrait la contrée à l'action de la cavalerie, sauvèrent seuls l'armée en déroute d'une destruction complète.

La perte des paysans est évaluée, par les Français, à 74 morts sur le champ de bataille. La tradition locale restreint ce chiffre à une quarantaine de cadavres.

De nombreux prisonniers, la plupart blessés, restèrent en outre au pouvoir des vainqueurs.

Le commandant, cédant aux supplications des habitants d'Arzfeld, permit de transporter les cadavres au cimetière communal. Ils furent inhumés derrière la sacristie. Dans le nombre se trouvait celui d'un jeune ecclésiastique, qui, blessé à la tête et mêlé aux prisonniers, fut, après le combat, froidement massacré par un trompette.

Une autre colonne mobile, composée d'infanterie, sous le commandement du capitaine Salès, et des brigades de gendarmerie d'Ettelbruck, Mersch, Vianden et Everlange, poursuivait d'autres insurgés sur le territoire grand-ducal actuel, remontant du sud au nord la rive droite de l'Our.

Un combat, plus sérieux et mieux disputé que la bagarre d'Arzfeld, rendit les troupes républicaines maîtresses de Clervaux, commune importante, site pittoresque au milieu des rochers et des bois, que les insurgés tentèrent de défendre.

Ici la nature du sol empêchait la cavalerie d'agir. Les

accidents de terrain rendaient lourds et pénibles les mouvements de l'infanterie elle-même, fatiguée par une marche de vingt-cinq heures lorsqu'elle atteignit l'ennemi.

Le village de Clervaux occupe le fond d'une étroite vallée, et les Français, venant de Diekirch, devaient nécessairement, pour l'atteindre, suivre un chemin bordé à gauche par d'énormes rochers, à droite par le parc du château appartenant au comte de Lannoy. Les insurgés, au nombre de cinq cents, d'après eux, — les bulletins français disent trois mille, — bien armés de fusils et habiles tireurs, s'abritèrent le long de ce défilé, derrière de hautes et solides palissades servant de clôture au parc.

Une fusillade meurtrière accueillit les troupes républicaines. Elles s'arrêtèrent, et durent se résoudre à faire à cette citadelle improvisée l'honneur d'un siége en règle. Leurs préparatifs hostiles émurent assez médiocrement d'abord la garnison, confiante dans la force de ses remparts. Les assiégés passèrent la nuit au bivac, buvant de l'eau-de-vie et tirant alternativement sur les daims du propriétaire et sur les soldats ennemis. Par contre, les Français, maîtres du château, fusillaient du haut des toits les défenseurs du parc ou tentaient, hors des murs, des attaques, protégés par un feu de peloton; le tout sans grand succès.

Des renforts rejoignirent les deux partis durant le siége. Les paysans en reçurent de Weiswampach; mais les Français ayant réuni de la cavalerie, soixante hussards, et découvert un emplacement qui lui permettrait d'agir de façon à rendre la victoire complète par une poursuite vigoureuse, pressèrent le dénoûment. Ils attaquèrent les palissades et les emportèrent, malgré une assez vive résistance.

Le parc pris, les insurgés se sauvèrent à toutes jambes dans la direction de la grande chapelle. Leur projet était de gagner le hameau d'Esselborn, dépendant de Clervaux; ce qui obligeait malheureusement à traverser la rivière et à descendre ainsi dans la vallée, avant d'atteindre les hauteurs boisées du bord opposé. La cavalerie les attendait à ce passage. Poursuivis la pointe dans les reins par les hussards et les gendarmes partout où les difficultés locales ne mettaient plus obstacle au galop des chevaux, ils échappèrent avec peine à la mort ou à la captivité.

Trente défenseurs du parc restèrent sur le carreau, leur chef en tête, un paysan de Wiltz, nommé Forius; d'autres, morts la veille, y avaient déjà reçu la sépulture par les soins de leurs compagnons. Les Français accusèrent une perte de vingt et un hommes, chiffre évidemment en dehors de toute proportion avec la durée de la lutte et les difficultés à vaincre par l'assaillant. « On tirait sur nous comme sur des lièvres ! » disaient les grenadiers de Salès eux-mêmes en parlant du combat.

Le résultat de la rencontre fut cent cinquante morts et trente-cinq prisonniers, que le général Morand s'empressa d'expédier sur Liége à son supérieur Micas, « afin, » dit-il, « que vous leur fassiez laver la tête avec du plomb (1). »

Trente-huit autres prisonniers furent conduits à Luxembourg : les blessés sur des charrettes ; les autres à pied, liés deux à deux.

(1) *Rapporteur*, p. 454.

CHAPITRE TROISIÈME.

Un des rebelles, ajoute Morand dans sa dépêche, s'est échappé avec la baïonnette d'un volontaire dans le ventre !

Les colonnes victorieuses se composaient chacune de cent cinquante fantassins et de vingt cavaliers. On leur envoya, dès le lendemain, un renfort de soixante hommes de pied et vingt hussards.

Le lendemain de leur victoire à Clervaux, les Français marchèrent sur Hosingen, dans le but de délivrer les prisonniers que ce quartier général de la révolte renfermait. Les quelques rebelles, préposés à la garde du poste, n'attendirent pas la venue de l'ennemi. Ainsi finit la lutte : les événements ultérieurs dans le Luxembourg méridional ne sont plus qu'une impitoyable traque aux vaincus.

Voyons ce qui avint de l'insurrection dans sa marche vers le nord.

Son début fut un succès.

Malmédy est surprise, et sa garnison, composée d'une partie de la 25ᵉ demi-brigade légère, demeure au pouvoir des assaillants. De nombreuses brigades de gendarmerie partagent le même sort.

Dans la nuit du 6 au 7 brumaire (27 au 28 octobre), les rebelles envahissent les cantons de Saint-Vith et de Reuland appartenant alors au département de l'Ourthe et aujourd'hui à la Prusse.

Le 28 octobre, à Reuland, chef-lieu du canton, cent révoltés conduits par l'ancien greffier, de Rousseaux(1), entrent

---

(1) De Rousseaux fut plus tard condamné à mort, mais par contumace.

à dix heures du soir. Ils s'emparent d'un moine défroqué et marié, Boss, qui remplissait les fonctions de commissaire du gouvernement, le garrottent et le conduisent à leur quartier général de Hosingen, avec le projet de le fusiller le lendemain.

Le 29, deux ou trois mille hommes, commandés par un ancien dragon de Latour, nommé Krendal d'Espler, occupent Saint-Vith et font prisonniers quelques gendarmes, des hussards et des volontaires liégeois que l'on avait détachés aux environs pour activer la rentrée des contributions. Cette proie est menée à Weiswampach. Krendal prenait le titre de *général de l'armée de la foi*, et montait le cheval d'un hussard. Ils annonçaient le projet de marcher sur Liége par Malmédy et Stavelot, et lançaient aux populations des appels menaçants dont nous avons donné plus haut un échantillon. Le fer et le feu devaient punir ceux qui refuseraient de se joindre à la sainte Croisade (1).

Stavelot est occupé, malgré la résistance de quelques défenseurs.

Les insurgés furent-ils guidés, dans cette marche vers le nord, par le désir d'échapper aux troupes expédiées à leur poursuite, ou bien voulaient-ils opérer leur jonction avec les patriotes limbourgeois ou brabançons ? Il est difficile de se former à ce sujet une conviction positive.

Quoi qu'il en soit, le général Micas, commandant la 25ᵉ division militaire à Liége, fit sur-le-champ marcher sur Malmédy

---

(1) ENGLING, p. 57.

une petite troupe de cavalerie et d'infanterie. Il en confia la direction au capitaine Vessete, son aide de camp. Divers détachements, qui se trouvaient dans les cantons voisins, et sept brigades de gendarmerie reçurent l'ordre de se réunir à leurs camarades partis de Liége.

Le 9 brumaire (30 octobre), Vessete sortit de Malmédy, à trois heures du matin, avec la troupe qu'il commandait, et se porta sur Emblève, village du canton de Butgembach (prussien aujourd'hui), où prend sa source la rivière de ce nom qui coule en Belgique à travers de charmantes vallées, aimées des touristes. Cinq cents paysans l'occupaient depuis la veille au soir : soixante sont tués; vingt et un, dont un prêtre, tombent aux mains des républicains; le reste fuit dans les bois. Aucun républicain, comme toujours, n'a souffert.

Le lendemain, deux colonnes sont encore dirigées vers Saint-Vith et Reuland. Des troupes marchent des bords du Rhin vers les confins des départements de la Sarre et de Rhin-et-Moselle.

La bande rebelle, entrée à Stavelot, comptait de huit à neuf cents hommes, commandés par un nommé Jaspar, ancien garde des forêts impériales. Ils venaient de Vielsalm et insurgeaient le pays sur leur route. Nous avons donné l'échantillon des proclamations qu'ils lançaient aux populations.

Voici la sommation qu'ils adressent à leur prise :

« Stavelot est sommé de livrer *à la minute* des vivres pour trois mille hommes de pied, quarante chevaux et vingt-quatre chevaux d'ordonnance, sellés et bridés.

« Fait le 31 octobre au champ de Mars.

« (Signé) CRONDEL (1).

« MILET, chef d'administration (2). »

D'après une lettre écrite par le commissaire du pouvoir exécutif près le canton de Vielsalm, sous la date du 11 brumaire, à Bassenge, commissaire près l'administration centrale, Crondel était le curé d'Oderhange (3), et Milet l'ancien président de la municipalité de Vielsalm.

Mais la garnison de Malmédy, de retour de l'expédition d'Emblève, reprit Stavelot vers le soir du même jour. Trente rebelles restèrent sur le carreau ; le surplus, protégé par la nuit, gagna la forêt de Wannes. Les habitants de Stavelot aidèrent la troupe à débarrasser la ville de ces visiteurs à réquisitions (4)

Nous avons nommé plus haut la répression qui suivit : une traque aux vaincus. L'expression n'a rien d'exagéré : un exemple est là pour le prouver.

Non loin du petit village d'Emblève, en allemand Amel, où la route de Prüm vers Montjoie traverse l'Emblève, s'élevait une maison isolée, récemment reconstruite. Une trentaine de

---

(1) Lisez Krendal.

(2) M. Engling donne au premier de ces chefs la qualité d'ancien dragon, et plus loin il dit que Krendal devint plus tard curé d'Aldringen. Milet était un médecin de Grand-Halleux.

(3) Aldringen?

(4) *Journal de Bruxelles* du 15 brumaire an VII.

fuyards, échappés à Arzfeld, s'y étaient réfugiés et cachés.

Survient une colonne sortie de Prüm. Elle n'avait sur son parcours rencontré aucune résistance, et la chaleur de la lutte ne fournissait à sa colère nul prétexte, nulle excuse.

Aussitôt les rebelles découverts, sans provocation, sans attaque, sans sommation préalable de se rendre, la maison est entourée d'un cordon de baïonnettes. Les Français, l'investissement accompli, mettent le feu aux quatre coins de l'édifice. A mesure que l'un des malheureux qu'il renferme essaye de se dérober aux flammes par la fuite, il est tué sur place ou rejeté au milieu du brasier ardent. Tous périrent de cette horrible mort sans merci ni miséricorde. Et dans le nombre, il y avait une pauvre mère avec quatre petits enfants (1).

Le soir, la colonne rentrait triomphante à Prüm et se glorifiait de son haut fait.

Nous dirons plus tard ce que la justice républicaine réservait à son tour aux vaincus du Luxembourg.

Malgré le calme ainsi rétabli, l'inquiétude persistait. Luxembourg fut mis en état de siége, et le général Morand autorisé par le Directoire à requérir l'intervention des gardes nationales mobiles des départements de la Moselle et de la Meuse.

L'on continuait à prendre des précautions militaires à Aix-la-Chapelle même, et sur la rive gauche du Rhin, jusqu'au pays de Trèves (2).

---

(1) ENGLING, 70.
(2) *Gazette de Leyde*, nos du 16 et du 23 novembre 1798.

Nous venons de déterminer approximativement la position militaire de l'insurrection. Examinons sa situation politique.

Et d'abord, d'où venait-elle? Que voulait-elle? et qui la conduisait?

Voilà quelques questions que nous tenterons de résoudre. Elles ne sont pas sans intérêt pour l'histoire.

CHAPITRE IV.

APPRÉCIATION POLITIQUE DE L'INSURRECTION. — CONDUITE DU DIRECTOIRE. — DÉBATS AU SEIN DE LA LÉGISLATURE A PARIS. — PRÉPARATIFS DE RÉPRESSION. — NOMINATION DU GÉNÉRAL COLAUD AU COMMANDEMENT DES DÉPARTEMENTS RÉUNIS. — SES PREMIERS ACTES.

Le parti français, les autorités, à tous les degrés de l'échelle hiérarchique à Paris et en Belgique, s'accordaient pour représenter l'Angleterre d'une part, le clergé catholique de l'autre, comme les instigateurs des troubles.

Parlant du libelle affiché à Louvain, l'administration centrale de la Dyle s'écriait dans une proclamation adressée aux habitants le 26 vendémiaire (1) : « Ces machinations obscures sont le fruit des insinuations perfides des prêtres et des moines réfractaires, disséminés dans les différentes communes du département. » Et, par une lettre du 29 au ministre de la

(1) HUYGHE, t. XX, p. 455.

justice, ce corps réclamait contre les ecclésiastiques une mesure de déportation générale (1).

Demoor, député d'Anvers aux Cinq-Cents, portait les mêmes accusations à la tribune par motion d'ordre (2), et incriminait vertement la négligence du commissaire central des Deux-Nèthes, qui, sur soixante prêtres désignés pour la déportation, n'était parvenu qu'à en saisir un seul. « Tout ceci, » écrivait le général Morand commandant à Luxembourg, « tout ceci est l'ouvrage des prêtres insermentés qui, j'espère, avant peu ne souilleront plus le sol de la république (3) ! »

Le général Béguinot, s'il faut en croire la première proclamation qu'il publia à cette occasion, proclamation affichée aux flambeaux dans la soirée du 30 vendémiaire à Bruxelles (4), voyait la preuve de l'intervention anglaise dans « l'attaque d'un poste important sur l'Escaut, faite par les brigands. » Le poste n'était pas nommé. Il voulait parler sans doute de cette démonstration sur la Tête-de-Flandre que quelques coups de canon inoffensifs avaient suffi pour dissiper.

Le général Bonnard, lui, accusait à la fois la perfide Albion et ses « agents, au nombre desquels on trouve partout des prêtres qui trompent sous le masque de la religion. »

Enfin Woussen, député du Nord, attribuait la rébellion de

---

(1) Procès-verbal de l'administration centrale de la Dyle (archives de l'État, à Bruxelles).

(2) Séance du 13 brumaire an VII (*Moniteur* du 14 brumaire an VII).

(3) Lettre au général Micas, commandant la 25ᵉ division militaire, 11 brumaire an VII (*Rapporteur*, p. 454).

(4) *Rapporteur*, p. 599.

la Belgique aux comités secrets dont les papiers saisis dans les fameux fourgons de Kinglin avaient révélé l'existence (1).

Mais rien, parmi ce concert de dénonciations incohérentes autant que passionnées, n'atteint à la hauteur de l'administration centrale du département de l'Escaut. L'autorité gantoise crut devoir signaler, dans une proclamation aux habitants de la Flandre, les auteurs de la révolte, leurs alliances et leurs projets. Nous la laisserons parler.

Voici son langage :

« Bons citoyens ! vous tous qui tenez à votre pays par vos affections, votre industrie ou vos propriétés, apprenez quels ont été les auteurs de la rébellion, quel a été leur but.

« Les prêtres insermentés, ces perpétuels artisans de la guerre civile, avaient depuis longtemps combiné les mouvements séditieux qui ont eu lieu. Ils ont pris le prétexte de la conscription militaire pour exaspérer les esprits, rallumer des ressentiments presque éteints et rétablir l'empire sanglant du fanatisme. Ces hommes qui se disent les ministres d'un Dieu de paix, ils ont prêché l'assassinat des fonctionnaires publics, le pillage des propriétés. Les cadavres des infortunés commissaires du Directoire, près les cantons de Zele et d'Assenede, attestent leurs forfaits et leurs cruautés. Ces hommes qui prêchent la pauvreté et le mépris des biens de ce monde, ils ont voulu rétablir les dîmes, dépouiller les acquéreurs des domaines nationaux, des propriétés qu'ils ont légitimement

(1) Séance des Cinq-Cents, 17 brumaire an VII (*Moniteur*, 18 brumaire an VII).

acquises, et ruiner les fermiers qui ont contracté avec eux. Dans plusieurs rassemblements, on a vu des prêtres, la croix d'une main et le poignard de l'autre, exciter au carnage, tandis que le plus grand nombre tramait lâchement ses forfaits dans l'obscurité; et c'est donc pour des misérables moines, pour des prêtres, encore teints du sang qu'ils ont fait verser en 1790, que le sang vient de couler de nouveau.

« Les traîtres ne se sont pas bornés à leurs propres moyens. Ils ont appelé au milieu de nous l'ennemi extérieur. Un débarquement anglais devait s'effectuer sur vos côtes, et comme la lâcheté des soldats de ce cabinet organisateur de brigandages, leur était un sûr garant que ce sol de la liberté leur servirait de tombeau, on devait rompre vos écluses, détruire vos digues, inonder vos terres, incendier vos habitations, vous arracher vos récoltes, le fruit de vos sueurs, et vous armer les uns contre les autres.

« Les brigands et les prêtres, gorgés de rapines, se seraient réfugiés en Angleterre et vous auraient abandonnés à la juste vengeance du gouvernement français.

« Nous devions nous attendre à ce que ces infâmes projets seraient secondés par tout ce que le pays renferme de gens sans aveu, chauffeurs, fraudeurs et autres brigands; mais combien n'avons-nous pas été douloureusement affectés de voir quelques habitants des campagnes grossir cette bande de scélérats, etc., etc. (1). »

(1) Procès-verbal des séances, 7 brumaire an vii (arch. prov. de Gand, registre 45, fol. 67 v°).

C'est toujours l'éternelle imprécation révolutionnaire : Pitt et Cobourg! Seulement depuis Campo-Formio, Cobourg est remplacé par le prêtre.

Qui donc avait raison?

A notre avis, personne; et voici nos motifs de décider.

Examinons d'abord la question de l'intervention étrangère, et spécialement en ce qui concerne l'Angleterre. Elle seule, au demeurant, luttait encore sérieusement, à cette date, contre la France sur les champs de bataille, et pouvait trouver son compte à affaiblir intérieurement sa rivale.

L'Allemagne négociait l'abandon de nos provinces, et la Russie était trop loin. L'Autriche avait signé le traité de Campo-Formio, et quoiqu'elle mît peu de bonne grâce à s'exécuter, on ne saurait raisonnablement l'accuser de connivence avec les insurgés belges. L'accusation trouverait, si elle se produisait, sa réfutation péremptoire dans le message du Directoire aux Cinq-Cents, en date du 22 ventôse an VII, proposant la déclaration de guerre à l'Empereur. Tous les griefs de la France contre l'Autriche s'y étalent avec une entière complaisance. On ne reproche point cependant à l'Empereur d'avoir fomenté la guerre civile, trois mois auparavant, sur le sol de la République.

Reste donc la perfide Albion seule. Or, nous ne voyons, pendant toute la durée de la révolte belge, aucune tentative de débarquement sur nos côtes, que bloquaient les flottes anglaises, et où elles avaient opéré des descentes quelques mois auparavant.

Meyer, à la tribune des Cinq-Cents, a tenté de répondre à cette première objection. D'après l'orateur, les Anglais n'épiaient que le moment favorable d'opérer une descente; mais « ils en furent empêchés par les mesures promptes et hardies que prit le général Osten, commandant à Flessingue (1). »

La raison donnée par le député gantois n'en est pas une. Aucun journal du temps, aucune pièce manuscrite parmi toutes celles qui nous ont passé sous les yeux, ne font connaître l'une de ces mesures vantées du général Osten, et le *Moniteur* du 17 octobre 1798 annonce déjà que l'ennemi a quitté la croisière de la mer du Nord.

L'inaction de l'Angleterre sur le continent et sur ses côtes lui était commandée par l'insurrection armée de l'Irlande et par la menace d'un débarquement de troupes françaises que portait la flotte de Brest. Que pouvait, après tout, empêcher le commandant de Flessingue, sur la rive gauche de l'Escaut, où il ne commandait pas? Et la République ne disposait d'aucune flotte à l'embouchure du fleuve.

Des mesures défensives avaient été prises en Zélande et dans la Flandre : le fait est vrai ; mais c'était avant les troubles de Belgique, et cela sur le territoire batave ou le long de la côte flamande que baigne la mer du Nord, c'est-à-dire sur des points que l'insurrection a constamment respectés.

Nous avons vu plus haut combien étaient faibles les garni-

(1) Séance du 4 nivôse an VII (*Moniteur* du 5 nivôse an VII).

sons laissées dans les petites forteresses de la rive gauche de l'Escaut : cette faiblesse révèle toute la sécurité des autorités militaires locales.

De son côté, l'insurrection, maîtresse de Hulst et du Sas de Gand, loin de chercher, en se développant, à tendre la main aux Anglais, opère immédiatement un mouvement concentrique très-marqué vers l'intérieur, vers le cœur même du pays. Parties des rives de l'Escaut, près de son embouchure, les bandes rebelles remontent le fleuve, au lieu de le descendre, et tournent le dos à la mer. Ce n'est évidemment pas de l'Angleterre qu'un secours devait être attendu par ceux qui manœuvraient de la sorte.

Sans doute, aux bivacs de la Campine, lorsque l'inaction, l'indifférence, presque l'hostilité des villes jetaient le doute et le découragement au cœur de nos braves paysans, les chefs affectaient de compter sur l'Angleterre et sur son aide. Ils parlaient de canons débarqués à Nieuport, de succès maritimes, de descentes. Mais ou ils en parlaient sans y croire, ou leur tactique devient inexplicable.

S'il fallait rechercher au delà des frontières un appui prêté ou promis à l'insurrection, nous le trouverions plus sûrement en Hollande.

Non que le gouvernement républicain des Provinces-Unies songeât le moins du monde à fomenter des troubles civils sur le territoire de la République française, son alliée : nous n'entendons en aucune façon le prétendre. Mais on ne peut nier que les partisans du régime déchu en Hollande aient chaudement appuyé le mouvement belge de 1798. Les historiens des

Pays-Bas l'attestent (1) et le Directoire lui-même en a fait l'aveu officiel.

« Les moteurs de la rébellion, » porte son message du 9 brumaire aux Cinq-Cents, « les moteurs sont des hommes attachés autrefois, soit au gouvernement de la ci-devant Belgique, soit au parti du stathouder. »

On remarquait, parmi les bandes belges, des soldats porteurs de cocardes *orange*. Les espions envoyés à Diest racontaient que l'insurrection tirait ses armes et ses munitions des frontières bataves. De la même source arrivaient des renforts en nombre assez inquiétant, nous l'avons vu, pour retarder la marche des troupes qu'amenait de Maestricht vers le Brabant le général Chabert (2). Enfin, des représentations officielles furent adressées par voie diplomatique de Paris à La Haye, et le gouvernement hollandais s'empressa d'y répondre par des précautions militaires et de police, sur la frontière brabançonne.

Le supplément à la *Gazette de Leyde* du 13 novembre 1798 annonce l'envoi, sur les confins belges, d'une brigade hollandaise, commandée par le général Bonhomme.

Cette mesure avait été précédée d'une publication très-étendue du Directoire exécutif batave, qui explique le sens et la nécessité des précautions dont il s'entoure. Il prétend s'ar-

---

(1) VAN KAMPEN, *Verkorte geschiedenis der Nederlanden*, t. II, p. 420. Procès-verbal de l'administration municipale, 5 brumaire an VII (message du 9 brumaire an VII).

(2) Lettre de Louvain à l'administration centrale de la Dyle, 22 brumaire an VII (arch. de l'État).

mer contre ceux qui en Hollande ont pris une part criminelle aux troubles survenus dans les départements réunis, et les ont soutenus. Le Directoire proclame nettement que cette assistance a été déterminée par l'espoir des malintentionnés de trouver, dans les troubles existant si près de la frontière, un motif pour remplir des vues criminelles et renverser le gouvernement républicain de leur propre patrie.

A l'intérieur, le signal de l'insurrection fut-il donné par le clergé catholique?

Cette accusation, parallèle à celle que nous avons réfutée, ne s'accorde pas mieux avec la vérité.

Nous avons déjà montré la patience avec laquelle les membres du clergé belge acceptèrent les faits accomplis, dès les premiers temps de l'annexion.

Les rigueurs intolérantes dont le culte fut l'objet après fructidor, amenèrent-elles les prêtres et les moines à conspirer?

Nous ne le pensons pas davantage, malgré les récriminations réitérées dont cette classe de citoyens ne cessait d'être poursuivie.

En vain l'administration de l'Escaut affirme-t-elle avoir vu des prêtres marcher à la tête des rassemblements, le *poignard* et le crucifix à la main. En vain l'administration de la Dyle déclare-t-elle au Directoire, le 4 brumaire, conserver la conviction que l'insurrection est excitée et dirigée par les prêtres. En vain invoquera-t-elle, comme preuves à l'appui, les aveux des quarante et un insurgés fusillés à Malines, des rapports sûrs faisant connaître que les prêtres couraient les campagnes la nuit, et les cris des paysans demandant grâce sous le sabre des soldats, tout cela n'est nullement convaincant parce que rien de tout cela n'est prouvé.

Il nous semble en effet impossible d'admettre que moines et prêtres eussent tout dirigé, tout provoqué, tout conduit et que, lors de la répression, on n'ait pu parvenir à impliquer sérieusement un seul ecclésiastique dans une poursuite régulière. Or, ce dernier fait résulte à l'évidence de toutes nos recherches.

Les accusations, les soupçons pourtant ne manquaient pas. Les registres de toutes les administrations de l'époque fourmillent de dénonciations, vagues et toujours sans suite.

Sans doute, les journaux de l'époque nomment une grande quantité de prêtres belges, arrêtés par mesure préventive et déportés sans jugement; mais ni les procédures, ni les archives administratives que nous avons consultées, n'ont pu nous faire découvrir une condamnation, sauf une exception peut-être, et celle-là tombe précisément sur un pasteur protestant et assermenté : on l'a vu plus haut, à propos d'Axel (1).

Sans doute encore, le clergé persécuté, proscrit, témoignait à la rébellion toutes ses sympathies, et il n'est pas impossible que dans les rangs des insurgés aient figuré des prêtres. Nous admettons volontiers que des curés de village

---

(1) La *Revue de Bruxelles*, en octobre 1840, publiait un article intitulé « la Flandre sous la domination française, an IV—VII. » L'auteur anonyme de ce travail fort superficiel signale l'attitude hostile du clergé réformé en Zélande. (Page 56.)

CHAPITRE QUATRIÈME.

encourageaient leurs ouailles à suivre un mouvement, essentiellement religieux dans son principe.

Nous le savons parfaitement : dans le cœur de nos paysans, la foi s'unissait à l'amour de la patrie, à la haine de l'étranger, pour les aider à braver la mort, la tête haute et l'œil en feu. Oui, ces martyrs, expirant sur la bruyère ensanglantée, baisaient avec ferveur le crucifix qu'ils portaient au cou et s'écriaient en tombant : *Commendo Spiritum* (1) ! Leurs adversaires en témoignent, et nous ne songerons pas un instant à nier la vérité de ce détail touchant.

La chose est simple autant que naturelle.

Aux moments suprêmes de la vie que dominent la passion ou l'esprit de sacrifice, l'âme s'exalte ; le sentiment religieux profond, convaincu, envahit l'homme et le possède tout entier : qui ne croit point n'a jamais vraiment aimé, ni vraiment souffert.

Il nous paraît très-plausible enfin, comme l'affirme la municipalité de Louvain, que le curé de Duffel servit d'aumônier au gros de l'armée campinoise, et qu'il l'encourageait à mourir pour la religion sur les remparts de Diest.

Les rangs des insurgés étaient en définitive, pour beaucoup de prêtres, le dernier asile contre la déportation, le dernier refuge où il leur fût permis de remplir les saints devoirs de leur ministère.

Ce que nous contestons uniquement, c'est que le clergé belge fut le chef et le moteur de la guerre civile. Il faut

---

(1) *Moniteur* du 24 brumaire an VII.

cependant placer ici une réserve ; elle concerne l'insurrection luxembourgeoise ou allemande.

Là, le clergé, à la différence de ce qui se passe en Belgique, donne le signal, organise et conduit la révolte jusque sur les champs de bataille au cri de : « Vive l'Empereur ! »

On juge d'ailleurs, à leur valeur, ces banalités haineuses, dictées par l'esprit de parti, lorsqu'on voit le grave *Moniteur*, l'organe du gouvernement, imprimer sérieusement les absurdités suivantes, à propos de l'insurrection :

« Les prêtres se sont sillonné le cou avec de l'eau-forte pour faire croire qu'ils avaient été guillotinés, et qu'ils étaient ressuscités (1). »

Le *Moniteur* oubliait qu'aucun prêtre, fort heureusement, n'avait été guillotiné dans la Belgique, à peine conquise de quelques jours, lorsque la Terreur et Robespierre cessèrent d'ensanglanter et de souiller le sol français.

Nous persistons, après une mûre étude du sujet, à ne voir, dans le mouvement de 1798, qu'une explosion spontanée de toutes les colères, de toutes les haines les plus diverses accumulées par la domination étrangère dans tous les cœurs et pour tous les motifs.

L'absence de chef est encore significative, à ce point de vue.

Dans toute insurrection combinée, il y a un nom qui domine et rallie, une tête qui guide, conseille et commande. Ici, rien de semblable. Des hommes obscurs conduisent à l'ennemi les habitants de leurs villages. Tantôt c'est le

---

(1) *Moniteur* du 24 brumaire an VII.

notaire, le médecin, le chef de l'administration locale, voire même le garde champêtre. Là, quelque ancien soldat habitué au maniement des armes. Nulle part, le *seigneur*. Nobles et bourgeois regardaient faire les paysans. Les bourgeois les fusillaient même parfois quelque peu, de concert avec la troupe, comme à Alost (1), à Tamise, à Louvain et à Bruxelles. Au moins les narrations officielles l'affirment-elles. Mais, et fort heureusement pour l'honneur du pays, il convient de rabattre quelque chose de cette sympathie des populations urbaines à l'endroit du gouvernement établi. Les journaux et les proclamations font à ce sujet grand tapage. La prudence commande la réserve à l'historien consciencieux, lorsque l'on voit, comme nous avons pu le vérifier pour Bruxelles, les volontaires civils consister presque uniquement en fonctionnaires publics, Français encore pour la plupart; lorsque l'on voit l'administration centrale de la Dyle suspendre la distribution de la poudre à la garde urbaine de Bruxelles, *dans la crainte qu'elle ne passe aux rebelles* (2), et Gand imiter cet exemple.

Le même jour, Béguinot, convaincu que les chefs occultes

(1) En vue de perpétuer le souvenir de ce haut fait que nous avons raconté en détail, la municipalité d'Alost employa dorénavant pour ses correspondances un papier au haut duquel on remarquait une belle vignette représentant l'arbre de la liberté surmonté du bonnet phrygien et de ces mots : « *Il* (l'arbre) *est resté intact.* » Dans le lointain on apercevait la ville d'Alost et sous la vignette on lisait : *En brumaire an* VII. (*Revue de Bruxelles*, octobre 1840, page 59.)

(2) Procès-verbal de l'administration centrale de la Dyle, 8 brumaire an VII.

de la révolte sont à Bruxelles, propose de saisir, comme otages, les habitants notables, connus par leur hostilité au régime français. L'administration centrale sursoit à l'exécution du projet, sans en méconnaître l'utilité. « Il serait dangereux d'agir, » dit-elle, « la force armée étant insuffisante pour contenir les mouvements qui pourraient éclater. »

Nous avons rapporté ailleurs ce que Louvain disait, à son tour, des dispositions de l'esprit public dans ses murs; ce que pensait, à Luxembourg, le général Morand.

Béguinot, mettant Malines en état de siége, constatait que les habitants y avaient donné asile aux brigands, et nous verrons le général Colaud porter plus tard les mêmes accusations contre Diest, contre le pays tout entier.

Néanmoins la froideur incontestable des villes, en face de l'ébullition des campagnes, est un problème historique de haute importance, et dont il faut trouver la solution. Le doute, le vague obscurcissant la situation, prêtent à des équivoques fâcheuses pour l'honneur national.

Il semblerait vraiment, à juger les choses par la superficie, que l'abaissement des caractères eût amené les fils d'Artevelde et d'Agneessens à renier lâchement et servilement la patrie, comme Pierre renia le Christ au pied du Calvaire.

Il n'en est rien.

Pour le prouver, rendons-nous un compte sommaire, mais exact d'abord, de l'état de la société et des partis en Belgique, au moment de la seconde invasion française (1).

(1) Voy., pour cette période de notre histoire, BORGNET, t. II, ch. XI, et JUSTE, *Le comte de Mercy-Argenteau*, ch. IV et VI. Bruxelles, 1863.

La population urbaine se décomposait en deux éléments principaux, nous pourrions dire uniques : la noblesse et la classe moyenne. La plèbe ne comptait pas, et cette fourmilière patriotique et remuante de travailleurs dont l'industrie émancipée du dix-neuvième siècle a peuplé nos villes, n'existait en aucune façon.

Un apologue clasique compare justement la nation au corps humain, dans la fable les *Membres et l'Estomac*. Nous saisissons l'image pour mieux rendre notre pensée, et nous disons que la nation belge avait la tête et l'intelligence : le bras et le cœur, — l'ouvrier — lui manquait.

La noblesse, au point de vue politique, se partageait en deux camps.

Bon nombre de grands seigneurs, l'élite des beaux noms du pays, copiant les allures de l'aristocratie française, avaient, dès 1789, adhéré aux principes libéraux et rompu avec l'esprit de privilége et le passé féodal. Le comte de Mirabeau comptait à Bruxelles des amis et des imitateurs de sa politique.

Hostiles à l'Autriche pour mille causes diverses, comme leurs coreligionnaires français battaient en brèche le pouvoir royal à Paris, ils poussèrent à la roue qui, en 1790, entraînait le char révolutionnaire. Joseph II chassé, en face de Vandernoot, ils s'étaient, ceux-ci par sympathie, ceux-là par dégoût, jetés dans les bras de la démocratie Vonckiste. Tels furent les d'Ursel, les d'Aremberg, les Lamarck et tant d'autres.

La bourgeoisie des villes, le monde des lettrés, des artistes, des avocats, des médecins, le monde riche et affairé, les banquiers, le haut commerce, la grande industrie suivaient le même courant.

Les uns se sentaient poussés en avant par l'esprit philosophique et raisonneur du temps; les autres cédaient à l'attrait, toujours irrésistible pour l'amour-propre bourgeois, des caresses de l'aristocratie. Quelques-uns plus sérieux, mais plus rares, voués au culte de l'idée, rêvaient la liberté politique et religieuse couronnée par l'indépendance nationale : qui sous la forme d'une république, qui sous le sceptre tempéré d'un prince indigène ou étranger à l'Autriche.

La noblesse de la résistance avait, au contraire, appuyé le parti clérical, auquel le pays doit l'avortement du mouvement national, en 1790, et quarante ans de retard peut-être à l'heure de l'indépendance.

Le retour de Léopold ne satisfit ni l'une ni l'autre de ces opinions. Les sympathies secrètes de l'Autriche inclinaient vers le vonckisme. L'archiduchesse Marie-Christine, spécialement, ne pouvait pardonner aux adhérents des États et de Vandernoot les grossiers outrages dirigés contre sa personne pendant les troubles. Mais n'était-ce pas à ce parti des États que l'on avait fait des promesses réactionnaires garanties par les puissances médiatrices à la Haye? C'était avec lui que l'on avait traité diplomatiquement de la pacification de nos provinces. Il fallait tenir sa parole; car, après tout, ce parti était encore le plus fort. On prétendit louvoyer, ménager l'un sans froisser l'autre. On perdit tout, en voulant tout sauver.

Les tendances libérales de la noblesse brabançonne effrayaient jusqu'à l'évêque d'Anvers, de Nélis. Ce prélat, soumettant au comte de Trautmannsdorff ses vues sur le goûvernement de nos provinces, écrivait, le 9 septembre 1793, les lignes significatives que voici :

« Il serait important, pour l'État et pour le prince, d'introduire dans l'ordre de la noblesse (aux états de Brabant) quelques nouveaux membres, pour aider à soutenir les intérêts de la chose publique et du prince, et écarter les principes, qui ne gagnent que trop, de notre *Whigisme,* qu'on appelle parmi nous *Vonckisme* ou démocratie (1). »

Cette assimilation des Vonckistes aux Whigs dénoterait chez son auteur, si elle était réfléchie, un sens politique profond et sagace, dont la justesse d'observation frappe et saisit. Elle explique l'appui donné à l'esprit de réforme par l'aristocratie de naissance, sur notre sol comme en Angleterre. La vraie noblesse, illustrée par ses aïeux et non par son titre, ose seule regarder en face l'égalité démocratique, et ne la craint pas. Sa gloire, son juste orgueil est dans le nom que nul ne saurait lui prendre : elle n'est pas dans le titre, qui se vend, qui s'achète et peut être repris à l'anobli d'hier, sans qu'il lui reste rien, sinon le ridicule.

La politique de bascule, adoptée par l'Autriche restaurée, mécontenta et le parti du progrès et les fanatiques du passé.

Tandis qu'elle refusait aux réactionnaires le sacrifice des

---

(1) Comm. royale d'histoire. *Bulletins,* t. VIII, p. 264, 2ᵉ série.

personnes, elle leur sacrifiait les principes libéraux, rétablissait les couvents supprimés par Joseph II, et remontait dans la voie rétrograde jusqu'au delà des réformes accomplies par Marie-Thérèse.

Vint la conquête française. Beaucoup applaudirent ; les autres laissèrent passer. Les mécomptes furent grands et le désespoir profond lorsque nos pères purent juger à leur valeur les fallacieuses promesses d'indépendance et de liberté dont s'était fait précéder l'invasion. Ce fut un tort bientôt reconnu et durement expié.

Mais, avec le drapeau tricolore, étaient entrées chez nous l'égalité devant la loi, la liberté de l'homme, la liberté de la terre et du travail : les priviléges de caste étaient tombés, et la bourgeoisie avait, au milieu de bien des amertumes, mordu à la pomme de l'arbre de la science.

Elle ne pouvait désormais oublier la saveur de ce fruit.

La seconde restauration autrichienne, après Neerwinden, ne réussit pas mieux à se concilier l'affection, le dévouement des Belges. La faveur qui s'attache toujours à l'avénement au pouvoir d'un jeune souverain, la popularité personnelle de l'archiduc Charles, nommé gouverneur général des Pays-Bas, se glacèrent au contact de l'indifférence publique. Les revers subis par les armes de l'Autriche, la facilité singulièrement complaisante qu'elle montra, après Fleurus, à abandonner, à sacrifier nos provinces, lui enlevèrent son dernier prestige et ses derniers partisans.

Maudit par l'opinion réactionnaire, qui le trouvait trop modéré et disait tout haut, en face de l'archiduc Charles, préférer le retour *des Carmagnoles* (1); répudié par les libéraux, qu'il avait leurré de réformes non accomplies, marchandées ou retirées; haï par les républicains en sa qualité de monarchie, le gouvernement autrichien quitta la Belgique sans laisser der-

(1) L'incroyable préférence du vieux parti vandernootiste pour les carmagnoles, est attestée par un document officiel, par une lettre de l'archiduc Charles aux États de Brabant, publiée par le *Messager des sciences historiques*, 1839, p. 83. Elle est ainsi conçue :

« Très révérend, révérends pères en Dieu, nobles chers et bien amés. Le comte de Limminghe, l'un d'entre vos députés, s'étant permis en notre présence, dans une jointe que nous avions rassemblée en notre palais, à l'intervention de vos députés, le propos le plus révoltant et le plus contraire aux sentimens que tout bon sujet de Sa Majesté doit avoir, puisqu'il y a dit qu'il préféroit de ravoir en ce pays les carmagnoles aux vexations actuelles; nous vous faisons la présente pour vous dire que ne voulant plus nous exposer à être témoins de propos aussi indignes, et d'ailleurs si peu compatibles avec la reconnoissance qui devoit être si générale de tout ce que Sa Majesté a fait, depuis son avénement, pour le bien de ce pays et de votre province en particulier, ainsi qu'avec le respect qui nous est dû, nous désirons que vous arrangiez à l'avenir les députations que vous pourriez être dans le cas de nous faire, de manière que le comte de Limminghe susdit n'en soit plus. Et comme nous sommes persuadés que vos sentimens sont absolument contraires à ce que ce député a exprimé, nous vous prévenons qu'en portant le fait à la connoissance de l'empereur, nous en avons fait l'observation à ce monarque.

« A tant cher révérend, révérends pères en Dieu, nobles chers et bien amés, Dieu vous ait en sa sainte garde.

« Bruxelles, le 10 août 1793.

« Signé Charles-Louis.

« Par ordonnance de S. A. R.,

« Signé L. E. Van de Velde. »

rière lui un regret, une affection. Quelques rares Joséphistes, fonctionnaires ou revêtus de charges à sa cour, esclaves du serment ou du point d'honneur, émigrèrent seuls à sa suite. La noblesse libérale ne quitta point le pays. « Nous n'avions plus aucun parti pour nous, à notre départ des Pays-Bas, » disait le comte de Trautmannsdorff à l'empereur François II, dans un Mémoire curieux, daté du 2 juin 1795, où ce ministre discute la question de savoir si l'Autriche a intérêt à conserver nos provinces (1).

Une tentative de restauration au profit d'un pouvoir aussi déconsidéré ne devait rencontrer aucun appui dans les classes éclairées et prévoyantes.

C'est ce qui avint en 1798.

On calomnia d'ailleurs l'élan national pour le faire plus sûrement avorter. L'explosion subite du mouvement n'avait pas permis aux Belges de connaître à l'avance son principe, ses tendances et son but. Le gouvernement, ou plutôt le parti français sut profiter habilement de cette obscurité. Il inspira partout la croyance à une insurrection autrichienne et cléricale. Nous avons constaté avec quelle complaisance on livrait au public les proclamations lancées par les rebelles au nom de l'Empereur, avec quel soin on tenait au contraire sous le boisseau les placards où l'on parlait au peuple de ses droits, de son indépendance, de ses vieilles franchises méconnues. Les paysans, ajoutait-on dans les régions officielles, maltraitent les anciens Vonckistes, les acquéreurs de

---

(1) Comm. royale d'histoire. *Bulletins*, XII, 506.

biens nationaux et tous ceux qui ont accepté des fonctions publiques sous le régime français.

C'était plus qu'il n'en fallait pour inspirer aux populations urbaines, plus ou moins coupables de ces péchés véniels, l'abstention vis-à-vis d'une révolte à laquelle le nom d'un chef connu manquait pour l'expliquer et la cautionner devant l'opinion publique. Mieux qu'aucune autre tyrannie, les gouvernements oppresseurs des nationalités savent diviser les vaincus pour régner. Ainsi procède la Russie en Pologne; ainsi procéda l'Autriche en Hongrie, après 1848.

L'absence de chefs préoccupait singulièrement le parti français et l'autorité. On ne pouvait se résoudre à y croire dans les régions gouvernementales. Les journaux de Paris annonçaient, au contraire, que le *fameux* Charles de Loupoigne dirigeait la révolte. La présence de ce partisan autrichien au sein des bandes de 1798 n'est pourtant attestée par aucun indice.

« Les chefs ostensibles des brigands, » écrivait la municipalité de Louvain au général Colaud, « ces chefs sont pour la plupart des hommes nuls, obscurs et que les circonstances où nous nous trouvons et leur propre perversité ont seules pu retirer de leur néant. »

« Ce ne sont rien moins que des hommes à talents, des hommes riches, ou qui avaient joué quelque rôle important dans les temps qui ont précédé, » répétait la même autorité en s'adressant à l'administration départementale.

M. Conscience, dont le roman *De Boerenkryg* nous a inspiré le désir d'écrire cette esquisse, M. Conscience a cru devoir, par une fiction, restituer aux faits le cachet de vraisemblance dont la vérité les dépouillait. Il a inventé un noble bruxellois, officier général, qu'il a créé chef de l'armée rebelle en le baptisant *Constantin de Rouxmiroir*. C'est sonore, mais ce n'est pas vrai. Le *général de Rouxmiroir* est une création fantastique, imaginaire, un pur sacrifice, fort légitime d'ailleurs, du romancier aux nécessités dramatiques, et rien de plus.

Un chef d'insurgés portait, il est vrai, un nom analogue, et l'analogie peut avoir égaré ou séduit l'écrivain brillant dont nous parlons. Un bulletin français annonce, après la défaite de Hasselt, la capture d'un chef appelé Constant, agent municipal du village de Rouxmiroir, près de Jodoigne. Antoine Constant était en réalité un chef, mais fort peu aristocratique; un simple fermier, âgé de 52 ans, qui, pris à Hasselt, fut condamné à mort par le conseil de guerre de la 24e division militaire, le 4 pluviôse an VII, et fusillé à Tournai, le 21 (1).

Nous avons rencontré, aux archives de l'État à Bruxelles, la signature de cet infortuné au bas d'une liste contenant les signatures de tous les fonctionnaires du département de la Dyle. Cette écriture est grande, vigoureuse et nette. Elle dénote chez son auteur un caractère doué de décision et de fermeté, s'il faut en croire les règles de l'art qui consiste à deviner l'homme sous les traits que sa main a tracés.

Si l'unité de commandement et de direction manquait au mouvement, la diversité des passions politiques qui l'in-

(1) Archives de l'administration centrale de la Dyle, carton 326. Jugements militaires (archives de l'État).

spirent et poussent ceux que le mouvement entraîne, se révèle jusque dans les moindres détails.

Les signes distinctifs que les combattants arborent varient selon leur caprice ou leurs instincts : à côté des cocardes orange brillent les cocardes autrichiennes et les couleurs patriotiques de 1790, unies pour la première fois. Les drapeaux portent pour emblème une croix rouge sur fond blanc, et cet emblème se retrouve au brassard ou sur la tête des combattants. D'autres ornent leur coiffure de ces banderoles de papier que rapportent encore de nos jours les pèlerins de Notre-Dame de Hal en souvenir de leur pieux voyage (1). En Flandre, une branche de buis bénit, un plumet vert au chapeau sont les insignes favoris.

Celui-ci crie : Vivent les patriotes ! ceux-là : Vive Charles de Loupoigne ! très-peu, rarement en Brabant, ajoutent dans le Luxembourg et en Flandres : Vive l'Empereur ! On remarque en certains lieux, nous l'avons dit, que les *brigands* malmènent les Vonckistes autant que les acquéreurs de biens nationaux ou les agents de l'autorité française.

Tout en constatant cette espèce d'anarchie, les habiles la tenaient pour apparente. « Il n'est pas douteux, » écrivait-on encore de Louvain à l'administration centrale de Bruxelles (2), « il n'est pas douteux qu'il y ait derrière le rideau une

---

(1) Louvain à l'administration centrale de la Dyle, 6 brumaire an VII (procès-verbal des séances).

(2) Administration municipale de Louvain ; procès-verbal du 27 brumaire an VII (archives de l'administration centrale de la Dyle). Lettre de la même date.

main plus puissante qui fait secrètement mouvoir la masse incohérente de ces brigands. Les prêtres sont sans doute pour beaucoup dans nos troubles. Ils ont été de tous temps des agitateurs dangereux et ils exercent sur la multitude une influence irrésistible. Les cris unanimes des brigands c'est : Point de conscription militaire, point de contribution, et la religion catholique !

« On ne remarque point qu'ils parlent des États belgiques, de l'Empereur ou de quelque autre puissance. Ils comptent sur les secours de l'Angleterre ; mais c'est, disent-ils, pour assurer leur liberté, leur indépendance. Il y a tout lieu de croire que les vrais moteurs sont inconnus, même aux chefs des brigands. Peut-être intéressent-ils tous les partis par la raison qu'aujourd'hui ils ne paraissent s'attacher à aucun. Les prêtres se persuadent que les troubles tourneront en leur faveur. Le parti des ci-devant statistes, celui des royalistes, enfin les autres factions nées de la révolution belgique, n'attendent peut-être que les succès des brigands pour se les attacher ou pour se déclarer en leur faveur. Tous attendent, de l'agitation générale causée par les événements, une chance qui tournera à leur avantage. Voilà ce qui rendrait dangereux tout succès que les brigands pourraient obtenir. »

Remonter à la source de ce pouvoir occulte et insaisissable, formait l'idée fixe des autorités républicaines. On en supposait le siége à Bruxelles. « Il serait présumable que les principaux moteurs agissent à Bruxelles, d'où ils donnent des directions, » écrivait l'administration centrale de la Dyle au Directoire, dès le 4 brumaire.

Quelques individus arrêtés à Grimberghe avaient déclaré, croyait cette même administration, avoir été égarés par les suggestions de certaines personnes du chef-lieu. On demande au général Béguinot de les faire interroger, avec la plus scrupuleuse attention, par la justice militaire saisie de leur procès (1). Nous ne savons ce qui avint de la recommandation, mais la procédure du conseil de guerre n'offre aucune trace de dénonciation semblable.

Béguinot se vantait, un autre jour, de posséder la certitude que le foyer principal de la rébellion était à Bruxelles. Mais, après un examen, l'on constata que les prétendus moteurs à Bruxelles n'éveillaient contre eux d'autre preuve de culpabilité « qu'une simple présomption résultant de leurs principes connus et de leur haine pour le gouvernement républicain. » C'était évidemment trop peu pour les condamner, et l'on s'abstint de les arrêter, par justice autant que par prudence.

Un dernier fait frappe l'esprit de l'observateur et commande la réflexion. Partout où la rébellion triomphe et prend son assiette, elle s'abstient avec un soin singulier de proclamer un gouvernement quelconque. Elle ne parle nulle part, lorsqu'elle est souveraine, au nom d'un pouvoir politique général. Ce n'est pas qu'elle méconnaisse le besoin d'organiser, loin de là; mais elle administre et ne règne pas.

Les autorités républicaines sont chassées ou abdiquent à l'entrée des *brigands*. Que vont-ils faire ? Proclamer l'Em-

---

(1) Procès-verbal de l'administration centrale de la Dyle, 5 brumaire an VII (archives de l'État).

pereur? créer un gouvernement provisoire? Nullement. La force armée est commandée par des *capitaines* et les compagnies se forment par communes. Il n'y a point de généraux, point de colonels. Une réquisition frappe tous les hommes de vingt à trente ans. Ils sont classés en arrondissements de vingt communes, qui chacune doivent fournir un contingent. Aerschot fut taxé à deux cents hommes; Montaigu, à cinquante, et ainsi de suite (1).

Dans l'ordre civil, l'organisation est toute locale. On rétablit les anciennes administrations communales (2), soit en rappelant les fonctionnaires municipaux d'avant l'occupation, soit en nommant d'autres citoyens aux mêmes fonctions. Personne ne songe à centraliser, malgré l'imminence du danger incontestable qu'offre toujours l'absence d'unité révolutionnaire.

Les insurgés savent ce qu'ils ne veulent pas : « A bas la France! » voilà le cri de ralliement! Ils ignorent ce qu'ils veulent. C'est, au petit pied, le cri de l'Italie moderne : *Fuori i stranieri!* Mais après?

Pour cette seule cause, la guerre des paysans était mort-née. On ne réussit généralement en révolution qu'à la condition de savoir en partant où l'on va. La grande politique révolutionnaire procède toujours par affirmation. Les négations

---

(1) Procès-verbal de l'administration centrale de la Dyle, 4 brumaire an VII (archives de l'État).

(2) Lettre du secrétaire municipal de Molhem, 12 brumaire an VII (cartons de l'administration centrale de la Dyle).

sont toutes-puissantes pour détruire ; elles ne valent rien pour édifier.

Mais qui payait ? La guerre civile, comme toute guerre, coûte gros. La main qui tient la bourse, c'est d'ordinaire la main qui conduit. Cherchons : sous le banquier, nous trouverons peut-être le général !

Ici encore, la diversité des procédés et des ressources confirme notre thèse sur l'absence d'unité dans les vues et dans la direction, conséquence du défaut de concert avant l'action.

Parfois les impositions anciennes sont rétablies et perçues au profit des insurgés dans les localités qu'ils occupent (1). A Diest, on frappe d'une contribution personnelle de guerre les habitants de la ville que l'on vient d'occuper, à l'instar de ce qui se pratique en pays conquis. Aux environs d'Anvers, nous voyons établir un impôt territorial d'un florin par bonnier (2) : ailleurs l'armée insurrectionnelle reçoit des subsides volontaires de l'intérieur ou de la Hollande. Dans le pays de Waes, au début, les rebelles vendent à l'encan, pour vivre, le produit du pillage des propriétés nationales, témoin ce qui s'est passé à la douane de Hulst. La plupart du temps, les paysans se nourrissent à leurs propres frais, soit en payant de leur bourse, soit au moyen des provisions de bouche dont ils se font suivre. Les bulletins français ne man-

(1) Procès-verbal de l'administration centrale de la Dyle, 4 brumaire an VII.

(2) Procès à charge du notaire Antoni de Broechem (archives communales de Bruxelles).

quent jamais de couronner l'énumération de leurs triomphes en dressant le décompte des chariots de vivres enlevés aux rebelles par les troupes républicaines. On a souvent parlé, à cette époque, de l'or anglais, de l'or des couvents. L'or anglais n'apparaît nulle part, et les couvents étaient ruinés depuis deux ans par la nationalisation de leurs biens-fonds et la dispersion de leurs membres.

Meyer côtoyait de plus près la vérité, lorsque, développant sa motion d'ordre du 4 nivôse, il déclarait les troubles provoqués par des *inconnus*.

Le gouvernement français, au milieu de ces préoccupations anxieuses, ne perdait point son temps et, tout en cherchant à deviner la main qui le frappait, il songeait à parer le coup.

La nouvelle de l'insurrection belge parvint à Paris, dès les premiers jours de brumaire. Le *Moniteur* du 5 l'annonce en publiant le rapport dans lequel Béguinot parlait de victoire remportée sur les rebelles de l'Escaut. La feuille officielle ajoute que les insurgés sont au nombre de quatre mille, avec du canon et guidés par des chefs. Béguinot, on s'en souvient, signalait, comme preuve de l'intervention anglaise dans cette affaire, l'attaque d'un poste sur l'Escaut qu'il ne nommait pas. Le *Moniteur* imprime que ce poste est Lillo. Erreur manifeste ! Rien ne permet de supposer une attaque des paysans sur ce fort; et la proclamation publiée par la municipalité d'Anvers, le 20 octobre, mentionne au contraire la Tête-de-Flandre, et la Tête-de-Flandre seule (1).

---

(1) MERTENS, *Geschiedenis van Antwerpen*, t. VI, p. 494 et suivantes.

CHAPITRE QUATRIÈME.

Le Directoire, dès la veille, avait pris un arrêté qui mettait à la disposition du général Bonnard les gardes nationales mobiles des départements du Nord, des Ardennes, de l'Aisne, de la Somme et du Pas-de-Calais et avait ordonné de traduire devant les conseils de guerre les rebelles saisis dans un rassemblement ou avec armes. Cet ordre fut immédiatement exécuté. La garde nationale de Lille partit pour Bruges, tandis que la garnison allait se placer à Gand, sous les ordres du général Bessières.

Il ne fallait guère compter sur le concours de la première de ces troupes, car, d'après une lettre de l'adjudant général Leclaire (1), elle avait, avant d'arriver à Bruges, rencontré des brigands sans oser les attaquer ni les combattre. Leur départ déjà manquait d'enthousiasme : un journal français, en l'annonçant, s'exprime ainsi :

« Dans le premier instant de désordre qu'a causé à Lille la nouvelle inattendue qu'on demandait des secours contre les révoltés de la ci-devant Belgique, la manière de procéder au choix des hommes a causé d'abord de la rumeur; mais bientôt les braves Lillois, accoutumés à vaincre, se souvenant de leur valeur primitive, ont formé plusieurs bataillons qui marchent sur Bruges (2). »

Aussi, la campagne terminée, le général Laurent, qui avait eu cette garde sous son commandement, se borna-t-il à lui délivrer un certificat de *moralité* (3).

(1) Procès-verbal de l'admin. centrale de la Dyle, 8 brumaire an VII.
(2) *Rapporteur*, p. 428.
(3) *Moniteur* du 28 brumaire an VII.

Les colonnes mobiles de Douai, de Cambrai et de Valenciennes se portèrent au secours de Bruxelles.

Les garnisons de Dunkerque, de Mons et de Tournai détachèrent toutes leurs troupes disponibles (1). On en rappela de Hollande et jusque de Mayence. La garnison de Nimègue expédia en toute hâte sa cavalerie et son artillerie dès le 25 octobre, et celle de la Haye 36 hommes par compagnie. Enfin le régiment de hussards Chamboran quitta Paris pour le théâtre de l'insurrection.

On évaluait, dès le début, de quinze à vingt mille hommes (2) les forces qu'en peu de jours le gouvernement concentrait en Belgique pour étouffer cette nouvelle Vendée.

Malgré l'insertion au *Moniteur* d'une suite non-interrompue de nouvelles rassurantes et l'annonce de ces renforts sans cesse grossissant, la législature ne crut pas pouvoir rester indifférente.

Le 8 brumaire, en comité secret, le conseil des Cinq-Cents demanda, par un message au Directoire, des renseignements sur les troubles de Belgique et son opinion sur la question de savoir si la législation relative aux prêtres, aux déserteurs et aux réquisitionnaires était suffisante.

Le Directoire, tout en reconnaissant la gravité extrême des troubles, se contenta des pouvoirs que lui conférait la loi existante. Il répondit par une demande de quinze cent mille francs de fonds secrets.

(1) *Moniteur*, 7 brumaire an VII; *Gazette de Leyde*, 2 novembre 1798 (supplément).

(2) *Moniteur*, 7 brumaire an VII.

Le message du gouvernement exprimait l'espoir de voir couronner par un entier succès les mesures actives et vigoureuses qu'il avait prises pour terrasser la rébellion. « Il étouffera la révolte, » disait-il, « et fera punir les coupables. » Toutefois, les quinze cent mille francs semblaient indispensables, non pour comprimer le mouvement, mais pour l'empêcher de renaître. Il fallait « se créer le moyen d'être instruit de toutes les manœuvres des Anglais et des autres ennemis de la république. »

Le surlendemain, l'assemblée vota sans discussion la proposition du Directoire, après un court rapport de Génissieux, qui se bornait à paraphraser le langage du pouvoir exécutif.

Si des mesures législatives nouvelles contre les prêtres et les conscrits réfractaires n'étaient pas encore demandées, le gouvernement s'empressa de saisir les armes que la loi en vigueur mettait à son service.

Un arrêté prescrivit l'arrestation immédiate de tous les prêtres et moines belges, prévenus « d'avoir fomenté par leurs discours ou par leurs actions et dirigé la révolte qui vient d'éclater. »

Toutes les pièces et renseignements servant à constater le délit et la culpabilité des prévenus, devaient être adressés de suite au Directoire qui prononcerait, s'il y avait lieu, la déportation.

Cette mise hors la loi en masse ne satisfit pas les députés belges à la législature. Demoor, d'Anvers, revint à la charge devant les Cinq-Cents dès le 13 brumaire. D'après l'orateur, la révolte dans les départements réunis était due aux manœuvres du fanatisme. Comme nous l'avons dit déjà, il se plaignait de la mollesse mise par le Directoire et ses agents, à Anvers particulièrement, dans l'usage de la faculté de déporter, sans jugement, les prêtres, faculté que lui conférait la loi du 19 fructidor. A Bruxelles, un journaliste *frénétique*, selon Demoor, déporté en vertu de la loi du 22 fructidor an v, avait été ressaisi ; il ne pouvait suffire de lui faire subir la peine primitive. Bref, pour seconder plus efficacement les mesures prises par le Directoire, Demoor réclama et obtint de mettre, *dès le lendemain*, au grand ordre du jour un projet présenté l'année précédente par Poullain-Grandpré. Cette œuvre draconienne frappait de confiscation les biens des déportés qui réussissaient à se sauver du lieu de leur résidence ou à échapper à la déportation prononcée. Il punissait le déporté réfractaire et repris d'une détention perpétuelle dans le lieu même de déportation. Sa femme, ses enfants n'avaient droit désormais qu'à des aliments dont le Directoire fixait le chiffre.

La discussion, ouverte le 14 brumaire (4 novembre), fut des plus orageuses. Après la lecture du rapport de Poullain, Rouchon de l'Ardèche proposa la question préalable en termes vigoureux qui excitèrent à diverses reprises les colères de l'assemblée. Il blâma surtout l'aggravation de peine frappant des hommes atteints par une mesure politique comme dangereux, mais qu'aucun tribunal n'avait reconnus coupables. Et pourquoi ? Par cela seul qu'ils refusaient de se présenter au bourreau. « Que diriez-vous, » s'écriait Rouchon, « que diriez-vous du législateur qui dirait à un homme condamné à mort : « Viens au pied de la guillotine, sinon je te serai rouer et écarteler! » Les cris *à l'ordre! à l'Abbaye!* comme aux beaux jours de la Convention, étouffèrent la voix de l'orateur, dont Boulay-Paty qualifia le discours de « derniers hoquets du royalisme. » Ces violences n'empêchèrent pas Rouchon de recommencer son opposition à mesure qu'un article spécial était successivement mis en discussion. Enfin, après une lutte qui dura plusieurs jours, les deux conseils adoptèrent le projet amendé, mais aggravé par les amendements. Il forme la loi du 19 brumaire an VII. Les troubles de la Belgique furent à chaque instant invoqués pour justifier les rigueurs de ce code réactionnaire et cruel.

Par arrêté du 8 brumaire, le ministre de la police Lécarlier est remplacé par Duval le Camus. Enfin le Directoire confie au général de division Colaud le commandement supérieur des départements insurgés.

Colaud était un militaire distingué par son courage et son énergie dès les premières guerres de la république en Flandres.

Cet officier arrivait avec la mission d'en finir au plus vite et la conviction, partagée par le gouvernement, que la mollesse des autorités du pays faisait toute la force de la rébellion.

Il entra à Bruxelles, le 9 brumaire, dans la soirée (1), et ne perdit pas une minute avant de se mettre à la besogne. Dès le lendemain matin, 10 brumaire, il se rend au sein de l'administration centrale de la Dyle, introduit par Béguinot. Colaud, venant de Paris, avait naturellement traversé Hal.

(1) Voy. le procès-verbal de l'administration communale de Bruxelles.

Son premier mot manifeste l'étonnement que l'arbre de la liberté, abattu à Hal il y a huit jours, n'était pas replanté hier. L'administration ne se le laissa pas redire. Dès le lendemain, elle prenait un arrêté enjoignant aux autorités municipales de faire remplacer, *sans délai*, les arbres abattus par un arbre *vivace* (1). Puis, Colaud se plaint que l'on n'ait arrêté personne à Bruxelles. L'administration lui donne à connaître les raisons de cette conduite, raisons approuvées par le général Béguinot lui-même. « Nous en reparlerons plus tard, » répond le général en chef, et il quitte la séance. Colaud n'en reparla pas, mais il agit. Dans la nuit même, de nombreux otages furent enlevés par l'autorité militaire sans le concours du civil ; entre autres, MM. Kindt et Evenepoel, anciens conseillers au conseil de Brabant ; plus, le juge Mosselman, du tribunal criminel. La cause de l'arrestation de ce dernier magistrat est plaisante. Il était inculpé comme auteur d'une lettre très-inoffensive, on le reconnaissait, mais datée *28 octobre 1798 !*

Sa qualité de juge républicain et d'acquéreur de biens nationaux n'avait pas paru une garantie suffisante de civisme, en présence de ce crime. C'est lui-même qui nous l'apprend dans une foule de réclamations qu'il adressa contre son incarcération. Et, malgré son expérience de magistrat, Mosselman oublie d'invoquer pour sa défense le meilleur des arguments (2). Il avait tellement l'habitude de dater selon le vieux

---

(1) *Journal de Bruxelles*, 16 brumaire an VII.
(2) Archives de l'administration centrale de la Dyle (carton otages).

style, le plus innocemment du monde, que ses signatures au bas des jugements, sur les feuilles d'audience du tribunal criminel où il siégeait depuis plusieurs années, contiennent presque toutes, dans le parafe, le millésime ancien de l'année où elles sont apposées.

Autre bizarrerie. L'administration centrale de la Dyle avait, avant l'arrivée de Colaud, jugé inutile, injuste et dangereux, de prendre des otages. A peine Colaud s'est-il mis à en arrêter sans son concours, qu'elle se réunit spontanément pour lui conseiller d'en arrêter davantage, et elle les lui désigne elle-même.

Ces malheureuses victimes sont expédiées le jour même sur Paris, sous escorte militaire, et des mesures identiques sont prises dans les autres villes du pays.

La proclamation par laquelle Colaud annonce la prise de possession de son commandement, met en pleine lumière sa pensée politique et ses intentions.

L'insouciance et la faiblesse de différentes administrations civiles et des habitants de quelques communes à repousser des hordes de brigands révoltés qui pillent, dévastent les propriétés en commettant toutes sortes d'exactions, ont déterminé le gouvernement à prendre les mesures les plus promptes pour arrêter les progrès d'un pareil brigandage, assurer la tranquillité publique et le respect des propriétés. Il est ordonné en conséquence, aux autorités civiles et aux notables habitants de toutes communes, de s'opposer, de tous leurs moyens et de toutes leurs forces, à l'entrée des brigands ou de tous rassemblements armés ou non armés, dans les lieux de leur arrondissement ; d'arrêter les chefs, moteurs ou instigateurs, et de les conduire au premier poste militaire pour être transférés dans la prison ; et il leur est défendu, sous les peines ci-après, de leur prêter le moindre secours, directement ni indirectement.

Les communes qui n'auront pas pris les précautions nécessaires pour leur défendre l'entrée, seront punies d'une amende payable sous vingt-quatre heures en argent, et réglée par les administrations de département. Les fonds qui en proviendront serviront à payer les frais des opérations et exécutions militaires qui suivront, et il en sera tenu un compte exact.

Toute ville, bourg ou village, où un Français aura été tué par les révoltés, et où les habitants n'auront pas fait leur devoir comme il est dit ci-dessus, sera puni d'une amende décuple, indépendamment de peines plus rigoureuses, si le cas l'exige.

Les commissaires du Directoire exécutif marcheront avec chacune des colonnes, afin que l'autorité civile puisse toujours concourir avec les moyens militaires à employer.

La proclamation de Colaud fut publiée en grande cérémonie dans les rues de Bruxelles par le commissaire du Directoire près de la municipalité, accompagné de l'adjudant de place et escorté d'un détachement de chasseurs avec trompette (1).

Bientôt suivit la mise en état de siège du département

---

(1) *Rapporteur* du 13 brumaire an VII.

entier, annoncée au public du chef-lieu par une lecture au théâtre, entre deux actes.

La lutte à outrance est dans l'air; les nuages qui recèlent la tempête s'amoncellent, ensanglantent et obscurcissent l'horizon.

Le correspondant bruxellois de la *Gazette de Leyde* lui mandait avec sagacité, sous la date du 5 novembre (15 brumaire) : « Tout ce qui se présente à nos yeux a pris un aspect guerrier, ou plutôt une apparence de force et de contrainte. »

Le Directoire avait manifesté d'abord des intentions plus conciliantes. Le bruit courut un instant de l'envoi en Belgique de Lécarlier, qui venait de quitter le ministère de la police. Il devait, disait-on, remplir une mission pacificatrice, sous le titre de commissaire du gouvernement. Ce projet, que tous les journaux du temps annoncent, n'aboutit point.

Nous l'avons dit plus haut, le département entier est mis en état de siége. « La révolte qui s'est manifestée dans différentes communes, le tocsin qui a sonné dans d'autres sans que les autorités civiles ni les habitants s'y soient opposés, telles sont les raisons, » écrit Colaud au général Béguinot, « qui l'ont déterminé à prendre cette résolution extrême (1). »

Malgré ces excellentes raisons, la population s'alarmait un peu; nous voyons l'administration centrale de la Dyle expliquer la portée et le but de cette précaution militaire

---

(1) *Journal de Bruxelles* du 16 brumaire an VII.

dans une proclamation du lendemain. « Cette mesure rigoureuse n'aura, en définitive, que des résultats favorables pour le bonheur de ses administrés par l'effet de la sagesse unie au patriotisme prononcé de ceux qui seront chargés de l'exécuter.

« Que les bons citoyens et tous les vrais républicains ne conçoivent aucune alarme d'un état de choses dont la nouveauté seule pourrait d'abord les étonner! C'est contre les conspirateurs seuls, et non contre les citoyens paisibles, que l'état de siége est déclaré! »

Quoi de plus rassurant, en effet? Et certes les populations paisibles devaient, après de semblables explications, dormir tranquillement sur les deux oreilles, à moins d'y mettre un mauvais vouloir évident.

Pourtant, trois jours après son inauguration, le régime du sabre pesait déjà sur l'administration de la Dyle elle-même. Le commandant militaire de Termonde frappait la commune d'Opwyck d'une réquisition de vivres et de fourrages, avec menace d'exécution par la force.

On réclame au département contre cette violence spoliatrice. « L'état de siége, » dit un membre (1), « ne peut donner aux commandants militaires le droit de violer les propriétés et d'anéantir la charte constitutionnelle et les lois existantes. » — Plaisante réflexion! A quoi donc servirait alors l'état de siége?

---

(1) Procès-verbal de l'administration centrale de la Dyle, 16 brumaire an VII.

Toutefois Béguinot, saisi de la réclamation, y fit droit et ramena le commandant de Termonde à de meilleurs sentiments.

Les opinions du général Colaud, à l'endroit de l'esprit public en Belgique, reflétaient fidèlement la pensée de ceux dont il tenait sa mission.

Le Directoire, par arrêté du 14 brumaire, ordonne d'appliquer, dans toute sa rigueur, aux départements réunis, la loi du 10 vendémiaire an IV, rendant les communes responsables civilement des attentats contre les personnes et les propriétés commis sur leur territoire par des attroupements. Ici encore se reproduit la pensée que les Belges appuient secrètement la sédition. « L'inertie d'une partie des habitants paraît avoir encouragé la coupable audace des séditieux, » porte l'un des considérants (1). — « On peut même croire, » poursuit-il, « que quelques-uns y ont souri malignement et ont entrevu dans le renversement de l'ordre, dans la violation des lois, un sujet d'entretenir encore de coupables espérances. »

« Si les habitants des communes où les rebelles se sont présentés d'abord, s'étaient montrés fortement attachés au maintien de l'ordre; s'ils avaient repoussé leurs sinistres projets avec cette juste horreur que le crime doit inspirer; si, en un mot, ils avaient fait, soit avant, soit après les mouvements de rébellion qui ont eu lieu, tout ce qui dépendait d'eux, ils auraient, par cette conduite civique, épargné à leurs communes les maux et les désastres dont ils ont à gémir. »

---

(1) Huyghe, t. XX, p. 255.

Tout en gourmandant ainsi la généralité, le Directoire avouait néanmoins « avoir vu avec satisfaction l'énergie vraiment républicaine que les bons citoyens ont déployée dans plusieurs communes et le courage digne d'éloges avec lequel, en s'armant pour la défense commune, ils ont su se garantir de la fureur des brigands et écarter le danger. »

Le même document officiel annonçait l'envoi d'une force publique imposante pour dissiper de toutes parts et anéantir les attroupements séditieux. Les renforts de troupes ne cessaient, en effet, d'affluer, et les journaux officiels portaient à trente mille hommes le chiffre dont Colaud allait disposer.

L'état de siége est étendu aux départements des Deux-Nèthes, de la Lys et de l'Escaut. Les généraux français des départements voisins se réunissent à Bruxelles, pour s'y concerter avec Béguinot et Colaud sur les mesures militaires d'ensemble.

Colaud, vieux soldat de Dumouriez, appela à ce conseil un ancien compagnon d'armes, rentré dans la vie privée. Il se souvint d'un général de trente ans, homme d'action, habile à tirer parti des plus faibles ressources, plein d'audace et de valeur personnelle, adoré du soldat, que le gouvernement malhabile du Directoire oubliait dans la retraite depuis deux ans, le général de brigade Jardon.

Jardon était Belge, né à Verviers en 1768 : c'est pourquoi, sans doute, on l'oubliait à Paris, malgré son mérite et son âge. Sorti du peuple, il prit service à vingt ans parmi les régiments que formèrent les États de Liége, lors de la lutte démocratique entreprise par eux contre leur évêque, et se réfugia en France, après la restauration opérée par les baïonnettes autrichiennes. Officier dans la légion liégeoise, Jardon se battit vaillamment sous le drapeau français en Champagne et en Belgique, et acquit, sur les champs de bataille, le grade de général de brigade que sa modestie lui fit d'abord refuser.

La campagne de Hollande terminée, Jardon reçut de Jourdan le commandement du département de la Dyle. Des dissentiments ou des rancunes politiques amenèrent sa mise en non-activité en 1796, et c'est dans cette situation passive que les dangers de 1798 firent songer à réclamer le concours de son courage et de son énergie.

Que la politique tînt sa place dans la disgrâce de Jardon, c'est ce que l'on ne peut nier en songeant d'une part à ses trente ans, en voyant d'autre part la presse révolutionnaire manifester ses regrets à propos de ce fait (1). Ses liaisons avec le général Fion, son compatriote, son ancien chef au début de sa carrière dans l'armée liégeoise, expliqueraient peut-être cette persécution. Fion, sous le Directoire, se trouva successivement compromis dans deux affaires graves ourdies par les adversaires du gouvernement : la conspiration Babœuf et l'échauffourée du camp de Grenelle. Traduit devant la haute cour de justice, séant à Vendôme, Fion fut néanmoins acquitté.

Jardon, disgracié de nouveau sous Bonaparte à cause de ses sympathies pour Moreau, conclut enfin sa paix avec l'empe-

---

(1) Voir *Républicain du Nord*, 19 messidor an IV.

reur et tomba, frappé d'une balle à la tête, sur un obscur champ de bataille, en Espagne. Il avait quarante et un ans (1).

Entre soldats de cette trempe, les délibérations ne pouvaient être longues.

L'on passe bientôt du conseil à l'action.

La foudre éclate.

---

(1) Voy. F. Van Hulst : art. Jardon, dans la *Revue belge.* Liége, 1855, t. II, p. 5. L'auteur est muet, ou à peu près, sur la part prise par Jardon à la guerre des Paysans. Il se borne à renvoyer sur ce point le lecteur à l'article consacré au guerrier verviétois par la *Biographie des contemporains*. Le patriotisme de M. Van Hulst répugnait peut-être à se faire l'historien de cette exécution fratricide, puisque l'exécuteur était Belge comme les victimes. Disons cependant que Jardon, esclave de la discipline, fut modéré dans la répression. L'écrivain commet une erreur évidente en plaçant au 15 février 1799 le retour de Jardon au service actif. Dès novembre 1798, Jardon commande une colonne.

CHAPITRE V.

OPÉRATIONS MILITAIRES DE COLAUD. — COMBATS AUX ENVIRONS DE BRUXELLES.
— LES INSURGÉS SONT REFOULÉS EN CAMPINE. —
ATTAQUES DE CETTE CONTRÉE PAR CHABERT ET JARDON.
— PRISE ET REPRISE DE DIEST. —
DÉFAITE DE HASSELT. — FIN DE LA LUTTE ARMÉE.

Un écrivain militaire distingué expose en ces termes la valeur stratégique du champ de bataille sur lequel l'armée nationale attendait le choc des troupes françaises.

« A partir de Bruxelles vers Anvers, le pays change complètement d'aspect. Sur les rives du Demer, de la Dyle inférieure, des Deux-Nèthes, du bas Escaut, de la Durme, ce ne sont plus des plaines ondulées qu'on rencontre, favorables aux grandes actions et aux grands mouvements de l'artillerie et de la cavalerie ; c'est un labyrinthe inextricable de haies, de petits bois, sillonnés de ruisseaux et de prairies marécageuses ou inondables par l'eau des marées. Les villages agglomérés ne forment plus des îlots au milieu d'une mer de moissons; les champs sont limités par des haies, les fermes sont entourées de fortes clôtures, et souvent de fossés pleins d'eau. Sur les cours d'eau, les points de passage sont presque tous précédés de villages pouvant servir de véritables têtes de pont faciles à défendre (1). »

Ces difficultés étaient plus grandes encore à la fin du siècle dernier; car il faut, pour se rendre un compte exact de la situation d'alors, supprimer par la pensée les nombreuses voies de communication créées dans cette partie du pays depuis cinquante ans; il faut ne pas oublier l'état misérable de la voirie vicinale et des routes elles-mêmes, après six ans de guerre et d'invasions; il faut, par la pensée, rétablir sur pied les nombreux bois dérodés, les abbayes et les châteaux démolis, les remparts tombés de nos petites villes. Les cartes modernes tromperaient singulièrement celui qui voudrait se former, en les consultant, une juste idée de la topographie ancienne. Il suffit, pour s'en convaincre, de confronter un atlas de Belgique, dressé de nos jours, avec les feuillets de la célèbre carte de Ferraris, images fidèles de ce qu'était le pays au moment où cessa la domination autrichienne.

La Vendée brabançonne appuyait ses derrières aux frontières bataves, à la Campine hollandaise : vaste désert de bruyères et de marais, moins praticable encore que la Campine belge pour une armée régulière, son artillerie et ses charrois.

L'attaque de cette position solide débuta par la droite. L'in-

---

(1) *Les Carabiniers belges*. Bruxelles, 1880, p. 50.

surrection s'était fermement installée et organisée dans la partie des arrondissements actuels de Bruxelles et de Malines que bornent de trois côtés le canal de Willebroeck, le Rupel et l'Escaut. Assche, Londerzeel et Grimberghen formaient ses avant-postes vers Bruxelles, et sa limite méridionale.

De ce camp retranché, les bandes brabançonnes communiquaient avec la basse Dendre, vers Ninove et Grammont, par les bois de Liedekerke et d'Afflighem, où ils avaient établi un campement.

Elles avaient pour chef dans cette contrée un propriétaire aisé (1), Rollier, habitant Willebroeck, qui sacrifia à la guerre civile sa fortune entière et courut les plus grands dangers.

Rollier prenait le titre de général et affirmait en avoir obtenu le brevet de Charles de Loupoigne, au nom de l'Empereur. Nous l'avons rencontré déjà, aux premiers jours des troubles, concourant à l'occupation temporaire de Termonde (2). Le frère de Rollier lui servait de lieutenant, et la famille entière passait pour singulièrement suspecte; car nous voyons l'administration centrale de l'Escaut arrêter comme otage, et cela sans autre raison que sa parenté, un cousin, Adrien Rollier, qui exerçait à Gand la profession d'avocat (3).

(1) Homme de *biens*, écrivait le secrétaire de Molhem à l'administration centrale de la Dyle, le 12 brumaire an VII; lettre du secrétaire de Londerzeel, du 7 brumaire an VII, à l'administration centrale de la Dyle (cartons aux archives de l'État).

(2) Page 117.

(3) Procès-verbal de l'administration centrale de l'Escaut, des 3 et 8 brumaire an VII.

Quatre fois l'autorité militaire tenta de ressaisir violemment cette position stratégique menaçante. Ce quadruple effort avorta pleinement.

Nous avons raconté (1) l'expédition, médiocrement triomphante, du ci-devant juge de paix Claret, ses hauts faits à Merchtem et sa retraite prudente devant Londerzeel. Une seconde excursion, accomplie le 3 brumaire (24 octobre), n'aboutit qu'à ramener d'Assche et de Grimberghen, qu'elle ne parvint pas à dépasser, une quarantaine de prisonniers et cinq ou six drapeaux (2).

Le général Colaud songea tout d'abord à disperser ce foyer de dangers sérieux pour Bruxelles, avant de marcher sur la Campine. La prudence commandait la mesure à un militaire expérimenté, placé en face de l'inconnu. D'ailleurs, les rebelles venaient de prendre l'offensive.

Le jour de la Toussaint, Rollier, à la tête de deux cents hommes d'avant-garde, occupa de nouveau Londerzeel, évacué depuis le 8 brumaire (29 octobre). Il venait de Willebroeck et s'avança le lendemain, 2 novembre, jusqu'à Merchtem (3).

A la nouvelle de ce mouvement, une attaque des Français

---

(1) Page 138.

(2) *Rapporteur* du 6 brumaire an VII; procès-verbal de l'administration communale de Bruxelles du 4 brumaire an VII (archives communales de Bruxelles).

(3) Lettre du secrétaire de Molhem du 12 brumaire an VII; procès-verbal de l'administration centrale de la Dyle du 13 brumaire an VII (archives de l'État).

fut décidée pour la nuit même du 2 au 3. Les troupes républicaines partirent de Bruxelles, guidées par le receveur d'Assche. Elles prirent la route de ce bourg et se portèrent de là sur Londerzeel. Un engagement sérieux ensanglanta la commune. Les rebelles, disent les bulletins, furent surpris et dispersés avec une perte de *cent* hommes (1). Les Français pénétrèrent dans le village, puisqu'ils massacrèrent un octogénaire, nommé Pierre Corens, qui priait au pied du maître-autel (2), mais ils ne s'y maintinrent pas. La colonne rentra à Bruxelles, et le receveur, qui l'avait accompagnée, avouait à l'administration centrale de la Dyle, que « des troupes plus considérables étaient nécessaires. »

Franchement, c'était un échec.

Une nouvelle colonne, composée de cent fantassins de la 51ᵉ demi-brigade, sous les ordres de leur chef, Meinzweig, et de 15 gendarmes à cheval, sortit de Bruxelles, le 3 novembre, à neuf heures du soir.

L'expédition, cette fois, changea d'itinéraire. Au lieu d'aborder la position par l'extrême droite, elle suivit la rive gauche du canal de Willebroeck jusqu'au village de Capelle, où elle parvint, le 4, à trois heures du matin. Les insurgés occupaient les maisons et dirigeaient, par les fenêtres, les soupiraux des caves et les toits, une mousqueterie vigoureuse sur la troupe. Pour débusquer les Belges de ces retranchements, il fallut y mettre le feu. Capelle enlevé, détruit, le détachement

---

(1) Rapport du général Béguinot (*Rapporteur*, p. 439).
(2) WAUTERS, *Histoire des environs de Bruxelles*, t. 2, p. 338.

poussa jusque Willebroeck. Trois cents hommes, embusqués sur les deux rives du canal, lançaient à l'ennemi une grêle de balles. L'obstacle cette fois ne put être vaincu : Meinzweig battit en retraite et rentra dans Bruxelles vers six heures du soir.

On peut, une fois de plus, juger ici de la véracité des bulletins français.

Rollier, l'adversaire heureux de la colonne-républicaine, raconte que Meinzweig fut, en cette circonstance, complétement défait et mis en fuite, après deux rencontres sanglantes. Meinzweig, dans son rapport du 14 brumaire (1), se déclare, au contraire, victorieux. *Tous* ses ennemis *ont péri* à Capelle *dans les flammes*. A Willebroeck, la résistance *opiniâtre* des rebelles *n'a fait qu'accroître l'ardeur des républicains*. La perte a été considérable, etc., etc.

Je crois Rollier, qui parlait en 1814, et qui avoue fort sincèrement avoir été battu à son tour, le lendemain, par les Français (2).

Nous voyons, d'ailleurs, le bulletin républicain ne faire mention d'aucun prisonnier. Le détachement ramène des armes, des drapeaux et une caisse, pour tout trophée. Son retour à Bruxelles parle à lui seul assez haut et assez clair. Le vainqueur n'a pas coutume d'abandonner le champ de bataille. La revanche ne se fit point attendre.

---

(1) *Rapporteur* du 18 brumaire an VII.
(2) Lettre de Rollier au gouvernement provisoire du 17 février 1811 (archives de l'État), et *Bulletin de la commission d'Histoire*, XII, 192.

Dès le lendemain, 5 novembre, une attaque générale est reprise avec des forces supérieures et dans plusieurs directions convergentes. De la cavalerie, de l'infanterie et du canon, cette fois, sortirent de Bruxelles pour nettoyer les rives du canal (1). Un second corps part de Malines, disperse en passant, à Heffen, une vingtaine de paysans qui tentaient de lui disputer le passage de la Senne et se porte sur Blaesvelt. Le tocsin sonne : la troupe entre dans le village au pas de charge, malgré une vive résistance partant du clocher de l'église et des maisons voisines : l'une de ces dernières est réduite en cendres, avec les défenseurs qui s'y étaient logés. A Willebroeck, que les Français attaquent ensuite, à Willebroeck, on se défend de maison en maison, ici à coups de fusil, là à coups de pierres lancées par les croisées. La flamme est de nouveau l'arme des assaillants : cent paysans périssent dans l'incendie. L'insurrection est vaincue sur le théâtre de sa victoire de la veille. Rollier recule vers le Rupel. L'ennemi le poursuit.

Les diverses colonnes françaises se rencontrent à Ruysbroeck sur la rive gauche du Rupel, où les mêmes scènes de dévastation recommencèrent. Cependant le général Rostolan venant de l'ouest vers l'est, le long de l'Escaut, prenait l'insurrection entre deux feux. Entré à Saint-Amand, le 4 novembre, malgré la mousqueterie et une grêle de pierres, il avait cerné les maisons et tué tout ce qui fut pris les armes à la main. A Bornhem, où les débris des jours antérieurs et

(1) *Rapporteur* du 18 brumaire an VII.

le gros de l'armée de Rollier s'étaient concentrés comme en un réduit suprême, la résistance fut plus vive encore, et le sang coula plus abondamment que jamais.

L'engagement commença de très-bonne heure dans la matinée. Des abatis barraient toutes les avenues. Le village est cerné; des détachements y pénètrent sur divers points, malgré le feu continuel des paysans, qui se défendent avec opiniâtreté : « on ne put les débusquer qu'en mettant le feu *à toutes les maisons* où ils étaient postés. Aucun d'eux n'échappa (1). » Tel est le langage de leurs vainqueurs.

Bornhem enlevé, la colonne parcourut ensuite les communes voisines de Puers, Hingene et Lippeloo, détruisant tout ce qui s'y était réfugié.

Rollier, dont la maison de campagne avait été incendiée à Willebroeck, réussit pourtant à se sauver du désastre. Sa tête fut mise à prix pour *cinq cents louis*, et, pendant deux années, il se vit réduit à errer en fugitif de retraite en retraite.

Les chefs des deux partis payèrent de leur personne. Le général Rostolan avait été blessé grièvement, marchant à la tête de ses troupes. Les journaux et les bulletins ne disent rien de cette circonstance, mais elle est attestée par le procès-verbal de la séance tenue, le 19 brumaire an VII, à l'administration municipale de Bruxelles. Une députation reçoit la mission d'aller porter des compliments de condoléance à cet officier, que ses blessures clouent sur son lit de douleur.

(1) *Rapporteur* du 23 brumaire an VII.

CHAPITRE CINQUIÈME. 259

Dans un rapport du 17 brumaire, Béguinot affirmait, en propres termes, que, « malgré les extrémités auxquelles ont dû se porter les républicains, ils ont respecté les propriétés : ils ont accordé protection et assistance à tous les individus qui n'étaient pas reconnus coupables, et les ont traités avec l'humanité qui caractérise le soldat français. »

Que faut-il croire ?

Les dégâts matériels étaient considérables. Le beau village de Capelle seul comptait neuf maisons brûlées, et plusieurs d'entre elles appartenaient à des républicains, acquéreurs de biens nationaux (1). A Willebroeck, vingt maisons furent détruites (2). Les propriétés publiques n'avaient pas été épargnées. La maison de l'éclusier et le local de la mécanique du dégorgeoir à l'écluse appartenant à la ville de Bruxelles, comme propriétaire du canal, étaient incendiés. Le corps municipal vota un crédit important pour les réparer (3).

En revenant de cette sanglante expédition, les troupes ramassèrent sur la digue du canal le cadavre du volontaire Huwaerts, guide habituel des Français dans leurs expéditions. Les rebelles l'avaient fusillé comme traître à sa patrie.

La haine du renégat caractérise particulièrement les guerres d'opinion, les guerres civiles ou religieuses : le peuple est sans pitié pour le fils qui renie et frappe sa mère

---

(1) Lettre de l'administration municipale de Londerzeel à l'administration centrale de la Dyle, 14 nivôse an VII (archives de l'État).

(2) WAUTERS, *Histoire des environs de Bruxelles*, t. II, p. 614.

(3) Procès-verbal de la séance du 24 brumaire an VII de l'administration communale de Bruxelles.

La République reconnaissante traita Huwaerts comme Rome avait traité César assassiné. Le cadavre, ramené à Bruxelles, fut pompeusement exposé au *Temple de la Loi*, et honoré d'une cérémonie funèbre (1).

Le 23 brumaire, les journaux annonçaient que la navigation sur le canal était désormais libre, les deux rives ayant été nettoyées des rebelles qui les infestaient.

Bruxelles et Anvers, dégagées, communiquaient sans danger ni entraves par la voie de terre, et l'insurrection, refoulée vers l'Est, ne présentait plus de consistance sérieuse qu'en Campine.

Certaine d'être bientôt attaquée sur ce terrain, l'armée rebelle opéra un mouvement de concentration vers la partie du pays que baignent le Demer et les deux Nèthes.

L'administration municipale de Louvain, toujours la mieux informée, avertit le général Colaud et l'autorité supérieure. « Dix mille hommes menacent Diest, venant de Gheel, » écrivait-elle le 6 novembre.

« Depuis quelques jours, » répétait-elle le 12 du même mois, « depuis quelques jours les *brigands* se concentrent à Meerhout, Gheel, Turnhout. Ils semblent chercher à se réfugier en Campine, ou menacent un point (2). » Le jour même, un corps de cinq à six mille hommes avait traversé la chaussée de Louvain à Malines vers l'écluse de Boortmeerbeek,

(1) *Moniteur* du 30 brumaire an VII; procès-verbal de l'administration communale de Bruxelles du 24 brumaire an VII.

(2) Louvain à l'administration centrale de la Dyle (archives communales de Louvain).

passé la **Dyle** au pont de **Rymenam**, et poursuivi sa route vers le rassemblement général.

Des postes avancés tenaient Aerschot et Montaigu.

L'insurrection, on s'en souvient, avait depuis longtemps établi son quartier général dans les bâtiments de l'ancienne abbaye de Tongerloo. Westerloo et le couvent d'Averbode étaient défendus par une garnison.

De leur côté, les généraux français, nous l'avons dit, s'étaient réunis à Bruxelles en conseil de guerre pour y concerter un plan d'attaque générale. Un cordon de troupes observait et contenait la Campine pendant les opérations accomplies au bord du Rupel. La ligne française s'appuyait sur les places de Diest, Louvain, Malines, Lierre et Anvers, faisant face à l'ennemi.

Le 21 brumaire (11 novembre 1798), toutes les colonnes françaises s'ébranlent sous la conduite de Chabert et de Jardon. Une d'elles se porte vers Turnhout, que l'insurrection n'occupait plus, mais dans le but de l'entourer au nord. Une autre se dirige sur Hérenthals, donnant la main à la première; une troisième, sur Gheel. Jardon, à qui Chabert avait remis le commandement des troupes venant de Malines et de Louvain, part pour Diest.

A ce moment critique où le dénoûment approche, il devient plus difficile que jamais de saisir la vérité dans le récit des événements militaires. Une seule source reste ac-

(1) Rapport du général Béguinot du 25 brumaire an VII (*Rapporteur*, p 178).

cessible pour y puiser des renseignements, les bulletins des généraux français, et cette source n'est rien moins que pure. Lorsque les faits se passaient aux portes des villes, les actes intimes, les rapports de l'autorité civile, permettent souvent d'exercer un contrôle sur les nouvelles venues de l'armée, et nous avons librement usé de la permission. Désormais ce contrôle échappe : les troupes républicaines opèrent en pays ennemi, en rase campagne, et leurs adversaires, en mourant pour la patrie, n'ont pas laissé de bulletins.

Nous essayerons pourtant de débrouiller cet enchevêtrement de victoires pompeusement annoncées, et toujours dans les mêmes termes, victoires dont on aperçoit rarement les résultats.

Avant d'agir, Chabert et Jardon envoyèrent aux renseignements sur la situation de l'ennemi, grâce encore une fois à un espion fourni par l'administration municipale de Louvain. Toute passion a son Judas. Cet homme vint se mettre à la disposition de l'autorité militaire, le 9 novembre, à Diest. Il en repartit, le 10, à huit heures du matin, pour Averbode, sur l'ordre de Chabert. Arrivé le même soir à Westerloo, l'émissaire pousse de là à Tongerloo : les patriotes l'arrêtent; on le conduit à l'abbaye. Le traître demande à s'enrôler; on lui confie un fusil, des cartouches, et la présence du loup dans la bergerie se trouve justifiée.

Le 11 novembre, après un appel qui constata l'absence de plus de vingt combattants parmi les défenseurs de Westerloo, ceux-ci entreprirent un mouvement en avant vers Veerle, dans la direction de Diest. Le canon grondait à Gheel, sur

CHAPITRE CINQUIÈME.

leur gauche. L'espion profite de l'occasion pour jeter son fusil et ses cartouches dans un bois, et revient à Diest rendre compte de sa mission. Cependant la bande qu'il abandonnait marchait de Veerle vers Tongerloo par Testelt, mouvement par parenthèse assez peu explicable, à moins qu'avertis des projets de Jardon, les insurgés n'eussent craint, s'ils retournaient directement, d'être atteints dans leur retraite.

Jardon et l'aide de camp de Chabert reçurent les renseignements recueillis, et Jardon se mit en marche dans la direction parcourue par son agent.

Chabert était parti dès la veille, et c'est son canon qui grondait à Gheel, le matin, aux oreilles de l'espion.

Jardon, en effet, dans son rapport (1), déclare avoir quitté Diest le 21 brumaire (11 novembre) et être entré à Veerle vers trois heures de relevée. Il y a, de Veerle à Diest, environ deux lieues de Brabant (dix kilomètres), et les troupes ne rencontrèrent aucun obstacle en route : Jardon est donc parti de Diest au milieu de la journée.

A Veerle, le général trouve la colonne mobile venue de Louvain par Aerschot. L'arrivée de ces troupes avait peut-être aussi motivé partiellement le mouvement rétrograde et oblique des rebelles quittant Veerle pour retourner à Tongerloo par Testelt.

La jonction des républicains accomplie, Jardon se porte dans la direction de Westerloo, gros village distant d'un quart de lieue de l'abbaye de Tongerloo.

(1) *Rapporteur* du 11 frimaire an VII.

A une demi-lieue de Veerle, les Français heurtent l'ennemi. Un poste isolé s'enfuit à leur approche; il est atteint dans sa retraite et chargé, malgré les difficultés d'une poursuite à travers les routes et les fossés. Un engagement de cinq minutes n'arrête guère la colonne, qui arrive à Westerloo sans plus rencontrer d'adversaires.

Jardon alla immédiatement reconnaître l'abbaye de Tongerloo, but de ses efforts, objectif de ses opérations. Tout annonçait le projet d'une résistance vigoureuse chez les insurgés. Les portes étaient barricadées, les chemins coupés par des tranchées et des arbres abattus sur le sol.

L'abbaye occupait un vaste enclos, de forme à peu près carrée, ceint de hauts murs et de fossés, derrière lesquels des jardins emmuraillés à leur tour formaient comme une seconde barrière aux bâtiments d'habitation.

Cet état de choses a disparu pour la majeure partie, à la suite des démolitions; mais la *Chorographia sacra Brabantiæ*, de Sanderus, renferme une gravure exacte et détaillée, représentant Tongerloo vu à vol d'oiseau (1). Un coup d'œil jeté sur ce dessin prouve à l'évidence que, munie d'une garnison vaillante et suffisamment nombreuse, l'abbaye devenait une citadelle difficile à réduire. Inutile d'y songer, surtout, sans artillerie; et l'artillerie française, marchant avec la colonne de Malines, demeurait en arrière. Jardon, convaincu que faute de canons il n'obtiendrait pas raison de la position, prit le parti de coucher à Westerloo. Il remit l'at-

---

(1) T. I, p. 305.

taque au lendemain, si l'artillerie rejoignait dans l'intervalle.

Celle-ci, devançant les prévisions de son général, survint dès six heures et demie du soir. Toutefois, l'heure avancée à cette saison d'hiver ne permettait plus d'en faire usage. Les Français persistèrent dans leur projet d'attendre l'aube.

A la pointe du jour, Jardon quitte Westerloo. Arrivé en face de Tongerloo, il constate, à sa vive surprise, que l'insurrection avait évacué la place durant la nuit. Elle se dirigeait, croyait-il, dans sa retraite, vers Gheel. Jardon suit cette direction, tout en escarmouchant le long de la route avec de petites bandes isolées, auxquelles il tue quelques hommes.

A Gheel était déjà Chabert, exact au rendez-vous, menant la dernière colonne dont on attendait la jonction. Les troupes couchent à Gheel et repartent le lendemain pour Diest. Nous donnerons plus tard la raison de cette marche rétrograde. Jetons d'abord un coup d'œil rétrospectif sur les opérations accomplies par Chabert, dont les bulletins de Jardon ne disent rien, et qui n'a pas publié les siens, s'il en a rédigé.

Béguinot, dans un rapport du 25 brumaire sur les mêmes opérations, parle d'un engagement sérieux à Meerhout, entre la colonne partie de Diest et d'Aerschot, donc la colonne de Jardon,—et un rassemblement considérable d'insurgés. « Ceux-ci ont opposé, » dit-il, « une vive résistance, perdu plus de deux cents hommes, dont une bonne partie noyée dans les étangs. »

Meerhout est un gros village campinois, situé sur la grande Nèthe, beaucoup à l'est de la route que nous venons de parcourir. Il confine à la limite du Limbourg. Si un engagement a ensanglanté le sol de cette partie de la Campine, c'est avec la colonne de Chabert seule qu'il peut avoir eu lieu, à moins que la troupe venue d'Hérenthals vers Gheel, marchant de l'ouest à l'est, n'eût dépassé son objectif dans cette direction et poussé jusqu'à Meerhout. Cette dernière supposition est peu probable.

Quoi qu'il en soit, Béguinot a tort lorsqu'il rapporte le fait à Jardon, et son allégation prouve, une fois de plus, qu'en ce qui concerne les opérations en Campine, cet officier se voyait réduit aux conjectures.

L'affaire de Meerhout reste plongée dans un clair-obscur, un demi-jour trop évidemment calculé pour ne pas impliquer l'idée d'un engagement peu favorable aux Français. Jardon n'en parle pas, et Béguinot en parle trop peu et trop vaguement.

Et d'abord un engagement avait eu lieu à l'est de Gheel : le fait lui-même ne peut être révoqué en doute. L'espion de Jardon n'avait-il pas entendu le canon gronder dans cette direction? Et cela dès le 11 novembre au matin; donc, avant que Jardon eût quitté Diest!

L'action est réelle, incontestable, et sa date reste fixée au 11 novembre. Ce point trouve sa confirmation encore dans une mention rapportée au *Dictionnaire géographique de la province d'Anvers*, publié en 1834 (1).

Il y a plus.

---

(1) *Dictionnaire géographique*, par VANDERMAELEN, v° Meerhout.

L'action fut chaude, opiniâtre, et la victoire indécise. Meerhout avait été occupé le 5 novembre, après un engagement avec quelques troupes françaises, par une bande d'insurgés que commandait Van Gansen, de Westerloo.

Attaqué, le 11, par les adversaires qu'il avait forcés à la retraite six jours auparavant, Van Gansen soutint bravement le choc. Deux fois des canons français furent pris et repris, et nos valeureux paysans repoussèrent deux attaques successives de leurs ennemis disciplinés, aguerris et bien armés. Les Français, durant la lutte, livrèrent le village aux flammes, et un grand nombre d'habitants y perdit la vie (1).

Les annotations contemporaines du docteur Janssens parlent de combats sanglants livrés *à Gheel*, pendant les deux jours qui précédèrent la prise de Diest. Les Français enterrèrent, d'après son témoignage, sept charrettes de morts. Quoique Janssens parle de Gheel, c'est évidemment au combat de Meerhout qu'il convient de rapporter son dire. Il semble que l'approche du danger ait troublé quelque peu la mémoire de l'écrivain, car, dans les notes sommaires que son journal consacre au siége de Diest, il se trompe d'une semaine entière quant aux dates, plaçant au 5 novembre les événements du 12.

Cette résistance, qui, sans être pleinement victorieuse, n'avait pas été vaincue, explique pourquoi Chabert restait

---

(1) Procès-verbal de l'administration municipale de Louvain du 23 brumaire an VII; lettre de Louvain à l'administration centrale de la Dyle du même jour (archives de Louvain).

à Gheel, d'abord à attendre son collègue Jardon, et comment aussi, plus tard, nous retrouverons l'armée insurgée livrant de nouveaux combats, non moins acharnés, sur ce champ de bataille qu'elle n'avait donc pas perdu. Chabert, parti de Diest et trouvé à Gheel après avoir touché Meerhout dans l'intervalle, reculait au lieu d'avancer. Il suffit de jeter les yeux sur une carte pour s'en convaincre. S'il eût tout battu, tout dispersé, comme l'affirme le rapport de Béguinot, explique qui pourra la présence, huit jours plus tard, de l'armée rebelle, établie et fortifiée à Moll et à Meerhout, et nous l'y rencontrerons. Une autre observation est encore caractéristique. Chabert et Jardon arriveront à Diest par le nord, le 13 novembre au soir, et l'investiront de ce côté. Or, avant cette date, c'est-à-dire dans la matinée du 12, nous verrons Van Gansen entré dans la ville et commandant une partie de ses défenseurs.

Que faut-il conclure de tout cela?

D'abord, que la colonne française rétrogradait, loin de progresser. Ensuite, que les combattants belges de Meerhout, pendant que Chabert reculait ainsi de l'est vers l'ouest et vers Gheel, marchaient eux, au contraire, en avant, du nord au sud, sur Diest, et devançaient les républicains, suivant la corde tandis que l'ennemi contournait l'arc.

Un témoignage sûr confirme notre conjecture.

Le 27 frimaire an VII (17 décembre 1798), un fuyard échappé des rangs insurgés, un paysan d'Huldenberg, près de Tervueren, est arrêté par une patrouille. Il avait servi sous Van Gansen. Le juge de paix l'interroge, et, dans le courant de sa déclaration, l'inculpé donne l'itinéraire suivi par son chef, qu'il avait rejoint à Putte, village situé au nord de Malines, dans la direction de Lierre (1).

De Putte, le corps commandé par Van Gansen avait marché successivement sur Heyst-op-den-Berg, Westerloo, Gheel, Moll, *Meerhout* et *Diest*. « Le prisonnier assistait, » déclare-t-il, « avec sa compagnie, à l'occupation de cette dernière ville, événement qui eut lieu le 12 novembre au matin. »

Donc, Van Gansen entrait en droite ligne à Diest, le lendemain du combat de Meerhout; c'est-à-dire vingt-quatre heures avant son adversaire.

Pareille manœuvre, exécutée par les insurgés, à la face de l'ennemi, concorde mal avec l'idée d'une armée mise en déroute et qui se sauve. Elle s'explique fort bien de la part d'une troupe restée maîtresse du terrain de la lutte et obéissant à cette pensée générale de concentration que la municipalité de Louvain dénonçait à l'attention depuis plusieurs jours.

Nous n'entendons certes pas exagérer en sens inverse du général Béguinot. Si Chabert, au contraire de ce qu'affirme le rapport de son supérieur, eût essuyé quelque échec considérable, les insurgés, vainqueurs à Meerhout, ne se seraient pas fait faute de le poursuivre en queue et de placer entre deux feux sa colonne refoulée directement sur Diest.

Ils ne le firent pas.

L'administration locale de Louvain s'exprimait sur cette

(1) Interrogatoire de Heyndels (archives communales de Bruxelles).

affaire avec son exactitude d'appréciation habituelle, lorsqu'elle la qualifiait de *victoire indécise*.

Les trois colonnes françaises quittèrent Gheel pour Diest, le 13 novembre. Nous avons promis d'expliquer ce mouvement, et voici le moment de tenir notre promesse.

Diest était tout simplement tombé au pouvoir des insurgés, manœuvrant en arrière de Jardon et de Chabert, pendant leurs expéditions vers Gheel et la Campine anversoise.

Voici comment ce fait d'armes fort grave s'était accompli.

Pour le bien comprendre, rappelons quelques faits antérieurs.

Le passage d'un corps nombreux d'insurgés venant de l'ouest, traversant la Dyle à Rymenam et se dirigeant le long de sa rive droite vers l'est, avait été signalé du 11 au 12 novembre. Dans la nuit du même jour, l'abbaye de Tongerloo est évacuée sans coup férir. Ses défenseurs ne pouvaient songer à se retirer ni au nord, ni à l'est, comme le croyait Jardon. Où allaient-ils? Les colonnes mobiles occupaient Gheel avec Chabert et les coupaient de Meerhout et de Moll. L'ennemi tenait Herenthals et Turnhout. Rétrograder à l'ouest vers Lierre, c'était se jeter dans la gueule du loup: restait la route au sud-est, qui menait rejoindre le long du Démer les arrivants dont nous avons rappelé la marche, et Diest ensuite.

Jardon, en quittant cette ville pour opérer de concert avec Chabert en Campine, y laissait, pour toute garnison, quatre-vingts hommes, appartenant pour la plupart à la 22ᵉ demi-brigade, quelques hussards, des gendarmes, le tout commandé par un capitaine (1).

Pendant la nuit, les insurgés, répétant la manœuvre qui, au début de la campagne, les avait un instant rendus maîtres de Malines, se glissent derrière l'ennemi et se portent sur Diest. A sept heures du matin, ils attaquent la place de vive force, au nombre de 2,500 environ, dont quatre cents armés de bonnes carabines. Ceux qui les portaient se désignaient entre eux sous le nom de *chasseurs*. Ils se présentaient les premiers dans toutes les occasions où il y avait du danger (2).

Le but de cette attaque était, paraît-il, de s'emparer de deux pièces de canon qu'au dire d'un espion mal informé, l'armée rebelle croyait trouver encore dans la place.

A la tête des assaillants marchait l'un des chefs que nous avons vu diriger l'attaque de Louvain, Eelen, fils d'un médecin de Montaigu.

La petite garnison française se défendit énergiquement, mais sans succès. Repoussée de vive force depuis les remparts qu'elle avait eu la témérité de franchir (3) jusqu'à la grand'-place, elle essaya de s'y maintenir. Une courte lutte amène un nouvel échec, et la troupe se retire vers Louvain avec une perte de vingt hommes. Poursuivie dans sa retraite, la colonne battue perd encore un nombre égal de soldats; le reste atteint

(1) Louvain à l'administration centrale de la Dyle, 22 brumaire an VII (archives de l'État).

(2) Procès-verbal de l'administration centrale de la Dyle du 1er frimaire an VII.

(3) *Moniteur* du 29 brumaire an VII.

Louvain vers deux heures et demie après midi, réduit à la moitié de son effectif. Diest, d'après le témoignage d'un insurgé, acteur du drame, avait été prise d'*assaut*. Dix soldats prisonniers demeurèrent au pouvoir des vainqueurs. On les enferma au corps de garde de la place, où ils furent humainement traités (1). Les habitants cachèrent chez eux un nombre relativement assez grand de Français, parmi lesquels figurait le commandant de la garnison lui-même.

Plus tard, le général Colaud accusa la population de Diest d'avoir aidé les rebelles en tirant sur la troupe par les fenêtres des maisons donnant sur la place. Ce fait est énergiquement démenti par les municipaux du lieu. Leur démenti trouve sa confirmation dans le rapport d'un espion, envoyé à Louvain et qui était à Diest le jour de la prise. D'après ce témoin oculaire très-positif, aucun habitant ne s'est joint aux *brigands* (2). Les notes de Janssens s'accordent encore avec cette déclaration.

Maîtres de Diest, les insurgés n'y trouvèrent point les canons qu'ils convoitaient; mais ils prirent le parti de s'y fortifier en se concentrant. La journée du 12 et la matinée du 13 novembre se passèrent en préparatifs de défense.

Les chefs répartirent leurs soldats chez les habitants, auxquels il fut ordonné de rapporter leurs armes sous peine de mort; ce qui confirme l'idée que l'accueil de la population

---

(1) Procès-verbal de l'administration centrale de la Dyle du 28 brumaire an VII; manuscrit Janssens.

(2) Procès-verbal de l'administration communale de Louvain du 26 brumaire an VII.

était peu enthousiaste, comme l'assurait l'agent louvaniste.

Eelen est élevé au poste de commandant de la place. Il délivre des laisser-passer et les signe en cette qualité.

On creuse, dès le soir même de l'occupation, des fossés profonds qui coupent les chaussées menant aux portes de la ville, et interceptent l'accès du dehors. L'intérieur de ces tranchées sert de logement à des tirailleurs, qui s'y préparent un abri contre le feu de l'ennemi.

Outre Eelen, l'arrivée de renforts nombreux réunit bientôt à Diest d'autres chefs et de nouveaux combattants. En première ligne, se présente Van Gansen, de Westerloo, qui avait commandé à Meerhout, et que l'on disait être un ancien capucin, ce dont, par parenthèse, nous n'avons trouvé aucune preuve. Cockx de Diest, qualifié de lieutenant, les capitaines Craeninckx, Smets de Rotselaere, Crabeels de Sichem, Goossens de Montaigu, et enfin le libraire Corbeels, revêtu du même grade, sont désignés comme les principaux chefs subalternes. Le curé de Duffel exerçait les fonctions d'aumônier.

Le général Jardon, dans son rapport du 27 brumaire an VII, nomme parmi les chefs Van Gansen et Eelen, et deux autres, Stoelmans de Zoerle et Meulemans de Tongerloo, qu'il qualifie d'aumônier, par une évidente erreur. Ce Meulemans de Tongerloo était le fils d'un notaire, chez qui un grand nombre d'insurgés, arrêtés plus tard, déclarèrent en justice avoir reçu des armes.

L'armée des paysans atteignit en deux jours un chiffre

considérable. Les évaluations du général Jardon parlent de cinq mille hommes, et ce chiffre concorde avec les déclarations des municipaux de Diest (1), comme avec les notes du docteur Janssens; MM. Mertens et Torfs, dans leur *Histoire d'Anvers*, portent 6,000 combattants. Cependant des insurgés qui s'étaient trouvés dans les rangs des défenseurs de la place, doublent le premier de ces chiffres, sans intérêt aucun à exagérer.

Quoi qu'il en soit, cette multitude armée, dédaignant l'abri des remparts, campait en avant de la ville et attendait bravement la venue des colonnes françaises; un poste avancé occupait Montaigu (2). Aucun excès ne fut commis, l'arbre de la liberté lui-même resta cette fois debout, grâce aux sollicitations des habitants, qui craignaient de plus grands malheurs au retour de l'ennemi (3). Les voitures publiques circulaient librement entre Diest et Louvain, munies de passe-ports délivrés au nom du commandant Eelen.

Les munitions ne paraissent pas avoir manqué; elles venaient de la Hollande. Quelques fonds arrivèrent aussi, mais en mince quantité. L'on en profita cependant pour payer la troupe, qui murmurait à propos de l'arriéré de sa solde. Quelques corps, en effet, affirmaient n'avoir rien touché depuis

---

(1) Procès-verbal de l'administration centrale de la Dyle du 1er frimaire an VII.

(2) Lettre de l'administration municipale de Louvain à l'administration centrale de la Dyle du 23 brumaire an VII (archives de l'État).

(3) Manuscrit Janssens.

vingt jours. On distribua cinq jours de paye, à raison de cinq sols de Brabant par jour, un peu moins de cinquante centimes.

Le côté faible de cette organisation militaire était naturellement la discipline. Les appels accusaient des absences considérables. Les uns abandonnaient les rangs sous prétexte qu'ils manquaient de bas et de souliers, de vêtements, et qu'ils devaient s'en procurer chez eux; d'autres cherchaient à rentrer dans leurs foyers, et la crainte des rigueurs qui pouvaient les y attendre semblait le stimulant le plus puissant à les rattacher au drapeau.

L'espion auquel nous devons cette dernière observation, prétend aussi que l'armée rebelle paraissait découragée et mécontente, malgré les efforts des chefs et l'annonce de renforts nombreux venant de Liége, voire même de Mons. Béguinot la représente fort gratuitement comme en proie au désordre, et donne, à l'occupation de Diest, la physionomie d'une déroute cherchant un refuge contre la poursuite du vainqueur. Cette appréciation est une erreur qu'a réfutée déjà notre récit.

Nous allons voir bientôt que le courage ne fit point défaut à nos compatriotes, et que, s'ils doutaient du succès, ils savaient mourir au poste en gens de cœur.

La première attaque des Français sur Diest partit de Louvain.

A l'arrivée des débris de la garnison chassée par les paysans victorieux, le 12 novembre, une colonne mobile se forme pour venger l'affront fait aux armes de la République. Une cinquantaine de militaires et de bourgeois volontaires se mettent en route; ils arrivent en vue de Diest, le 13 de grand matin. Reçue à coups de fusil, la colonne est prestement repoussée et ramenée avec tant de vigueur qu'elle recule jusqu'à Louvain, son point de départ.

C'était un premier succès, un encouragement à la lutte. Celle-ci ne tarda pas à s'ouvrir terrible.

Quelques heures plus tard, des baïonnettes brillent sur les hauteurs qui dominent la porte d'Anvers et celle de *Tous les Saints*. Ce sont les soldats de Chabert et de Jardon. Partis ensemble de Gheel, ils se montrent enfin, après avoir, chemin faisant, battu les avant-postes belges et nettoyé les approches de la place.

Jardon menait la tête du mouvement. Militaire plein de bravoure et de décision, il met en batterie deux pièces de campagne, l'une de 8, l'autre de 4, et ouvre son feu sur l'armée insurgée, établie au pied des remparts, en avant de l'enceinte. Les boulets contraignent les paysans à rentrer dans la place. Ils abandonnent en se retirant quelques fusils, bon nombre de chapeaux décorés de croix rouges, des crucifix et des médailles bénites. Mais le bulletin français ne parle pas de morts, ni d'autres trophées plus importants qui seraient demeurés aux mains des assiégeants.

L'ennemi croit tenir une facile victoire. Le général pousse sa pointe, dans l'espoir de forcer la ville et d'y pénétrer pêle-mêle avec ses défenseurs. Nous allons voir qu'il se trompait.

Sur l'ordre donné à l'infanterie française d'avancer, celle-ci obéit ; mais la fusillade partie des tranchées, garnies de combattants, arrête le mouvement de l'ennemi. Il se sent impuissant à maîtriser cette résistance : il faut du canon pour y parvenir. L'artillerie vient soutenir l'attaque des fantassins ; elle se place en batterie à cinquante pas des murs. Sept bouches à feu vomissent leurs boulets meurtriers sur les remparts démantelés de la vieille cité des rois francs.

Il était midi.

Une trêve de quelques heures sert d'entr'acte à cette sanglante tragédie. Qui la proposa, et dans quel but ?

A en croire le rapport de Jardon, l'initiative vint des insurgés. Van Gansen, admis auprès du général pour négocier une capitulation, demanda que l'armée pût évacuer librement Diest avec armes et bagages : « Je refusai, dit Jardon, ne voulant pas transiger avec ces scélérats. » Ce sont ses paroles textuelles.

Mais, suivant Janssens, la négociation fut au contraire entamée par les Français qui, vers midi, déployèrent un mouchoir blanc et relevèrent la crosse de leurs fusils en signe de paix. Ils exigèrent néanmoins que les rebelles missent bas les armes et se bornèrent à promettre un pardon général, dont les chefs seuls seraient exceptés.

L'armée tout entière préféra la mort glorieuse du champ d'honneur à cette décimation volontaire. Après trois heures de pourparlers stériles, la négociation fut rompue, et le combat reprit.

La canonnade donne le signal des hostilités nouvelles. Elle tonne avec plus de fureur que jamais pendant la majeure partie de la nuit.

Les Français bivouaquèrent sur les hauteurs de la route de Montaigu, à *un quart de lieue* des murs de Diest. Leurs avant-postes de nuit occupèrent la chapelle de Tous-les-Saints ou se placèrent en arrière de cet édifice.

Ainsi se passa la première journée du siége. La mousqueterie des assiégés avait fait éprouver à l'ennemi des pertes sérieuses ; abrités au fond de leurs fossés ou derrière les remparts, ils n'avaient eux-mêmes que médiocrement souffert. Toutefois, Van Gansen, peu d'instants après la rupture de la trêve, était tombé blessé à la mâchoire inférieure par un éclat de mitraille. Jardon rapporte que, transporté à l'hôpital, Van Gansen y expira le lendemain.

Ce dernier détail n'est pas confirmé par le témoignage de Janssens, qui était néanmoins le médecin attaché à l'hôpital de Diest. Le docteur parle d'un chef blessé à la lèvre inférieure, sans même le nommer. La tradition locale et le souvenir d'un contemporain consulté par l'auteur de ce livre, protestent contre l'assertion du général français en donnant à Van Gansen le commandement des insurgés qui, plus tard, lutteront encore à Hasselt contre le même adversaire. Enfin l'un des hommes sous ses ordres à Diest, interrogé en janvier sur le sort de son capitaine, se borne à mentionner sa blessure, sans parler de sa mort (1). La question du magistrat tend à faire croire que, dans l'esprit de l'interrogateur, le sort de Van Gansen était au moins douteux, trois mois environ après la publicité la plus large donnée au rapport de Jardon annonçant sa blessure et sa mort.

(1) Interrogatoire de Wavermans devant le directeur du jury à Turnhout, 8 pluviôse an VII.

Au petit jour, le 14 novembre, la lutte s'engage de nouveau entre les postes avancés des deux partis.

Quoique la plupart des insurgés n'eussent d'autres armes à feu que des fusils de chasse à opposer aux baïonnettes et à l'artillerie françaises, la nuit n'avait rien enlevé à l'énergie de la garnison. Les paysans garnissaient les remparts au cri mille fois répété de : « Vivent les garçons ! Le pays est à nous ! » Le curé de Duffel et un autre ecclésiastique parcouraient leurs rangs et les encourageaient de la parole et de l'exemple. Parmi leurs chefs, on distinguait quelques vétérans aguerris par leur participation aux combats de 1790 contre les Autrichiens.

La poudre et le plomb ne manquaient pas : les insurgés possédaient plusieurs chariots de munitions, entrés la veille (1).

Cependant la victoire devait, une fois de plus, rester aux gros bataillons. L'insurrection n'avait à attendre du dehors que d'insignifiants renforts, chétifs en nombre, mal armés et sans vivres. Chaque heure, au contraire, amenait aux assaillants des troupes fraîches, accoutumées au feu, et ces auxiliaires servaient de précurseurs à d'autres bandes plus nombreuses et plus redoutables. La République voulait en finir et ne ménageait rien pour atteindre son but. De Saint-Trond, seul, trois mille cinq cents hommes vinrent, dès la matinée du 14, renforcer Chabert et Jardon sous les murs de Diest, entourée, dit le *Moniteur*, par un corps d'armée *très-respectable* et une *prodigieuse quantité* d'artillerie (2).

---

(1) *Moniteur* du 29 brumaire an VII.
(2) *Moniteur* du 30 brumaire an VII.

Les paysans conservaient l'offensive. Se flattant d'écraser l'ennemi avant l'arrivée des troupes en marche et de l'artillerie plus considérable encore que conduisait vers Diest le général en chef Colaud lui-même, les insurgés tentèrent trois sorties successives, pendant la journée.

Chaque fois ils furent repoussés avec perte, mais chaque fois ils se retirèrent derrière les remparts pas à pas, en bon ordre et ramenant avec eux leurs morts et leurs blessés. La retraite était encore facile. Jardon n'avait pu, avec les troupes dont il disposait, investir et cerner complétement la place. Son rapport le reconnaît et prouve combien la fuite était loin de l'esprit de ses adversaires, puisqu'ils ne songèrent pas à y chercher leur salut.

La troisième sortie fut la plus terrible, l'effort suprême de l'armée insurgée, de l'aveu encore de Jardon. Elle eut lieu vers midi. Le manuscrit Janssens, cité déjà par M. Conscience dans son roman, dit qu'avec un peu plus d'expérience de la guerre, ces paysans intrépides se seraient rendus maîtres des canons ennemis, et le fait est exact.

Les batteries élevées par les Français sur la montagne de Tous-les-Saints, là où se trouve aujourd'hui la citadelle, furent courageusement abordées et enlevées. Les artilleurs, dispersés, chassés jusqu'au bas de la hauteur, abandonnèrent leurs pièces. Mais leurs vainqueurs, peu familiarisés avec le maniement des bouches à feu, négligèrent de les emmener ou ne purent y parvenir assez rapidement. Ils ne songèrent pas même à les enclouer.

Un prompt retour offensif de l'armée française força les

CHÂPITRE CINQUIÈME.

assiégés à rentrer en ville, et remit l'assiégeant en possession des canons qu'il avait perdus.

Lors des déblais récemment effectués pour établir la forteresse nouvelle de Diest, le génie militaire découvrit par ses fouilles un grand nombre d'ossements humains, des balles, et d'autres reliques des champs de bataille (1). La tradition locale s'accorde avec ces témoignages muets et avec les documents que nous avons suivis, pour fixer, à la porte de *Tous-les-Saints*, le théâtre de la lutte la plus longue et la plus acharnée du siége.

Elle durait toujours, lorsque parut un bataillon de la 66ᵉ demi-brigade, que Jardon plaça à l'est, sur la route de Hasselt, entre deux moulins. Ce renfort détermina les paysans à se retirer derrière leurs murs.

La nuit survint; le feu des batteries s'éteignit cette fois dans un lugubre et profond silence que troublait à peine la détonation isolée de quelques coups de fusil échangés entre les sentinelles avancées.

Mais si la nuit mettait fin aux combats, elle n'arrêtait pas l'arrivée incessante de nouvelles troupes. A dix heures et demie du soir, les deux derniers bataillons de la 66ᵉ demi-brigade rejoignent à leur tour. Ils prennent position sur la route de Louvain. Peu de temps après, apparaît le général en chef Colaud, amenant avec lui une demi-compagnie d'artillerie

---

(1) *Exesa inveniet scabra rubigine pila,*
Aut gravibus rostris galeas pulsabit inanes,
Grandiaque effossis mirabitur ossa sepulcris.
   VIRGILIUS, *Georgicon*, lib. 1.

légère et deux régiments de cavalerie, le 20ᵉ et le 23ᵉ chasseurs. L'investissement au sud était complet.

Cinq colonnes bloquaient désormais Diest. Le général Colaud, sans désemparer, prit ses dispositions pour canonner et brûler la ville au lever du jour. Pour mieux accomplir son dessein, il avait pris soin de conduire avec lui de nombreux obusiers (1). Les troupes sous les ordres de Jardon occupaient trois portes, celles de Tous-les-Saints, de Hasselt et de Louvain.

Chabert gardait le reste. L'heure suprême approchait pour Diest.

Que résoudre ?

Ses défenseurs avaient perdu, en deux jours de combat, plus de deux cents hommes. Ils se sentaient entourés de toute part, manquant de vivres et d'artillerie. La pensée leur vint enfin d'évacuer Diest : ils l'exécutèrent. Peu après minuit, dans le plus complet silence, les paysans jettent un pont sur un ruisseau marécageux auquel aboutissait un chemin aujourd'hui supprimé, longeant un ouvrage hydraulique nommé *Het groote Spuy*. Ce pont, mal construit ou trop étroit pour livrer passage à la foule qui s'y précipitait, vint à manquer sous les pieds de l'arrière-garde. Soixante et dix infortunés se noyèrent. Une panique, augmentée par quelques coups de fusil échangés avec les sentinelles françaises, s'empara de ceux qui avaient réussi à se frayer passage. Ils se jetèrent, pour la plupart, dans un marais voisin, où bon nombre de

---

(1) *Moniteur* du 29 brumaire an VII.

malheureux périrent encore, la nuit aidant, engloutis dans les marécages, les écluses du Demer et le batardeau, à travers lesquels ils cherchaient la voie du salut. Cinq ou six cents noyés, selon les journaux; selon Jardon, quatre cents cadavres indiquaient, au lever du jour, la route par laquelle les vaincus s'étaient dérobés aux vainqueurs. Ces victimes furent enterrées dans une fosse commune, au cimetière de Notre-Dame, à Diest.

Chose étrange! tout ce désastre s'était accompli sans que les assiégeants se fussent aperçus du moindre mouvement.

Le général Jardon reconnaît, dans son rapport officiel, l'exactitude de ce fait si invraisemblable, l'escamotage de toute une armée sous l'œil et l'oreille de l'ennemi; bien plus, l'engloutissement de cinq cents victimes, dont les cris de détresse n'éveillent personne.

A l'aube, Colaud et Jardon se portent ensemble et sans obstacle aux murailles de Diest. Ils veulent reconnaître la position de l'ennemi : à leur grande surprise, l'ennemi l'avait abandonnée.

Les Français entrent : quelques traînards attardés sont sabrés dans les rues. On retrouve une trentaine de républicains, auxquels les habitants avaient donné asile, plus une vingtaine de blessés que l'insurrection laissait à l'hôpital.

La conduite des troupes républicaines vis-à-vis des habitants de Diest, après la prise de possession de cette place abandonnée, fut vraiment indigne. Ces mêmes habitants qui, de l'aveu des chefs français, avaient abrité chez eux, pendant l'occupation, les républicains auxquels le temps de fuir avait manqué, qui leur avaient prodigué *les meilleurs traitements*, furent livrés au pillage et à toutes les horreurs d'une ville prise d'assaut (1).

Faut-il demander à la colère, faut-il demander au dépit la raison de cette barbarie? Se vengeait-on sur des innocents de ne pouvoir atteindre les coupables?

Le général Colaud accusait la population d'avoir tiré sur la garnison lors de l'entrée des brigands. Cette accusation, nous l'avons vu plus haut, est démentie par des témoignages oculaires et non suspects. Il lui reprochait aussi le refus de livrer à l'autorité les rebelles cachés chez eux. Ce reproche était fondé : le fils d'un cabaretier campinois déclare s'être réfugié plusieurs jours chez le brasseur de son père. Mais, en formulant ce reproche, Colaud oubliait que, la veille, ces mêmes bourgeois refusaient aussi de livrer les hussards français à l'insurrection victorieuse (2).

Jardon, plus modéré, se bornait à trouver étonnant que les habitants ne se fussent point empressés de venir l'avertir aussitôt que les brigands avaient évacué la ville.

A quoi bon discuter le fondement de ces récriminations? Diest, innocente ou coupable, était condamnée d'avance. Le général Béguinot, dans son rapport daté de Bruxelles le 25 brumaire, avant la nouvelle de la prise, s'exprimait ainsi : « Cette commune, qui a partagé les forfaits des brigands et

---

(1) Procès-verbal de l'administration centrale de la Dyle, du 21 brumaire an VII.

(2) Interrogatoire de Vanderheyden devant le juge de paix de Turnhout, du 9 pluviôse an VII.

leur a donné asile, sera leur tombeau ; les malheurs qu'elle s'est attirés vont servir d'exemple terrible à celles qui oseraient encore l'imiter ! »

L'exemple promis devait être donné ; on n'y manqua point.

Outre deux heures de pillage et de violences, la ville fut frappée d'une contribution de quarante mille livres en numéraire et condamnée à fournir aux troupes victorieuses quatre jours de vivres et de boissons. Des otages furent pris et de nombreuses arrestations opérées.

L'accusation que nous portons ici est authentiquement prouvée. Ce n'est point une de ces vaines récriminations comme il s'en produit toujours au milieu des troubles civils.

Le bruit des brutalités commises par l'armée parvint jusqu'à l'administration centrale de la Dyle, qui crut devoir en vérifier de près le fondement. Elle apprit que, plusieurs jours après la rentrée des Français, la municipalité de Diest était encore réfugiée à Bruxelles dans la crainte des vainqueurs.

Elle voulut l'entendre et y réussit non sans peine.

Les magistrats de Diest comparurent au chef-lieu du département (1). Leurs premières paroles eurent pour but d'expliquer leur retraite, et le défaut de renseignements dans lequel ils avaient laissé l'autorité supérieure. Puis ils firent connaître les raisons qu'ils avaient à donner pour démontrer l'injustice de l'amende et des réquisitions que le général

---

(1) Procès-verbal de l'administration centrale de la Dyle, du 1er frimaire an VII (archives de l'État).

Colaud infligeait à leurs administrés *sans les avoir entendus!*

Un long mémoire explicatif fut déposé sur le bureau.

Le président Mulle ajoute qu'il a lu, le matin même, un rapport du général Béguinot, en date du 28 brumaire, dans lequel cet officier déclare que « les rebelles ont été attirés dans Diest, par les combinaisons des généraux qui voulaient les y cerner. »

L'administration départementale les invita à s'expliquer sur les excès imputés aux militaires vainqueurs. Nous copions ici le procès-verbal :

« Les citoyens témoignent de l'embarras. Cependant, d'après l'injonction formelle qui leur est faite par le président de dire la vérité et de ne rien cacher de ce qui s'est passé, ils conviennent que les bruits répandus à cet égard ne sont malheureusement que trop fondés et que s'ils ont cherché à taire les brigandages commis dans cette circonstance, c'est qu'ils craignaient qu'on ne leur fît plus tard un crime de les avoir fait connaître.

« Ils disent qu'environ cent maisons ont été entièrement pillées par les troupes de toutes armes; que plusieurs citoyens ont été mis à contribution et qu'on les a forcés à donner de l'argent et des effets précieux, que d'autres ont été grièvement maltraités et que même un particulier très-paisible a été tué sur le seuil de sa porte. »

Dans une séance du soir, le commissaire du Directoire près la municipalité de Diest, Pottier, qui ne pouvait être suspect de partialité, car il avait été lui-même fortement maltraité par les révoltés à leur entrée, Pottier confirma ces tristes déclarations (1).

« La ville, » dit-il, « a été laissée pendant deux heures au pillage. On s'y est conduit avec barbarie vis-à-vis des citoyens, dont l'un a même été tué sur le pas de sa porte. Ces excès ont forcé une partie des habitants à s'enfuir et à abandonner leurs foyers. »

Une enquête tenue ensuite par l'administrateur départemental d'Elderen réduit le nombre des maisons pillées à *trente-deux*, fixe celui des personnes des deux sexes insultées, maltraitées et forcées de fournir de l'argent et des effets, à *trois cent quatre-vingt-deux*, et ajoute que plusieurs autres ont été fusillées ou sabrées, ou dangereusement blessées (2).

Survient Colaud, et ici se place un incident caractéristique du régime sous lequel vivaient nos provinces. Le général, ayant amené la conversation sur la commune de Diest, se plaint avec la plus grande aigreur de ce que les officiers municipaux ne sont point retournés à leur poste. Le président Moerinckx lui annonce que l'administration s'occupe de cet objet et va demander compte des événements à ces agents (3).

Mais Moerinckx ayant eu le malheur d'ajouter « qu'il pa-

(1) Lettre de l'administration centrale de la Dyle au Directoire, du 24 frimaire an VII.

(2) Lettre de l'administration centrale de la Dyle au Directoire, 24 frimaire an VII.

(3) Séance du 1er frimaire an VII de l'administration centrale de la Dyle.

raltrait, d'après des renseignements particuliers, qu'il n'aurait pas été au pouvoir des habitants de Diest de s'opposer à l'entrée des brigands ; que la commune était ouverte de toute part et d'un facile accès ; que la garnison était trop faible.....» alors le général Colaud, interrompant le président (nous copions encore le procès-verbal), se lève et dit avec le plus grand emportement : « que les habitants de Diest sont coupables, qu'ils ont mérité la punition qu'il leur a imposée; qu'ils ont favorisé les rebelles et tiré sur la troupe; qu'il ne s'attendait pas à trouver, au sein de l'administration départementale, des défenseurs officieux des brigands.

« En vain le président, tous les membres et le commissaire du Directoire exécutif cherchent-ils à le ramener et à lui faire entendre que rien, dans les expressions du premier, ne pouvait donner lieu à une telle sortie, et qu'il ne s'agissait que d'une conversation fraternelle. En vain l'invite-t-on à se calmer et à reprendre sa place. Il apostrophe le président en termes indécents et injurieux, s'oublie au point de le menacer et en lui faisant entendre que, sans le lieu où il se trouvait et sans le respect qu'il avait pour l'enceinte de l'administration, il lui parlerait autrement.

« Tous les membres manifestent par leur maintien toute l'indignation que leur inspire une telle conduite, et c'est encore en vain qu'ils cherchent à faire renaître le calme. Ils ne peuvent même parvenir à se faire entendre, et le général, le chapeau sur la tête, se retire en faisant des gestes menaçants et en disant qu'il n'aura plus affaire avec des défenseurs officieux des brigands, des ennemis de la république et qu'il

CHAPITRE CINQUIÈME.

era enlever par la force armée les municipaux de Diest. »

Sur la proposition d'un membre, cette scène inqualifiable est actée au procès-verbal, et l'on décide que l'on ne s'adressera pas encore au gouvernement pour obtenir réparation, dans l'espoir que le général plus calme reconnaîtra ses torts.

Colaud exécuta sa menace en faisant enlever et reconduire sous escorte les municipaux de Diest. Il revint en séance de l'administration centrale le lendemain, 2 frimaire, au matin, se plaindre de ce que, par un arrêté de la veille, ce corps avait chargé l'autorité militaire d'opérer des visites domiciliaires chez les conscrits réfractaires et de les arrêter.

Nous laissons encore une fois la parole au procès-verbal.

« Sa manière de s'annoncer fait présager une scène non moins scandaleuse que celle du jour précédent : c'est en vain que tous les membres cherchent à la prévenir. Le général dit en jurant et en termes injurieux pour l'administration que l'arrêté de celle-ci est insignifiant ; qu'elle ne cherchait que des échappatoires pour se décharger de sa responsabilité, qu'elle avait l'air de vouloir le charger de l'exécution de ses délibérations ; qu'il n'était point un gendarme ; que la lettre qui lui avait été écrite était une lettre de charlatanerie, etc., etc.

« Le maintien de ce général, ses gestes, ses cris et ses propos insultants et menaçants pouvaient faire craindre les suites de cette démarche indéfinissable de la part d'un homme armé. Cependant les membres restent à leur poste et font en sorte, par leur contenance calme et tranquille, de l'apaiser. Ils lui adressent quelques observations, mais inutilement. Ils ne peuvent parvenir à se faire entendre, et sa voix couvre la leur.

« Enfin, après avoir dit que la municipalité de Bruxelles est un composé d'aristocrates et de chouans, qu'elle ne valait rien ; que cette administration centrale n'était composée elle-même que d'hommes faibles ; qu'il n'y avait que des brigands et des scélérats dans ce pays, où il voudrait n'avoir jamais mis le pied, et que ce serait lui rendre service que de le dénoncer et l'en retirer ; enfin, le général Colaud quitte la séance comme il y était entré, c'est-à-dire, en criant, tempêtant et jurant, et sans avoir laissé parler personne, et en annonçant que l'arrestation des conscrits ne le concernait pas, et qu'on devait s'adresser, au surplus, au général Bonnard. »

L'administration décide qu'elle s'adressera au gouvernement, et charge son secrétaire général de préparer un projet de lettre.

Ce projet est adopté en séance du 5 brumaire.

On répondit de Paris par des banalités sur la nécessité de l'union et de la concorde entre toutes les autorités républicaines : les choses en restèrent là.

De son côté, la municipalité de Louvain articulait des plaintes identiques. Elle écrivait au général Colaud, dès le 27 brumaire, trois jours après la reprise de Diest :

« Nous ne pouvons passer sous silence les excès que commettent quelques hommes portant l'uniforme et indignes de le porter, au nombre des défenseurs de la République. Nous vous parlerons des chasseurs du 23ᵉ régiment, dont une bonne

CHAPITRE CINQUIÈME.

partie a séjourné en notre commune. Les plaintes qui nous sont parvenues contre ce corps et ses membres sont si multipliées, qu'il nous est impossible de vous les détailler. Leurs excès aigrissent le public et nuisent infiniment au succès de nos défenseurs, qu'ils paraissent vouloir ternir. »

Un détachement de la 48e demi-brigade avait livré Lierre au pillage, sans raison ni prétexte, sans lutte préalable ; le général Colaud, cette fois, ordonna l'arrestation de tous les officiers et provoqua leur destitution.

Le commandant des Départements-Réunis avoue ce fait honteux, dans l'une de ses proclamations.

Diest n'était pas seule à se plaindre de la brutalité des vainqueurs et des exactions de leurs chefs.

Des excès plus graves souillèrent la rentrée des troupes républicaines à Aerschot, à Montaigu et à Betecom. Les femmes mêmes n'y furent pas respectées.

Nous avons vu un procès-verbal original d'enquête du 9 frimaire an VII, tenue devant l'agent et l'adjoint municipal de Montaigu, dans lequel trois femmes mariées et une jeune fille déclarent avoir subi, de la part des chasseurs français, les derniers outrages.

Ces horreurs sont dénoncées à l'administration centrale de la Dyle, qui, indignée, charge immédiatement l'un de ses membres, d'Elderen, d'aller vérifier les faits sur les lieux, assisté d'un secrétaire et de deux brigades de gendarmerie (1).

D'Elderen rendit compte de sa mission à ses collègues dans

(1) Procès-verbal du 4 frimaire an VII (le soir).

la séance du 9 frimaire. Il constatait que les mauvais traitements et les pillages dénoncés à Diest et à Montaigu se trouvaient en partie vérifiés, mais il ajoutait avoir avec beaucoup de peine recueilli ses renseignements. Tous ceux à qui il s'était adressé pour obtenir des révélations et des témoignages, lui parurent retenus par la crainte.

Le résultat de l'enquête fut transmis au général Colaud. Celui-ci comprit l'obligation de porter remède à un mal aussi flagrant, et adressa à ses troupes un ordre du jour qui est un véritable aveu, mais tardif et peu spontané, ainsi que le signalait l'administration centrale dans une lettre au Directoire, du 15 frimaire (1).

Voici ce qui s'était passé particulièrement à Montaigu.

Le général Jardon avait frappé cette chétive commune d'une contribution de dix mille francs. Avec beaucoup de peine, la municipalité ramasse un à-compte de mille francs. Elle venait les verser dans les mains du receveur général, lorsque en route les membres porteurs de la somme rencontrent le général Colaud. Celui-ci les fait amener devant lui par la gendarmerie et les force à remettre ces mille francs au commissaire Bonnardel, à titre d'à-compte sur l'indemnité qui lui reviendrait à raison du pillage de sa maison (2).

En résumé, dans toutes les campagnes, dans les villes en état de siège, le militaire vivait à discrétion sur l'habitant, et

---

(1) Lettre de l'administration centrale de la Dyle au Directoire, 15 frimaire an VII.

(2) Déclaration des municipaux, séance de l'administration centrale de la Dyle, du 14 frimaire an VII.

les cultivateurs étaient exposés à toute sorte de vexations et à des réquisitions très-onéreuses.

L'évacuation de Diest, malgré l'incident douloureux qui marqua cette opération militaire, ne fut pas une déroute. Nous le prouvons par le témoignage des adversaires de l'insurrection. Jardon constate que l'armée belge emmena tous ses blessés transportables, et laissa derrière elle bien peu de traînards (1).

Un rapport publié à Malines, le 28 brumaire, annonçait la retraite du gros des insurgés en Campine, organisés par compagnies de cent hommes, ayant, chacune, quatre officiers et un aumônier. Le chef suprême est un ci-devant avocat d'Hérenthals. Presque tous sont armés de carabines et ont des munitions.

C'était donc en vain que le général Béguinot prédisait par son rapport déjà cité, du 25 brumaire, la destruction inévitable et jusqu'au dernier homme de ces rebelles attirés, selon lui, dans Diest comme dans un piége par les manœuvres habiles et importantes des commandants français !

Ainsi que le faisait observer avec raison le président de la municipalité de Diest à l'administration centrale du département, cette façon d'expliquer l'occupation de Diest cadrait mal avec les griefs et les colères de Colaud et de Jardon contre les habitants, qu'ils accusaient de l'avoir tolérée sans résistance. Elle est en contradiction formelle encore avec le fait posé par ce dernier, et qui consistait à laisser dans la place une

(1) *Rapporteur*, p. 495.

garnison chargée de la défendre. On ne loge pas d'ordinaire le chat dans la souricière.

Les colonnes françaises, n'en déplaise à Béguinot, n'avaient pas manœuvré pour attirer l'ennemi vers Diest. Le quartier général des insurgés était en Campine, au nord de Diest, vers Gheel, Moll, Meerhout, etc., et l'on marchait droit à eux, les poussant devant soi, en cas de succès, vers la frontière hollandaise, rétrogradant, au contraire, vers Diest de façon à y arriver avant l'insurrection, si la victoire abandonnait le drapeau de la République. Au surplus, Béguinot était si peu au courant des plans de ses collègues, que le 23 brumaire, le jour même de l'attaque de Diest, il écrivait à la municipalité de Louvain pour avoir des nouvelles de Jardon et de Chabert, dont le sort et le silence l'inquiétaient (1). Bref, la prise de Diest par les paysans fut un échec, et le dénoûment de l'investissement un insuccès.

Le désappointement perce sous tous les actes de l'autorité où il est question de la retraite des brigands. Jardon, dans son rapport, prend bien soin de faire remarquer que la colonne qu'il commandait cernait le côté de la ville opposé précisément à la porte d'Eau, par laquelle l'évacuation s'opéra (2).

« Les dispositions faites pour le blocus des brigands dans Diest n'ont pas eu le succès qu'on avait lieu d'en attendre, » avouait le rapport officiel du 28 brumaire. « Les rebelles que j'espérais détruire à Diest m'ont échappé en partie, » disait

(1) Procès-verbal de l'administration municipale de Louvain.
(2) *Rapporteur*, p. 495.

CHAPITRE CINQUIÈME.

à son tour Colaud à l'administration départementale de la Dyle (1).

Ce général alla plus loin. Il essaya de reporter sur Chabert la responsabilité des événements. Par son ordre, Chabert fut traduit devant un conseil de guerre sous la prévention « de n'avoir pas pris les dispositions convenables pour contenir, dans Diest, les brigands qui s'en sont échappés et les poursuivre dans leur fuite, et établi son quartier général à *trois lieues de Diest*. »

Son inaction ou son défaut d'énergie était attribué, par quelques-uns, à la corruption. Il avait, disait-on, reçu en beaux écus la rançon des rebelles (2).

Un jugement, rendu le 14 nivôse an VII, acquitta Chabert à *l'unanimité* (3).

Les défenseurs de Diest, revenus en Campine, comme le lion blessé retourne à son antre, reprirent leurs anciennes positions de Gheel, Moll et Meerhout, sans que l'armée française tentât d'inquiéter leur retraite. Ils n'avaient guère reculé. Jardon, au contraire, entrait avec sa colonne dans Louvain, dès le lendemain de l'évacuation, et Colaud, à la tête de deux mille hommes, se rendit à Bruxelles (4). La poursuite des vainqueurs ne brille ni par l'activité, ni par l'énergie.

(1) Procès-verbal de l'administration centrale de la Dyle du 28 brumaire an VII.
(2) *Gazette de Leyde*, 22 janvier 1799.
(3) Archives communales de Bruxelles.
(4) Procès-verbal de l'administration municipale de Louvain du 26 brumaire an VII.

Le dernier mot de l'insurrection n'était pas dit, et l'idée d'une revanche dominait.

Trois jours après l'affaire de Diest, l'administration de Louvain dénonce des enrôlements opérés de force à Winghe-Saint-Georges sur les rebelles rentrés dans leurs foyers. Elle craint une attaque nouvelle pour la ville dont la sûreté lui est confiée. Les fuyards rejoignent le drapeau (1). Un détachement fort de soixante-dix hommes bien armés, venant de Vilvorde et de Grimberghen, a traversé le pont de Campenhout et l'écluse de Thildonck et marche vers la Campine, le 19 novembre. Des rassemblements plus nombreux, cinq cents combattants environ, se concentrent à l'est du département de la Dyle et prennent la même direction. Pour la première fois on remarque des Wallons parmi les recrues de l'insurrection. La municipalité de Jodoigne dénonce, comme leur chef, Constant, agent municipal de la commune de Roux-Miroir (2).

La prise de Diest, que les Français continuaient d'occuper militairement, compromettait néanmoins au plus haut point la position des forces belges. L'armée rebelle, coupée en deux par le centre, voyait l'une de ses ailes refoulée en Campine, jusqu'au delà du Demer, tandis que l'autre s'étendait sur la rive gauche, perpendiculairement à la première. Du nord au midi elle longeait la limite qui sépare l'arrondissement de Louvain

---

(1) Procès-verbaux de l'administration municipale de Louvain, des 2, 3 et 8 frimaire an VII.

(2) Lettre du 26 novembre 1798 (6 brumaire an VII), à l'administration centrale de la Dyle (archives de l'État).

de la province de Limbourg. Cette position offre l'image assez exacte d'un T, dont les deux barres ne se toucheraient plus. Diest, si les paysans l'avaient conservé, eût formé le point d'intersection. Après une inaction de dix jours environ, les troupes françaises reprirent l'offensive. Colaud en personne se chargea d'attaquer l'aile gauche des insurgés.

Un engagement singulièrement meurtrier donna, dans la commune de Moll, le coup de grâce aux Campinois. Des troupes fraîches venues de la Hollande, et renforcées par une colonne mobile sortie d'Anvers, atteignirent, le 24 novembre, les défenseurs de Diest. Nous disons les défenseurs de Diest avec intention, car nous retrouvons, parmi les victimes de cette affaire, des chefs dont la présence à Diest vient d'être constatée. Gheel, Moll et Meerhout furent successivement le théâtre de nouveaux combats plus sanglants, plus désastreux que ceux qui les avaient précédés dix jours auparavant. « Les deux colonnes républicaines attaquèrent les brigands avec impétuosité, avec fureur, » dit le général Béguinot, « et en firent un carnage terrible. » Un espace de terrain de plus de deux lieues, était jonché de cadavres. Plus de six cents morts restèrent sur la place, outre un grand nombre de blessés et de prisonniers. On comptait au nombre de ces derniers soixante paysans appartenant à la seule commune de Tessenderloo. Le libraire Corbeels, Albert Meulemans et d'autres chefs tombèrent au pouvoir du vainqueur. Les vaincus abandonnèrent sur le champ de bataille leurs vivres, leurs bagages et leurs munitions, huit tonneaux de poudre de deux cent quarante livres chacun et huit cents fusils.

Des prêtres, d'après le rapport officiel, marchaient en tête des colonnes rebelles, le crucifix à la main. Pourquoi s'en étonner? Leur place n'était-elle pas là? Les enfants du pays allaient au supplice, au martyre. La religion leur devait son escorte : elle la donne à tous les condamnés (1).

On peut juger par un fait l'importance de ce triomphe. Béguinot envoya cette fois son rapport au journal parisien *le Rédacteur*, par une lettre du 7 frimaire an VII, avec demande d'insertion.

L'aile droite était détruite : voyons ce qui avint de la gauche.

Colaud, averti sans doute du succès remporté en Campine, porta, le 27 novembre, son quartier général de Louvain à Winghe-Saint-Georges sur la route de Diest et se prépara à attaquer Meensel, village situé vers la droite du premier dans la direction de Léau. Un corps de cinq cents rebelles, composé en majeure partie de réfractaires louvanistes, l'occupait et annonçait l'intention de se défendre.

Ce mouvement agressif demeura stérile : Colaud n'agit point dans la direction qu'il semblait suivre. Mais une colonne sortie de Louvain le lendemain eut un engagement assez vif à soutenir à Hamme, entre Wavre et Tirlemont. Soixante insurgés périrent près de Beauvechain, à l'endroit nommé *Les Trois Burettes*, sorte de carrefour sur la route que devaient suivre, pour rejoindre la bande établie à Meensel, les con-

---

(1) Rapports des 4 et 5 frimaire an VII (*Rapporteur* des 7 et 9 frimaire an VII et *Moniteur* du 9).

tingents wallons venant de l'arrondissement de Nivelles. Des conscrits cherchant à gagner Louvain sont arrêtés à Bautersem le même jour par une troupe de cavaliers rebelles et forcés de se réunir à eux. L'adjudant général Lacroix part au reçu de ces nouvelles et en toute hâte pour Jodoigne, que Constant et les siens avaient occupé. Le 3 décembre, un rassemblement formé dans la partie du pays environnant Diest, que l'on désigne sous le nom de *Hageland*, attaque un détachement français à Cappellen, le bat et le ramène l'épée dans les reins jusqu'au quartier général de Winghe-Saint-Georges, avec une perte considérable. Deux officiers et plusieurs soldats sont faits prisonniers. Les vainqueurs envoient des parlementaires à Louvain pour les échanger (1).

Ceci, par parenthèse, prouve que l'attaque sur Meensel, annoncée par Colaud le 28 novembre, n'avait guère produit de résultat. Meensel est un village contigu à Cappellen et précisément à mi-chemin de ce dernier à Winghe.

Le combat de Cappellen fut le dernier succès de l'armée nationale.

Après leur défaite en Campine, les insurgés, cherchant à donner la main aux secours qu'ils espéraient trouver dans la partie méridionale du pays soulevé, abandonnèrent le Brabant et marchèrent vers le Limbourg, dans la direction de Hasselt.

Leur jonction avec les Wallons s'opéra, car nous retrou-

(1 Louvain à l'administration centrale de la Dyle, 13 frimaire an VII.

verons Constant à Hasselt au moment du dénoûment suprême.

L'affaire de Cappellen détermina un mouvement en avant des troupes françaises. Le 4 décembre, Jardon et Lacroix, ayant avec eux la 66ᵉ demi-brigade d'infanterie et le 20ᵉ chasseurs à cheval, partent de Louvain dans la direction de Diest. Les paysans, à cette nouvelle, abandonnèrent les positions qu'ils tenaient encore entre cette ville et Léau, pour opérer une marche rétrograde générale, qui devait leur être fatale.

Leur but était, paraît-il, d'occuper Hasselt et de s'y défendre derrière les fortifications qui l'entouraient à cette époque. On voulait essayer de refaire Diest, avec plus de succès peut-être.

Ce fut une cruelle illusion, amèrement déçue par l'événement.

L'heure du sacrifice a sonné, et le cœur nous saigne au moment d'aborder la tâche qu'il nous reste à accomplir. Nous ne pouvons sans une émotion profonde contempler le courage plein d'abnégation, le patriotisme désintéressé de ces hommes obscurs qui vont mourir pour le pays, sa liberté, sa croyance et ne songeront pas même à jeter leurs noms au souvenir de ceux qui doivent leur survivre.

Que font la gloire et la postérité à ces martyrs? Ils n'attendent rien de la terre : leur espérance est plus haut.

Nulle défaillance ne souillera ce moment suprême. On peut dire, tête levée, de nos braves paysans ce qu'écrivait Chateaubriand de la Vendée expirante : « Embrassant eux-mêmes sans s'étonner toute la grandeur de leur infortune, ils ne voulurent point trahir leurs revers. »

Trois colonnes, formées des bandes échappées à tous les désastres antérieurs, logèrent, la nuit du 3 au 4 décembre, à Alken, Geet-Betz et Haelen, où elles recrutèrent encore quelques adhérents, plus avides de gloire que de succès. Le mouvement agressif, entamé la veille par les Français, détermina l'armée rebelle à reculer. Commandées par Van Gansen, dit la tradition que nous suivons, — guidées par le curé d'Haesendonck, ces trois colonnes, après quelques escarmouches d'avant-garde livrées dans le Haelensbroeck, atteignirent Hasselt, le 4, vers midi.

La ville, ceinte de vieilles fortifications, était entourée de fossés assez larges et pleins d'eau, à la profondeur d'un mètre environ. Les remparts placés en arrière, peu élevés, offraient, une fois le fossé franchi, un faible obstacle à l'escalade. Une poignée de militaires et quelques gendarmes gardaient le poste. Leur résistance fut molle; une courte lutte s'engagea à l'intérieur des murs, dans la rue de la Chapelle, près de l'église de Notre-Dame. Elle coûta la vie à un soldat français et à un gendarme nommé Warnier, et tout fut dit.

La garnison se sauva au dehors, les fonctionnaires se cachèrent et l'insurrection resta maîtresse de la place, presque sans coup férir (1).

(1) Parmi ces fonctionnaires se trouvait un nommé Cantillon, patriote liégeois qui vivait encore au moment où ces renseignements lui furent demandés pour nous. Cantillon racontait que, pour se soustraire

Son premier soin consista à fortifier sa conquête et ce soin ajoute à la vraisemblance de notre conjecture sur le but immédiat que les paysans se proposaient. On voulait refaire Diest et attendre l'ennemi. Pour améliorer les conditions de la défense, les portes de Maestricht, de la Campine et de Curange furent garnies de solides barricades construites à l'aide de pavés et de fumier. Une seule porte resta libre, celle qui s'ouvre sur la route de Saint-Trond, afin de se ménager une retraite.

Les généraux français exécutaient de leur côté un plan de campagne destiné à écraser une bonne fois l'insurrection sans cesse renaissante et que l'on ne saurait mieux comparer qu'à ce reptile fabuleux dont les tronçons mutilés se rejoignent et se ressoudent perpétuellement, quelque acharnement que l'on mette à le tailler en pièces.

Jardon parti de Louvain pour le Limbourg, par Diest, à la tête de la 48ᵉ demi-brigade avec de l'artillerie, poussait les paysans vers l'est, dans la direction de Maestricht. Cependant le général Gancy, successeur de Chabert au commandement du département de la Meuse-Inférieure, marchait au-devant de son collègue avec deux régiments de cavalerie, le 3ᵉ hussards et le 10ᵉ chasseurs. Cette combinaison, à un moment donné, plaçait infailliblement les paysans entre deux feux, et leur enlevait toute chance ultérieure de salut.

Le but fut atteint à Hasselt.

au danger, il s'était tenu caché pendant trois jours et trois nuits derrière un tas de fagots, dans le jardin du sieur de Sigers, à la porte de Maestricht.

Le 3 décembre, Gancy arriva le premier devant la ville, suivi de ses cavaliers.

De bonne heure, les paysans s'étaient réunis sur la place du marché. Le curé d'Haesendonck sortit de la maison où il avait logé et donna sa bénédiction suprême aux combattants agenouillés. Il invoqua, une dernière fois, le secours du ciel en faveur de ceux qui allaient mourir. L'armée se releva fortifiée dans sa foi et courut aux portes et aux remparts, pleine de bravoure, sinon d'espérance dans le succès.

L'ennemi s'était déjà renforcé. Jardon avait rejoint les premiers arrivés.

L'attaque de Hasselt eut lieu simultanément sur plusieurs points. Les fossés, couverts d'une légère couche de glace, n'arrêtèrent pas les Français, qui les traversèrent sans même rompre les rangs.

Malgré une résistance acharnée, la porte de la Campine fut déblayée par les assaillants, qui se frayèrent un passage dans la ville. Les portes de Curange et de Maestricht, battues par l'artillerie, cédèrent à leur tour. Le général Gancy força lui-même la dernière. Pendant que les défenseurs des portes luttaient de rue en rue, une foule de rebelles s'échappaient par la route de Saint-Trond, restée libre comme on sait.

Gancy reçut avis de cette retraite par un ancien militaire, nommé Nicolas Claes qu'il rencontra au moment où il entrait dans la ville. Claes indiqua un chemin à travers les rues qui permettait de raccourcir la route et de tomber en plein sur la queue des fuyards. Le 10ᵉ chasseurs reçut, de son côté, l'ordre de se diriger à l'extérieur de la porte de Curange vers celle de Saint-Trond, pour aider le général dans son œuvre de destruction.

Les paysans furent atteints à un quart de lieue de la ville à l'endroit nommé *Klein Lindeke*. Un massacre épouvantable s'ensuivit à l'instant. La cavalerie française, prenant les malheureux en flanc, sabrait sans merci ni pardon. En vain ces victimes s'agenouillaient-elles en suppliant et offrant de se rendre, en vain jetaient-elles leurs armes et leurs insignes, tout ce que l'on put atteindre fut taillé en pièces. « Tuez, tuez ces *brigands*, et qu'il n'en reste pas un seul ! » voilà la seule réponse du vainqueur, exaspéré par les résistance santérieures.

Le curé d'Haesendonck, vieillard obèse, que sa constitution et son âge empêchaient de marcher, fuyait sur la route dans une charrette de Campine. Van Gansen l'accompagnait. La roue de la voiture se brisa juste au moment où le conducteur quittait le pavé pour prendre la traverse. Van Gansen, alerte et fort, sauta à terre et réussit à gagner le large. Le curé fut atteint par les troupes républicaines et expira sur la place percé de sept ou huit coups de baïonnette. Cette poursuite impitoyable continua jusqu'à extermination pendant plusieurs lieues. Tout ce qui portait la blouse était tenu pour insurgé, sabré ou fusillé comme tel, sans que le vainqueur voulût rien entendre. Que servaient, d'ailleurs, les supplications, formulées dans un langage que le bourreau exaspéré ne comprenait même pas ?

Les rapports militaires résument en ces termes cette boucherie qu'un témoin oculaire, un acteur, appelle *le carnage de Hasselt*.

CHAPITRE CINQUIEME.

« Sept cents hommes sont restés sur la place ; la terre était jonchée de cadavres dans l'espace de plus d'une lieue. Le nombre est de huit cents, le reste de ces brigands a jeté les armes. On leur a pris leur trésor et leurs bagages, plusieurs caisses et un drapeau rouge ; quelques prêtres ont été reconnus dans le nombre des morts. Le fameux Constant de Roux-Miroir, agent municipal de cette commune, et plusieurs autres chefs ont été faits prisonniers.

« Différentes espèces de drapeaux ou bannières, chasubles et autres effets de prêtres leur ont été enlevés avec deux chariots de munitions. Vive la république (1) ! »

Un seul convoi ramena à Bruxelles cent prisonniers (2), pris à Hasselt les armes à la main. La victoire de Jardon y fut annoncée (3), le 7 décembre dans la soirée, aux flambeaux et à son de trompe par tous les quartiers de la ville.

Une lettre signée Guerette, insérée dans les journaux du temps, confirme les détails donnés par le bulletin. L'auteur, qui marchait avec les républicains, constate le courage montré par ceux qu'il appelle les *belliqueux paysans*. Les prisonniers enfermés dans la salle actuelle de *la Grande Société de Hasselt*, étaient tous *horriblement* blessés. Dans la ville, il avait fallu quatre attaques successives pour réduire les insurgés, et l'on s'y était battu de part et d'autre, selon le correspondant de la *Gazette de Leyde* (4), avec la dernière

(1) *Rapporteur*, p. 559.
(2) *Rapporteur*, p. 568.
(3) *Moniteur* du 21 frimaire an VII.
(4) *Gazette de Leyde*, n° du 1ᵉʳ janvier 1799.

fureur. A une demi-lieue de Hasselt, à l'endroit appelé *Klein Hilst*, on voit encore un poirier planté sur la tombe dans laquelle on jeta pêle-mêle toutes les victimes de cette fatale journée.

Telles furent les sanglantes funérailles de la guerre des paysans.

La Campine limbourgeoise, le pays entre la rive gauche de la Meuse et la frontière batave servit de refuge, avec les forêts du Brabant wallon, aux épaves de cette débâcle lamentable. Quelques bandes isolées, sans liaison entre elles, parcoururent encore durant tout l'hiver le théâtre de la lutte, arrêtant les militaires isolés ou exerçant sur les fonctionnaires français des actes de vengeance privée, jusqu'aux portes des villes. Ainsi un ramas de soixante fuyards appartenant aux environs d'Anvers et quelques Wallons, attaquent le 12 décembre, à Wersbeek, entre Diest et Tirlemont (1), deux chasseurs à cheval et un garde forestier, tuent l'un des premiers et volent les chevaux ; ce qui attira sur deux d'entre eux une condamnation à mort, prononcée le 13 fructidor (2) et exécutée.

La veille, une autre bande, composée de quarante hommes, enlevait le garde forestier de Lubbeek, Sterckx, qui s'était distingué (3) par son zèle contre la rébellion et avait rendu à

---

(1) Lettre du secrétaire communal de Montaigu à l'administration centrale, du 23 frimaire an VII.

(2) Jugement du conseil de guerre, du 13 fructidor an VII.

(3) L'administration communale de Louvain à l'administration centrale de la Dyle, lettre du 21 frimaire an VII (archives de l'État).

la cause républicaine des services importants. Ce malheureux fut fusillé.

Trois ou quatre jours plus tard, d'autres levaient une contribution sur le village de Rotselaere (1). Si bien qu'il fallut continuer l'envoi des colonnes mobiles et placer des garnisons dans les bourgs et les petites villes jusqu'aux mois de janvier et février 1799. Le général Jardon transporta même en février son quartier général à Peer, en pleine Campine limbourgeoise (2). La vraie guerre néanmoins avait cessé.

(1) L'administration communale de Louvain à l'administration centrale de la Dyle, lettre du 26 frimaire an VII (archives de l'État).
(2) *Gazette de Leyde* des 18 et 28 février 1799.

CHAPITRE VI.

MESURES RÉPRESSIVES. — ENLÈVEMENT DES CONSCRITS.
— OTAGES. — AMENDES INFLIGÉES AUX COMMUNES. — EXACTIONS. —
POURSUITES JUDICIAIRES. — EXÉCUTIONS.
— DÉBATS PARLEMENTAIRES.—LE CALME SE RÉTABLIT.

La conscription, nous l'avons démontré, fit éclater l'insurrection. Ses progrès étouffés dans le sang, on reprend l'œuvre interrompue par la guerre civile.

Il est curieux d'étudier, à l'aide d'un exemple, les procédés usités pour assurer l'exécution de la loi. On comprend, après cette étude et sans grands efforts d'intelligence, la répulsion d'un peuple chez lequel le système du recrutement volontaire avait jusque-là seul fonctionné.

Enivrées par les succès obtenus à Diest, avant même que les combats ultérieurs de la Campine vinssent les compléter, les autorités civiles et militaires à Bruxelles songèrent à reprendre la récolte des conscrits, suspendue par les orages du mois précédent.

CHAPITRE SIXIÈME.

En vain la municipalité de Bruxelles terminait-elle son appel aux conscrits par ces mots : « Si l'intérêt de la chose publique ne peut rien sur vous, que le vôtre soit assez fort pour vous stimuler. »

Malgré les menaces et le rappel des peines sévères qui attendaient les récalcitrants, l'empressement à obéir était plus que médiocre.

Deux revues passées, le 30 brumaire et le 2 frimaire, constatèrent la présence de *sept* conscrits le premier jour et de *cinq* le lendemain.

L'administration départementale de la Dyle, devant ce double procès-verbal de carence, se décide à remplacer par des mesures rigoureuses et coercitives les moyens de persuasion inutilement employés par la municipalité. Elle prend, *à neuf heures du soir*, l'arrêté que nous allons transcrire textuellement.

« L'administration centrale du département de la Dyle, revu son arrêté en date de ce jour, ordonnant l'arrestation, dans la commune de Bruxelles, des citoyens de la première classe de la conscription, ainsi que de ceux des autres classes, qui ne se sont pas fait inscrire à l'administration municipale ;

« Vu la lettre du général *Bonnard*, commandant la 24e division militaire, en date de ce jour, relative à cet objet ;

« Considérant qu'il est urgent de faire exécuter cette mesure, et de déterminer quelques dispositions particulières pour en assurer le succès ;

« Considérant que l'exécution des lois des 19 fructidor et 3 vendémiaire dernier est spécialement confiée aux administrations centrales de département, et que ce seroit d'ailleurs occasionner un retard préjudiciable, que de laisser à l'administration municipale le soin de déterminer les mesures d'exécution de l'opération prescrite par l'arrêté ci-dessus.

« Le commissaire du Directoire exécutif entendu,

« Arrête ce qui suit :

« Art. Ier. L'arrestation prescrite par l'arrêté ci-dessus aura lieu demain 3 frimaire, à l'aube du jour.

« Art. II. Elle sera effectuée, à la diligence du commissaire du Directoire exécutif près la municipalité, par les commissaires de police de la commune, et par la gendarmerie nationale, assistés d'une force armée suffisante.

« Art. III. Le commissaire du Directoire exécutif près l'administration municipale se concertera, à la réception du présent, avec le commandant de la gendarmerie nationale, lequel est requis de donner en conséquence les ordres nécessaires aux brigades stationnées dans cette commune.

« Art. IV. La mesure dont il s'agit sera exécutée simultanément dans les huit sections qui composent le territoire de la commune de Bruxelles.

« Art. V. Pour prévenir tout trouble et maintenir la tranquillité publique, des piquets de garde nationale en activité seront distribués sur divers points et dans les lieux qui seront désignés par le commandant de la gendarmerie nationale.

« Art. VI. Il sera placé des factionnaires sur les remparts en nombre suffisant, pour empêcher qu'aucun individu ne puisse sortir de la ville.

« Art. VII. Les portes de celles-ci seront fermées pendant

le cours de l'opération ; nul ne pourra en sortir sans y être légalement autorisé. Il sera libre à chacun d'y entrer.

« Art. VIII. Les visites domiciliaires seront faites dans toutes les maisons, à l'intervention des officiers de police judiciaire, et conformément au code des délits et des peines.

« Art. IX. Les huit juges de paix du canton de Bruxelles seront, à cet effet, convoqués par le commissaire du Directoire exécutif près l'administration municipale, et marcheront avec les détachements chargés de l'expédition.

« Art. X. Tous les citoyens qui n'étoient pas âgés de vingt-cinq ans accomplis, et ceux qui ont atteint leur vingtième année au 1er vendémiaire an vii, qui ne justifieront point par la représentation du certificat de leur conscription, s'être conformés à la loi du 19 fructidor dernier, seront saisis, arrêtés et constitués dans la maison dite des Finances, et dans le cas d'insuffisance de ce local, dans tout autre qui sera jugé convenir.

« Art. XI. Ceux qui prétendroient n'être point de l'âge de la conscription militaire, seront conduits au Temple de la Loi devant trois officiers municipaux, qui les entendront, examineront leurs papiers, et les renverront, s'ils trouvent leurs réclamations fondées.

« Art. XII. Il sera fait mention par les officiers municipaux sur les actes de naissance ou passeports des individus qui seroient arrêtés et seroient âgés de moins de vingt, ou de plus de vingt-cinq ans, qu'ils ne sont point de l'âge de la conscription, afin qu'ils ne soient plus exposés à être arrêtés de nouveau.

« Art. XIII. Ceux qui prétendroient à une exemption pour cause de maladie ou infirmité, seront amenés devant le jury de santé, qui les examinera aussitôt ; ce jury restera en permanence.

« Art. XIV. Les individus qui seront jugés incapables de servir, seront remis en liberté sur le vu de la déclaration dudit jury de santé, et il leur en sera délivré certificat par les officiers municipaux, pour leur servir comme il est dit dans l'article XII. L'article X du présent sera exécuté à l'égard des autres.

« Art. XV. Pour l'exécution de l'article XI, l'administration municipale de Bruxelles désignera trois de ses membres qui se rendront dans le Temple de la Loi, et y resteront jusqu'à ce que l'opération soit terminée. Ils tiendront note et procès-verbal des décisions qu'ils porteront, et en rendront ensuite compte à cette administration ; en cas de quelques difficultés, ils en référeront à cette administration centrale, qui restera en permanence.

« Art. XVI. Une force armée suffisante sera mise à la disposition du commandant de la gendarmerie nationale : le général de division *Bonnard* est invité, et en tant que de besoin, requis de donner des ordres pour que la troupe qui sera demandée par le commandant, lui soit exactement fournie.

« Art. XVII. Il est pareillement invité à ordonner de suite les dispositions convenables pour l'exécution du présent, en ce qui le concerne, et notamment des articles VI et VII, et à prendre au surplus toutes les mesures de sûreté que sa prudence lui suggèrera.

« Art. XVIII. Expéditions seront remises de suite au général *Bonnard*, à l'administration municipale de Bruxelles, au commissaire du Directoire exécutif près d'elle, et au commandant de la gendarmerie nationale.

« Il en sera également envoyé une expédition aux ministres de la guerre et de la police générale. »

Le produit de cette pêche improvisée fut d'une abondance satisfaisante, à en juger par les procès-verbaux des séances où le nombre des conscrits capturés figure soigneusement inscrit avec leurs noms et leurs prénoms.

Mais une difficulté nouvelle naissait des troubles eux-mêmes. On se souvient que le premier soin des insurgés s'appliquait à détruire partout les registres de l'état civil. Ils espéraient arrêter l'exécution de la loi par l'impossibilité de constater authentiquement l'âge de ceux qui lui devaient obéissance.

A l'administration de la Dyle revient l'honneur d'une découverte ingénieuse, sinon équitable, mais bien propre à trancher la difficulté. Ce corps proposa au ministre de la guerre d'obliger les administrations locales à porter sur leurs tableaux de conscrits tous ceux *présumés* de l'âge de l'une ou de l'autre classe en réquisition, sauf à ceux-ci ou à leurs parents à prouver qu'ils ne sont pas compris dans la conscription militaire ou qu'ils y ont satisfait (1).

Le ministre de la guerre n'eut garde de refuser et, son approbation obtenue, il fut immédiatement fait comme il avait été proposé.

(1) Huyghe, t. XXI, p. 346.

C'est probablement à titre de récompense pour un si beau zèle que le Directoire replaça Bruxelles sous le régime de l'état de siége « jusqu'à ce que les conscrits soient partis et les contributions rentrées (1). »

Mais reprendre les choses où on les avait laissées ne suffisait pas, même après la sanglante leçon d'obéissance infligée par la répression armée.

On voulait châtier et châtier durement.

De là les procédés que nous avons fait connaître et les violences du général Colaud, interprète fidèle de la pensée de son gouvernement. De là les plaintes stériles des autorités civiles, que le lecteur se rappelle sans doute aussi.

Cependant Colaud faillit succomber un instant sous le poids des récriminations que sa manière d'agir soulevait. Sur la dénonciation des autorités constituées de la Dyle, il fut momentanément suspendu de ses fonctions et désigné pour un commandement en Allemagne. C'est ce qu'affirme la *Gazette de Leyde*, dans une correspondance de Bruxelles, datée du 14 décembre 1798.

Mais un arrêté du Directoire lui restitua sa position première au bout de quelques jours.

Voici comment la presse républicaine rend compte de cette affaire.

Le *Moniteur* du 25 frimaire (15 décembre) annonce que Colaud *cède* son commandement au général Bonnard; le numéro du 29 apprend que le premier de ces officiers est

---

(1) HUYGHE, t. XXI, p. 349.

CHAPITRE SIXIÈME.

réintégré dans ses fonctions et publie la proclamation qu'il adresse aux habitants égarés des départements réunis : la table du *Moniteur* donne à la première de ces nouvelles la qualification de *destitution*. Les journaux belges sont moins explicites encore. A la nouvelle de cette restauration, plusieurs administrateurs civils donnèrent leur démission (1).

Par la proclamation dont nous venons de parler, Colaud offre, au nom du Directoire, un pardon complet aux conscrits réfractaires qui se rendront à leur poste avant le 10 nivôse (30 décembre). Passé ce délai, les retardataires seront inscrits sur la liste des émigrés et leurs biens, *ainsi que ceux de leurs parents*, saisis et séquestrés.

Cette finale sauvage restitue à la mesure son caractère propre, en dépit de l'apparence. La république a besoin de soldats et, quoique victorieuse, elle ne pardonne pas au delà des besoins qu'elle éprouve.

Colaud se bornait, au surplus, à imiter un exemple donné ailleurs : il généralisait une mesure locale.

Dans le département de l'Escaut, on avait déjà inscrit les conscrits réfractaires sur la liste des émigrés et mis sous séquestre leurs biens et ceux de leurs ascendants (2).

Le système de répression à outrance domine toujours dans les conseils du gouvernement.

Ainsi, on ne cesse de prendre des otages à Bruxelles, à Gand, et jusque dans les départements demeurés parfaitement

---

(1) *Gazette de Leyde* du 1ᵉʳ janvier 1799.
(2) *Rapporteur* du 26 pluviôse an VII.

calmes, tels que Sambre-et-Meuse par exemple, où la rébellion n'avait jamais pénétré. Ces malheureux sont, les uns expédiés à Paris, enfermés à la Force, au Temple, à Sainte-Pélagie, les autres entassés dans les prisons de nos villes belges.

Nous ne savons comment les casemates de la citadelle de Lille et les cachots de Paris hébergeaient ces victimes innocentes des troubles civils. Mais nous pouvons juger, à l'aide de renseignements positifs, ce qui se passait à Bruxelles.

L'autorité militaire, à mesure que chaque colonne mobile rentrait sa moisson d'otages, les entassait avec les criminels dans d'étroites et malsaines prisons. L'administration centrale de la Dyle, avertie par les réclamations de ces infortunés et de leurs parents, s'adressa finalement en termes énergiques au général Colaud, pour lui représenter la nécessité d'assigner aux otages un local plus convenable (1). Colaud céda; et les otages, séparés désormais des accusés et des criminels, occupèrent le local des Finances, aujourd'hui l'Université libre.

Cette tardive mesure d'humanité, de décence et de justice à la fois, quoique solennellement promise, fut encore mal exécutée.

En effet, le 25 janvier 1799, le concierge de la prison établie à la chambre des comptes informait l'administration centrale qu'une épidémie avait éclaté parmi les détenus *à cause de leur trop grand nombre.*

Aussitôt le département désigne quatre médecins, les docteurs Caels, Poussielgue, Decock et Fournier pour visiter

---

(1) Procès-verbal du 23 nivôse an VII.

toutes les prisons de la capitale, en compagnie de deux membres de la municipalité et du commissaire Rouppe (1). Or, il résulte de la relation de leur inspection que la chambre des comptes, outre deux cent vingt et un détenus, renfermait encore soixante otages.

Et l'ordre de les transférer aux Finances datait du 12 janvier! La chambre des comptes n'occupait pas, sous le régime autrichien, l'hôtel où siège de nos jours la cour portant ce nom. L'édifice en question formait l'aile gauche du palais construit pour le conseil de Brabant, rue de la Loi ; c'est aujourd'hui le ministère des finances. Les caves et la partie souterraine du bâtiment servaient seules de prison.

La partie supérieure était réservée aux archives; le rez-de-chaussée et le premier étage recevaient certains tribunaux et les bureaux des juges instructeurs, le directeur du jury et le magistrat de sûreté.

Le local des Finances soulevait de son côté des plaintes tout aussi vives. Non-seulement il était malpropre, mais le gardien abusait de ses fonctions pour faire payer par ses pensionnaires, au poids de l'or, les choses indispensables aux besoins de la captivité (2).

On peut juger de l'état matériel des prisons de Bruxelles par un document officiel. Des condamnés étaient renfermés à la porte de Hal : vu l'encombrement, on rétablit pour les rece-

(1) Procès-verbal de l'administration centrale de la Dyle, du 6 pluviôse an VII.

(2) Procès-verbal de l'administration centrale de la Dyle, du 16 pluviôse an VII.

voir la maison de force de Vilvorde, et l'on opéra le transfert à dater du 8 frimaire an VII.

Une lettre de l'administration départementale de la Dyle à l'administration municipale de Bruxelles, règle l'exécution de la mesure et ajoute à ses indications la recommandation suivante :

« Comme il importe beaucoup à la propreté et à la salubrité qui doivent régner dans cet établissement, que les individus qui y sont conduits obtiennent à leur entrée d'autres vêtements, afin de les nettoyer de la vermine qui les couvre, vous ne ferez plus aucune distribution, etc. (1). »

Et la porte de Hal était, à cette date, encombrée d'otages, de détenus de toute espèce, *sans séparation des prévenus et des justiciables des condamnés.* L'administration départementale l'avouait en propres termes, dans son arrêté de la veille (2) !

L'enlèvement effréné des otages ouvrait la porte à un nouvel abus.

La troupe, sous prétexte de mettre la main, dans chaque village, sur les plus notables habitants, arrêtait les fonctionnaires républicains eux-mêmes, les agents municipaux, les administrateurs.

Cette amputation des têtes produisait un effet doublement mauvais. Au point de vue moral, elle décourageait et désaffectionnait les rares partisans de la République dans les cam-

---

(1) Huyghe, t. XXI, p. 381.
(2) Huyghe, t. XXI, p. 380.

pagnes; au point de vue matériel, elle rendait impossibles l'administration et l'exécution des lois. Dépourvues de chefs, les communes se trouvaient, par exemple, hors d'état de satisfaire à la prescription qui les obligeait, dans l'intérêt même des opérations militaires, d'avertir les commandants de l'apparition des bandes insurgées.

Les cartons de l'administration centrale de la Dyle regorgent de plaintes écrites par des agents et des fonctionnaires, patriotes zélés, dit-elle, arrêtés ainsi. L'excès du mal et la stérilité des démarches pour en faire tarir la source poussèrent ce corps exaspéré à un acte de vigueur.

Le 21 nivôse (1), avertis que le président du canton de Braine-l'Alleud, homme dévoué au régime établi, vient d'être enlevé de son domicile par la force publique et amené à Bruxelles, les administrateurs prennent, séance tenante, un arrêté qui ordonne la mise en liberté immédiate de tous otages non poursuivis comme fauteurs ou complices de troubles et défend aux commandants militaires d'en arrêter aucun à l'avenir.

Cette fois, Colaud n'osa plus ouvertement braver l'autorité civile. Il fit élargir le président, tout en réclamant contre le surplus de la mesure, et en insistant sur le mauvais vouloir que ne cessaient de montrer les fonctionnaires publics eux-mêmes (2). L'administration départementale persista dans sa

(1) 10 janvier 1799.
(2) Procès-verbal de l'administration centrale de la Dyle, des 21-24 nivôse an VII.

décision, et Colaud promit enfin que les fonctionnaires publics désormais ne seraient plus arrêtés comme otages.

La corruption, la concussion s'unissaient enfin à l'injustice pour rendre ces mesures aussi dégoûtantes, qu'elles étaient odieuses.

La presse, bâillonnée par l'état de siége et le droit de suppression qui en découlait au profit des chefs militaires, se taisait nécessairement. Parfois, un journal parisien se hasardait-il à blâmer de loin la légèreté des arrestations ; voici alors comment répondait l'autorité accusée :

« Au rédacteur de la feuille intitulée la *Clef du cabinet*.

« Je vous remercie, citoyen rédacteur, de l'empressement que vous avez mis à me calomnier dans votre feuille, n° 362.

« Vous avez pleinement satisfait les révoltés de la ci-devant Belgique et les ennemis du gouvernement républicain.

« J'ai encore fait faire, hier, cinq arrestations arbitraires : ce sont cinq chefs de brigands, nommés Martin Rosaer, Pierre Braes, J.-B. Van Haesendonck, Janssens et Theys.

« Ajoutez à cela 140 des leurs pris les armes à la main et partis depuis deux jours de Bruxelles pour Lille, où ils seront jugés.

« Voilà de quoi exercer la plume d'un vil folliculaire et ce sera autant de certificats de civisme pour moi.

« Colaud.

« Au quartier général à Bruxelles le 26 frimaire an vii. »

(*Journal de Bruxelles* du 1ᵉʳ nivôse an vii.)

Nous avons parlé en bloc de corruption, de vénalité, de cupidité. Passons aux preuves et aux détails.

Les villes et les villages, théâtre des troubles, menacés par l'application de la loi du 10 vendémiaire an IV, sont visités par des commissaires spéciaux dressant état des dégâts et des pertes subies par les fonctionnaires ou les acquéreurs de biens nationaux.

Colaud aggrave la mesure, sur l'ordre du Directoire, en ajoutant à cette pénalité pécuniaire une amende de 12,000 fr. sur les habitants de toute maison d'où l'on aura tiré des coups de fusil sur la force armée, sauf leur recours contre leurs locataires ou contre les auteurs et complices de l'attentat.

Louvain avait menacé d'incendie dans les mêmes circonstances; mais elle s'était bornée à une menace.

Les communes où il est jugé nécessaire d'envoyer la force armée pour activer le départ des conscrits et le payement des contributions, sont chargées de nourrir les troupes jusqu'à la rentrée des hommes et des impôts.

L'application de mesures aussi rigoureuses à des populations que la guerre et les réquisitions avaient ruinées, les eût écrasées, alors même que cette application n'eût été confiée qu'à des mains probes, conduites par l'esprit de modération et de justice.

La loi du 10 vendémiaire n'ordonne pas seulement d'indemniser. Elle prononce parfois l'obligation de payer la double et la triple valeur du dommage souffert. En cas d'insuffisance des ressources communales pour satisfaire à la charge, elle doit être répartie sur les vingt citoyens les plus imposés du lieu (1).

Le pouvoir judiciaire est chargé de prononcer sur la réclamation des parties lésées ou du ministère public requérant d'office, par voie d'action. Les dommages-intérêts sont fixés par le tribunal, sur le vu des procès-verbaux et autres pièces et cela dans le délai de dix jours de leur envoi, sans qu'il soit nécessaire de mettre la commune en cause. Laisser aux tribunaux des départements réunis le soin de rendre cette jus-

---

(1) Cette faculté fut mise à profit à Diest, s'il faut en croire la lettre suivante :

« *Pertes et pillages.*

« Le commissaire spécial du département aux membres composant la municipalité de Diest.

« Citoyens,

« Les intentions de l'administration centrale du département qui m'a délégué vers vous étant de faire indemniser sans aucun délai les victimes du brigandage du mois de brumaire, des pertes qu'elles ont essuyées par suite de la révolte, je vous invite et vous requiers de ne pas désemparer de la présente séance, que la répartition qui doit avoir lieu entre les vingt plus forts n'ait eu lieu suivant le sens voulu par la loi : j'espère, citoyens, que vous me seconderez de suite dans cette opération ; sinon je serai forcé de suivre l'instruction du département motivée dans sa lettre du 14 vendémiaire, de me servir des matrices des rôles pour en extraire vingt principaux contribuables et répartir entre eux les sommes allouées par les jugements du tribunal du Nord séant à Douai.

« Salut et fraternité,
« CHEROT.

« Ce 18 messidor an VII. »   (Archives communales de Diest.)

tice rigoureuse, parut dangereux. Habitués à ne frapper au nom de la loi que des coupables, comme l'écrivait déjà le duc d'Albe à Philippe II (1), les juges belges n'eussent pas, dans l'occurrence, frappé sans doute assez fort d'innocentes victimes. On le redoutait à Paris.

Aussi le gouvernement s'empressa-t-il de dessaisir les tribunaux du pays et d'attribuer juridiction sur ce genre de causes à un tribunal français, au tribunal de Douai. Celui-ci ne faillit pas à la tâche. Sur les poursuites du général Lapallière, propriétaire de l'abbaye de Grimberghen aux environs de Bruxelles, il prononce, entre autres, des condamnations telles, que la commune est reconnue incapable de les payer, *alors même que l'on vendrait tout ce que ses habitants possèdent*, avouait l'administration centrale de la Dyle elle-même (2).

Diest était dans une situation identique, outre les 40,000 livres de contribution de guerre frappée par Colaud de son autorité privée. Il semble cependant que plus tard la commune ne perdit pas tout. Elle obtint la faveur de voir précompter ces quarante mille livres sur la contribution directe de l'an vi (3).

Le travail des commissaires pour la constatation des pillages établit du reste que les indemnités étaient partout trop

---

(1) *Notice sur le conseil des troubles*, par GACHARD, p. 5.
(2) Procès-verbal de l'administration centrale de la Dyle, du 14 germinal an VII.
(3) Procès-verbal de l'administration communale de Diest, du 19 frimaire an VII.

fortes et qu'il en fallait former une masse à répartir entre toutes les communes rebelles.

« Partout, » disait encore l'administration centrale de la Dyle (le 7 messidor an VII), « partout la plus insigne mauvaise foi a présidé à la confection des états de pertes qui ont été remis aux commissaires envoyés par l'administration et qui, par insouciance ou parce qu'ils étaient gagnés, ne les ont pas vérifiés et n'ont pas pris de renseignements sur les lieux pour s'assurer que les pertes étaient telles que les intéressés les déclaraient : on a désigné plusieurs individus à qui les jugements allouent des sommes considérables, et qui sont notoirement connus pour n'avoir rien perdu ou presque rien. Il nous paraît étonnant d'ailleurs que les communes aient été condamnées sans avoir été entendues et que même la voie de l'appel leur soit interdite. C'est dans la décision qui a investi le tribunal de Douai de la connaissance de ces affaires, tandis que, d'après la loi du 10 vendémiaire an IV, elle appartient à celui du département, qu'elle croit rencontrer la cause de toutes les erreurs dans lesquelles a pu tomber le tribunal qui a jugé. »

Cette lettre fut adressée au Directoire et au député Foubert des Cinq-Cents, pour qu'il l'appuyât.

Le 1er thermidor, le ministre répondit qu'il y a lieu à appel par les communes, et les commissaires spéciaux furent retirés.

Les auteurs de ces actes avouaient hautement, impudemment leur illégalité.

L'administration de l'Escaut, après l'assassinat (1) des

(1) Page 109.

commissaires de Zele et d'Assenede, prit deux arrêtés dont l'un frappait ces communes d'une amende de 120,000 francs, à payer par les habitants, les fonctionnaires publics exceptés, et l'autre ordonnait l'érection d'un monument expiatoire dédié *aux mânes* des victimes (1).

Elle envoya, le 21 frimaire an VII, copie de ces dispositions au Directoire, en les expliquant dans un langage vraiment ingénu.

« A peine avons-nous joui de quelque tranquillité, que nous avons senti combien il importait à l'honneur du gouvernement et à la sûreté de ses agents d'honorer la mémoire de ces deux victimes de leur amour pour la République et de punir les communes qui ont vu d'aussi horribles forfaits. Après avoir envoyé un commissaire consoler la veuve de Debaut et lui avoir fait payer une somme que nous aurions souhaité que nos facultés nous eussent permis de lui offrir plus forte, nous avons pris les deux arrêtés ci-joints.

« En annonçant que le Directoire exécutif serait invité à provoquer sur les cantons de Zele et d'Assenede des contributions extraordinaires, notre but a été d'intimider les communes rebelles; mais nous avons bien senti que, dans l'ordre constitutionnel, il n'appartient qu'au pouvoir judiciaire de prononcer des amendes et indemnités.

« Cependant la marche des tribunaux est lente et peut être incertaine; les cantons de Zele et d'Assenede sont encore en

---

(1) Procès-verbal de l'administration centrale de l'Escaut, du 27 brumaire an VII.

état de siége : ne conviendrait-il pas que le Directoire exécutif ordonnât aux généraux de frapper les contributions dont nos deux arrêtés font mention, et d'en faire verser le montant dans notre caisse, pour être employé tant en secours à la veuve et aux enfants du malheureux Debaut que pour les frais qu'entraînera la construction des monuments dont l'utilité vous paraîtra sans doute mériter toute l'attention du gouvernement? Ces sommes pourraient, au reste, être imputées sur celle que le tribunal civil, devant lequel seront portés les procès-verbaux dont il conste que les cantons de Zele et d'Assenede n'ont rien fait pour prévenir la révolte ou y ont pris part, condamnera ces cantons à payer.

« Dans le cas où le gouvernement reconnaîtrait qu'il est digne de lui de consacrer par des monuments publics le courage de ses deux commissaires, ne conviendrait-il pas également d'appeler tous les artistes de la République à en présenter les plans dont un jury serait le juge? Nous soumettons, citoyen ministre, ces idées à votre amour pour la République et les institutions qui tendent à élever les âmes et honorer la grande nation. »

Le paragraphe final de cette missive prouve que l'idée d'un concours en matière d'œuvres d'art à exécuter sur les places publiques ne date pas précisément d'hier.

L'exorbitance des condamnations prononcées par application de la loi du 10 vendémiaire an IV est démontrée par le retard mis à les exécuter. Citons un seul exemple.

En 1803, une circulaire de Faypoult, préfet du département de l'Escaut, aux maires de communes condamnées par le tribunal français de la Somme, le 19 messidor an VII, les menaçait encore d'exécution militaire s'ils ne se hâtaient de satisfaire au prescrit des jugements. L'administrateur impérial, car on était alors sous l'empire, rappelait les efforts faits par lui pour adoucir la rigueur des condamnations et les réductions qu'il avait obtenues.

La circulaire se terminait par quelques lignes éminemment propres à stimuler le zèle des chefs de communes : « Je vous préviens, » disait Faypoult, « je vous préviens, monsieur, que vous êtes chargé, sous votre responsabilité, de faire toutes les opérations préliminaires pour assurer le recouvrement de la somme à payer. Si, à l'arrivée du commissaire, vous ne pouviez pas lui justifier de vos diligences à cet égard, l'exécution serait entamée *contre vous et à vos frais.* »

La menace fit son effet.

Une seconde circulaire, du 23 avril 1805 (3 floréal an XIII), invitait les intéressés à se présenter à la préfecture, à l'effet d'y retirer le mandat expédié à leur profit par le préfet pour toucher la somme qui leur restait due à titre d'indemnité, en vertu des jugements que nous avons rappelés.

Faypoult disait vrai lorsqu'il parlait de ses efforts pour améliorer la position de ses administrés. Trois années auparavant, par une circulaire du 29 décembre 1802, il avait invité les adversaires des communes condamnées à nommer un fondé de pouvoirs pour transiger à l'amiable sur l'exécution, et présidé lui-même à des pourparlers entre ces mandataires et ceux des communes, et cela avant d'autoriser ces dernières à former un recours en appel.

Cette intervention produisit des effets salutaires et réparateurs dans la mesure du possible.

Nous l'avons surabondamment prouvé : la lèpre de la corruption envenimait la plaie, déjà si douloureuse et si profonde ; ainsi en toutes choses de ce malheureux temps.

S'agit-il des rigueurs de la conscription, les autorités se voient obligées d'avouer publiquement les infamies commises et de prémunir les populations contre l'immoralité de leurs propres agents.

Voici ce que publiait à Bruxelles, le *Rapporteur*, dans son n° du 7 frimaire an VII, sous le titre de *note officielle*.

« Plusieurs jeunes gens de l'âge de la conscription, compris dans la levée ordonnée par la loi du 8 vendémiaire, ont cherché à s'y soustraire.

« Quelques-uns se sont adressés à ces intermédiaires officieux qui trafiquent du crédit qu'ils n'ont pas, et dont tous les moyens se bornent à tromper les crédules sollicitseurs. Ceux-ci n'ont point atteint le but de leurs dispendieuses tentatives.

« Ils ont trouvé la peine due à l'infraction de la loi, avant de pouvoir l'enfreindre. D'autres ont rencontré des agents militaires, des fonctionnaires publics, assez foibles pour protéger la lâcheté corruptrice, et assez avides pour mettre un prix à cette honteuse protection.

« Le gouvernement a les yeux ouverts sur les uns et sur les autres ; il les punira avec une égale sévérité. La loi appelle à la défense de la patrie tous les conscrits de la première classe ; aucun ne sera excepté. Ceux qui, en s'attachant à des commissaires des guerres, à des officiers généraux, à des états-majors ou autres agents publics, ont acheté le privilège d'une déshonorante inutilité, seront sur-le-champ forcés de rejoindre un corps. Les agents militaires, les fonctionnaires publics qui les auront aidés à se soustraire à la loi, seront indistinctement destitués. »

S'agit-il de punir, même arbitraire, même vénalité.

En séance de l'administration centrale de la Dyle, le 15 messidor an VII, Rouppe, commissaire du Directoire exécutif, fait observer que « dans plusieurs cantons les administrations municipales et les commissaires près d'elles ont outrepassé les instructions qui leur ont été données sur les poursuites à faire contre les parents des conscrits fugitifs; que l'exécution militaire a été employée arbitrairement; qu'on a frappé des citoyens très-pauvres, tandis que les riches étaient ménagés et que, sous les yeux mêmes des autorités constituées, des militaires ont enlevé à ces malheureux leurs effets et leurs bestiaux et les ont vendus à leur profit. » Il demandait, en honnête homme, des mesures de répression contre ces scandaleux abus.

Dans le canton de Tervueren, aux portes de Bruxelles, des militaires se font remettre de l'argent par les paysans pour éviter d'être enlevés comme otages. Le juge de paix sert d'intermédiaire à ce commerce de rachat. Le commandant du détachement se rendait dans toutes les maisons un peu apparentes et avertissait les habitants qu'ils eussent à passer chez le juge de paix, où l'affaire se réglait.

Cette nouvelle exaction est révélée par une enquête tenue

devant l'administration centrale de la Dyle elle-même (1), le 25 frimaire, et dans laquelle furent entendus principalement les agents municipaux des communes. Plusieurs déclarent avoir été pillés, et plusieurs fois, par-dessus le marché.

Les percepteurs de l'impôt, de leur côté, le gouvernement l'avouait officiellement, abusaient de la frayeur que les mesures de rigueur inspiraient aux contribuables belges, pour se livrer à la plus scandaleuse concussion (2).

Les sauterelles dévorant les moissons de l'Égypte à titre de plaie, l'Espagnol pressurant les peuplades du nouveau monde pour pomper leur or, peuvent seuls donner une idée approximative de ce que le peuple belge appelait énergiquement *les éponges françaises.*

La conquête de la Belgique ne fut, dès l'origine, qu'une spéculation d'argent. Les frontières naturelles sont une excuse trouvée après coup.

En janvier 1793, lors de l'invasion de Dumouriez, les représentants de la ville d'Anvers expédièrent une députation à Paris pour protester contre le fameux décret du 15 décembre 1792, première atteinte à la souveraineté nationale belge. On les adresse à Cambon, ministre des finances, tant il était admis que la réunion n'offrait qu'une question d'écus à résoudre. Cambon ne dissimule pas; il parle de biens nationaux qu'il tient *sous la patte,* qu'il entend confisquer au profit du trésor français et se montre peu disposé à respecter le vœu des peuples conquis.

---

(1) Procès-verbal. Séance du 25 frimaire.
(2) *Moniteur* du 17 pluviôse an VII.

« — Ainsi donc, citoyen, » lui répond un député, « l'invasion de la Belgique n'a été qu'une affaire de finances ? »

Et Cambon de répondre *sans hésiter*, porte la narration de son interlocuteur :

« Vous avez deviné *très-juste*. »

On inscrivait en l'an v, sur un dossier au ministère de l'intérieur à Paris, ces lignes :

« Emploi de 1,800 livres, *qu'on peut faire valoir* cent louis en Belgique, à donner à un patriote de l'intérieur. »

Véritable lettre de marque pour la course, avec cette différence que le corsaire, au lieu de piller l'ennemi qui se défend, se trouvait autorisé à piller ses concitoyens sans défense (1).

Suin, directeur des domaines nationaux dans la Belgique, sous le Directoire, cite, dans un écrit curieux et devenu rare, intitulé : *Désastreux effets de la contribution militaire*, une foule d'exemples de dilapidations commises dans la vente de ces domaines. Il rapporte entre autres que des propriétés appartenant au duc d'Arenberg, et confisquées pendant son émigration, furent adjugées et livrées pour 150,000 livres, quoiqu'elles en valussent plus de quinze cent mille ! Le château de Moerbeek, avec 450 arpents de terre, dont le produit annuel était de 36,000 livres, fut vendu pour 12,000 livres une fois payées ; de sorte que le capital était alloué pour le tiers du revenu d'une année. Le château de Tamise, valant au moins 50,000 écus, fut acquis au prix de 1,800 livres.

---

(1) L'*Observateur de la Belgique*, t. II, p. 18; signé D^r.

L'hôtel du prince de Gavre, à Bruxelles, estimé aussi 50,000 écus, fut aliéné pour 200 livres. Un autre hôtel à Gand, dont les meubles d'un seul appartement avaient coûté plus de 50,000 écus, fut vendu avec les meubles pour 6,000 livres. On vendit, pour 13,400 livres, la ferme de Sommay, appartenant à l'abbaye d'Heylissem et valant au moins 250,000 livres. L'archevêché de Malines fut acquis au prix de 900,000 francs en bons, ce qui ne faisait qu'à peu près 8,000 livres en numéraire. Le plomb seul des bâtiments valait davantage. Nous ajouterons que le refuge de l'abbaye de Vlierbeek, à Louvain, vaste bâtiment, construit en pierres de taille et entouré d'un grand jardin, fut vendu pour 800 francs! Ces faits, et une foule d'autres de ce genre que nous passons sous silence, donnent une idée du génie financier ou de la probité des faiseurs de cette époque déplorable.

Les représentants belges à la législature, si dévoués qu'ils fussent au régime républicain, s'émurent eux-mêmes en présence de la situation déplorable faite aux départements réunis.

Frison, député des Deux-Nèthes aux Cinq-Cents, monta à la tribune, le 1ᵉʳ février 1799, et proposa, par motion d'ordre, l'envoi d'un message au Directoire :

1° Pour l'inviter à se faire rendre compte des abus dont on se plaint en Belgique et les faire cesser;

2° Pour qu'il provoque le prompt jugement de tous ceux qui sont prévenus de rébellion;

3° Pour qu'il fasse remettre en liberté ceux contre qui il a lancé des mandats d'amener ou d'arrêt pour être gardés comme otages et contre lesquels il n'y a point de motifs à mise en jugement ;

4° Enfin, pour qu'il instruise l'assemblée de la situation actuelle des départements réunis.

Après avoir constaté le retour du calme et la répression complète de l'insurrection par la force armée, Frison se plaignait en termes énergiques de l'injustice comme de l'arbitraire des mesures prises par les agents français. Non content d'avoir châtié les coupables, on punit les citoyens paisibles, observateurs des lois. Pour les départements réunis, on a couvert d'un voile épais la charte constitutionnelle, lorsque aucune loi n'a déclaré que les habitants de ces pays n'étaient plus citoyens français. « Il est évident, » ajoutait l'orateur, « qu'on a fait des arrestations en masse de plusieurs citoyens, la plupart artisans chargés de famille qui, j'oserais l'affirmer, n'ont eu aucune part au mouvement insurrectionnel.

« Depuis trois mois, on se contente de les tenir en otage, entassés dans les cachots, au lieu de les renvoyer devant un tribunal quelconque, fût-ce même devant une commission militaire, si on les croit coupables de crimes contre la sûreté de la République.

« Un grand nombre de ces citoyens sont en prison à Paris, où ils gémissent éloignés de leurs épouses, de leurs enfants, privés de tons secours, en attendant leur jugement.

« Plusieurs autres, peu tentés d'éprouver le même sort et d'avancer leur ruine, se sont soustraits aux mandats d'amener lancés contre eux par le Directoire exécutif. Eh bien, mes collègues, on les menace de la liste des émigrés. »

L'état de siége justifiait en apparence ces excès. On invoquait, pour le maintenir, l'agitation des partis, les tentatives de révolte nouvelle, le retard dans la rentrée de l'impôt. Frison contestait la réalité de ces prétextes, et mettant brutalement le doigt sur la plaie, il s'écriait : « La manière dont on vexe les habitants, ceux de la campagne surtout, fait présumer qu'on veut faire renaître des troubles pour conserver à de certaines personnes des pouvoirs illimités qui ne conviennent qu'à ceux qui en usent. Quant à l'impôt, combien de départements seraient exempts de l'état de siége si c'était un motif suffisant pour les gouverner militairement! Les lois n'ont-elles pas déterminé le mode de perception? Ne suffit-il pas des garnisaires? Faut-il encore relever des Bastilles? Où est donc la Constitution? »

Appuyant ses plaintes sur des exemples, Frison citait le fait d'un citoyen chargé d'une nombreuse famille, habitant Hensy, dans le département de Jemmapes, déporté en qualité de prêtre parce qu'il avait jadis chanté au lutrin.

La motion fut appuyée par un collègue de l'auteur à la députation d'Anvers, par Demoor, dont la voix s'était élevée la première, au début des troubles, pour réclamer, au sein de la législature, d'énergiques mesures de compression. Le représentant belge blâma, non moins vivement que ne l'avait fait Frison, les rigueurs inutiles de l'état de siége, arbitrairement étendu par le caprice des commandants militaires à des départements entiers, et l'enlèvement des otages, les contributions extraordinaires et les réquisitions. « Anvers, » disait-il, « a été mis en état de siége une seconde fois, parce que de jeunes marins et des volontaires s'étaient pris de querelle dans une maison de débauche ». Un maître d'armes français, habitant la même ville depuis quinze mois et très-connu par ses opinions révolutionnaires, avait été arrêté, le 28 brumaire, par cinq gendarmes, sans ordre d'arrestation ni mandat de justice. Lié, garrotté, quoique sexagénaire, Lorangeois (c'était son nom) fut mené à la citadelle, d'où, le lendemain, on le fit aller à pied jusqu'à Paris. A Cambrai seulement, ses gardiens songèrent à le délivrer de ses liens, et Demoor affirmait en avoir vu les traces sur les bras de la victime à Sainte-Pélagie, à Paris, où il languissait encore, le 13 pluviôse, sans connaître le premier mot des causes de son arrestation.

Sur une dénonciation vague et dénuée de preuves, l'autorité militaire enfermait un autre citoyen, toujours à la citadelle d'Anvers. Il est traduit enfin devant le juge de paix; ce magistrat acquitte le prévenu. Loin de lui rendre la liberté, le commandant garde son homme et veut l'expédier à Lille avec son dossier. Le juge réclame l'exécution de sa sentence. Que fait l'officier? Il dépêche, la nuit, ses gendarmes; ceux-ci se saisissent du juge et l'incarcèrent avec son justiciable. On proteste contre la violation de toutes les formes protectrices de la liberté individuelle; le commissaire central français répond : *Les formes sont faites pour les cordonniers.*

Le Français, né malin, créa le vaudeville. Il est aussi le père du calembour.

Demoor terminait en réclamant le maintien des mesures prises à l'égard des prêtres, instigateurs à ses yeux de toute la révolte. On ne pouvait suspecter ses sentiments ni l'accuser de royalisme ou de bigoterie.

Malgré ces témoignages précis et irrécusables, le conseil des Cinq-Cents passa à l'ordre du jour sur la motion de Frison. Elle impliquait, disait-on, un blâme, tout au moins une défiance imméritée envers le pouvoir exécutif, dont les efforts avaient réussi à pacifier les départements réunis. « Il faut se garder de détendre imprudemment des ressorts aussi utilement qu'habilement employés. Un tel acte pourrait ici tenir de l'imprudence! » s'écria Joubert de l'Hérault, auquel se joignirent Delbrel et Crochon. En vain Beyts propose un moyen terme, le renvoi de la motion à une commission de l'assemblée, chargée, après examen, de présenter telle mesure que de conseil ; cette tentative de conciliation n'aboutit qu'à exciter des murmures interrupteurs.

Comme on reprochait à Frison d'accuser sans preuves, ce député donna lecture, à la tribune, d'une lettre adressée par le ministre de la police à un représentant belge, pour obtenir de lui des renseignements sur des otages incarcérés à Paris et enlevés en Belgique par ordre du ministre lui-même, qui ignorait le premier mot de l'affaire

Rien n'y fit, l'ordre du jour fut voté.

Le *Moniteur* (1), comme toujours, lorsqu'il s'agit de plaintes formulées par les populations annexées, mutile ou écourte les paroles des orateurs qui les appuient à la tribune. Demoor et Frison, pour permettre aux Belges d'apprécier leur

---

(1) *Moniteur* du 19 pluviôse an VII.

langage, durent réimprimer leurs discours à Bruxelles et les distribuer en supplément du journal le *Rapporteur* (1). Ils y joignirent des notes complémentaires, très-curieuses par les révélations qu'elles renferment. Ainsi, Demoor cite un novice, devenu garçon apothicaire à Bruxelles, après avoir jeté le froc aux orties et que l'on avait déporté pour refus de serment; puis l'avocat Delaunay, détenu à la Force, après avoir passé quinze jours en prison à Valenciennes, sous mandat. « J'ai sous les yeux, » ajoutait-il en terminant, « un mémoire qui prouve à l'évidence que les enlèvements et les arrestations arbitraires ont fait un tort irréparable au commerce et à l'agriculture. La Hollande, Hambourg et Paris renvoient, toutes les traites des maisons de commerce dont les chefs ne sont plus en sûreté. Plus de *trois mille* cultivateurs sont en prison et un nombre infiniment plus considérable s'est sauvé pour se soustraire à des vexations féroces. »

Frison et Demoor s'accordaient pour attribuer les maux de leur patrie et la désaffection des habitants aux détestables choix de fonctionnaires français expédiés en Belgique. Nous avons vu plus haut combien les faits justifiaient ce grief. Mais Frison nous révèle une particularité précieuse, le moyen employé par la population annexée pour se débarrasser de ces hôtes incommodes. « Les commissaires du Directoire sont détestés au point que, ne pouvant parvenir à éclairer le gouvernement sur leur conduite proconsulaire, les citoyens de toutes

---

(1) *Rapporteur* du 28 pluviôse an VII. Annexes. Exemplaire de la Bibliothèque de la Chambre des représentants.

les opinions projettent, pour s'en débarrasser, de se réunir pour les nommer membres du corps législatif aux élections prochaines. Moyen tout à fait neuf et bien propre à engager leurs successeurs à suivre leurs traces pour obtenir le même honneur. »

Nous l'avons dit plus haut, un dédaigneux ordre du jour étouffa, au sein de la représentation nationale, les révélations et les plaintes : tout était fondé cependant, les faits déjà rappelés l'ont prouvé à l'évidence au lecteur. S'il fallait adresser à Frison et à Demoor un reproche, ce n'est certes pas d'exagération qu'il les faudrait taxer. Ainsi, lorsque l'émeute parlementaire, que l'on appela la *révolution du 30 prairial*, fit tomber la majorité des directeurs et le parti qui les appuyait dans les conseils, les griefs repoussés, couverts de murmures aux Cinq-Cents le 1er février, devinrent la base d'accusations formelles contre Merlin surtout. Frison remonta à la tribune le 18 juin 1799 (30 prairial), et cette fois il fut appuyé lorsqu'il s'éleva contre les arrestations arbitraires, les persécutions, les vexations de toute espèce qui ne se sont multipliées nulle part d'une manière odieuse comme dans la Belgique, disait-il. Boulay de la Meurthe accusa ensuite le Directoire d'avoir déporté des prêtres mariés et des hommes qui n'avaient jamais reçu les ordres.

Digneffe, député de l'Ourthe, dénonça l'existence en Belgique d'un parti qui voulait une révolution pour y établir un prince de Hanovre ou d'Orange sur les ruines de la maison d'Autriche. « Reportez-vous, s'écriait-il, reportez-vous sur les causes qui amenèrent les dernières insurrections et vous serez convaincus que ce parti existe encore. Merlin, je t'accuse d'être l'âme de cette faction! D'un bout de la Belgique à l'autre, il n'y a qu'un cri sur ta politique astucieuse! Malheureux, tu ne t'es pas contenté d'être compté au nombre des Verrès qui ravagèrent ces trop malheureux pays lors de la première conquête; tu parais avoir ambitionné d'y jouer le rôle du duc d'Albe. Sois content : ton nom sera gravé en lettres de sang à côté de celui de cet infâme tyran !

« Je demande ta mise en jugement. »

Et le conseil, cette fois, vote l'impression de la motion de Digneffe et son renvoi à la commission des onze.

L'esprit public avait progressé depuis quatre mois, grâce aux élections de germinal.

Il est extrêmement difficile de juger, même très-approximativement, de l'usage fait par le Directoire de son pouvoir d'arrestation et de déportation arbitraire en Belgique. Les journaux se bornent à parler de *nombreux* otages jetés dans les prisons, envoyés à Paris et à Lille, de *charrettes* de prêtres traînés de cachots en cachots jusqu'à l'île de Ré ou Oléron, et de là expédiés à la Guyane. Mais ils ne précisent rien et ne nomment personne. Il y a mieux : les directeurs, les rédacteurs des principaux journaux de Bruxelles avaient été enlevés comme otages et transportés à Paris, et pas une de leurs propres gazettes n'osa mentionner le fait à sa date (1). Il nous est révélé par les lettres que ces proscrits adressèrent aux feuilles

---

(1) *Compilateur* des 27 prairial, 21 et 23 messidor an VII.

publiques à leur retour en Belgique, après cinq mois de détention (1).

Parmi les victimes de ces violences, les plus à plaindre n'étaient pas, on le pense bien, celles que renfermaient les prisons de l'Europe. A Cayenne, la mort moissonnait à pleine poignée (2). Deux des exorciseurs de Montaigu, le doyen d'Havelange et le père Kerkhoffs, avaient succombé sur ce sol meurtrier. On citait, comme les ayant suivis ou précédés dans la tombe, le pléban de Turnhout, Vander Sloten, quatre religieux de Saint-Bernard, près d'Anvers, les curés Van Cauwenberghe et de Bruyn de Louvain et bon nombre avec eux.

On lisait dans un journal belge, après le 18 brumaire, les lignes suivantes qui se passent de commentaire :

« Depuis la loi du 19 fructidor an v, qui autorisait le directoire exécutif à déporter les prêtres insoumis, il a été lancé, pour la Belgique seulement, *neuf mille quatre cents vingt-deux* arrêtés de déportation. Des ecclésiastiques assermentés, d'autres qui s'étaient mariés, ont été de ce nombre : des paysans, pères de nombreuses familles, dont le crime était de chanter au lutrin, ont aussi été proscrits. Il y a plusieurs exemples de ce dernier fait.

« Nous apprenons aujourd'hui d'une manière positive, que l'on va revenir sur une partie de ces arrêtés injustes.

« D'après des renseignements que nous croyons fondés, il paraît que le nombre d'arrêtés de déportation, lancés contre

---

(1) G. Picard, Henri Fiocardo, L.-J. Urban.
(2) *Compilateur* du 4 fructidor an VII.

des ecclésiastiques dans les neuf départements réunis, est de 8,972 : il s'ensuivrait, de ce calcul, que l'excédant du premier auroit été porté contre des cuisiniers, des jardiniers, des brasseurs, des religieuses, ou des pères de famille et autres, chantant au lutrin, etc., etc. Mais nous observons que tous n'ont point été atteints, et que le plus grand nombre s'est soustrait à la loi par la fuite ou la reclusion (1). »

Et pourtant, lorsque Frison dénonçait tout cet amas d'arbitraire et d'injustice aux Cinq-Cents, le 13 pluviôse, son collègue Izos lui adressait un démenti brutal, le traitait d'anarchiste, et l'assemblée couvrait la voix du député belge sous des murmures ou des ricanements.

Finissons-en avec ce régime par une démonstration complète. Dans le but de prouver la légèreté des persécutions et le profond mépris des garanties individuelles les plus sacrées chez les persécuteurs, nous voulons mettre sous les yeux du lecteur le dossier *complet* d'un otage ou d'un suspect expédié à Paris, et détenu pendant plus de six mois.

L'échantillon est curieux : il servira pour juger du reste.

Un propriétaire bruxellois, Charles Caïmo, habitait une maison de campagne à Schelle, près d'Anvers. Les troubles éclatent en octobre, et Schelle est envahi par une bande rebelle venant de Boom. Caïmo se sauve à Anvers et il a grand soin, lors de son arrivée, d'aller tout droit raconter à l'administration départementale des Deux-Nèthes les scènes dont

---

(1) *Compilateur* du 7 frimaire an VIII.

il avait été le témoin et quelque peu même la victime. Il se plaignait en effet d'avoir eu sa maison pillée.

On l'arrête dans les premiers jours de frimaire, on l'envoie à Paris.

Le 13 pluviôse, Caïmo est interrogé *pour la première fois par le juge de paix de la place Vendôme, Martin* (1).

Après constatation de son identité, on lui pose les cinq questions suivantes :

D. Vous êtes prévenu d'avoir excité et favorisé la révolte qui a éclaté dans les départements réunis : qu'avez-vous à répondre ?

R. Je ne m'en suis jamais mêlé.

D. N'avez-vous point, par vos discours dans la société que

---

(1) Le juge de paix Martin ne semble pas avoir joui d'une grande réputation d'impartialité ni d'indépendance. Lors de la discussion violente qu'amenèrent les événements de prairial, au sein des Cinq-Cents, sa conduite fut l'objet des plus vives attaques. On le représenta comme l'instrument servile de toutes les arrestations arbitraires dont s'était rendu coupable le gouvernement que les chambres venaient de renverser. « D'un bout de la république à l'autre, » s'écriait Briot, en séance du 3 messidor an VII, « d'un bout à l'autre de la république, des citoyens ont été traduits à la juridiction de Martin. »

Et Beyts, plus véhément, ajoutait : « Le juge de paix Martin n'était qu'un individu postiche, un homme de paille et toutefois un lâche qui a prostitué le plus sacré des ministères. Je voue son nom à l'exécration des gens de bien ! »

On reprochait spécialement à Martin d'avoir, au mépris de la loi, laissé de nombreux prisonniers croupir dans les cachots durant de longs mois, sans les interroger, sans statuer sur leur détention.

vous fréquentiez, cherché à armer les citoyens contre la République française ?

R. Jamais.

D. Avez-vous donné quelque marque d'attachement à la République ?

R. J'ai été répartiteur de contribution foncière dans ma commune et j'ai rempli les devoirs de ma place en honnête homme et en républicain zélé.

D. Avez-vous quelques connaissances *estimées du gouvernement* qui puissent nous donner de vous *une opinion avantageuse ?*

R. Je ne connais personne.

D. Avez-vous quelque certificat qui constate que vous êtes un citoyen probe, paisible et absolument étranger aux événements auxquels vous êtes prévenu d'avoir pris part ?

R. En voilà un de l'administration municipale de ma commune et de divers particuliers, par lequel il conste ce que j'ai fait quand les brigands y sont entrés ; j'ai même été pillé, et certes si j'avais dirigé la révolte, j'aurais pris soin de conserver ma propriété (1).

Outre cet interrogatoire, le dossier de Caïmo comprend deux pièces seulement : les certificats qu'il avait produits.

Ces déclarations attestent en termes formels et précis que Caïmo était ami de l'ordre et de la paix ; — « son unique amusement, » ajoute l'une d'elles « était la chasse et la pêche ! »

---

(1) Procédure à charge de Ch. Caïmo (archives communales de Bruxelles).

— L'autre donne comme preuve de son civisme dans un pays libre, en république, ce singulier témoignage : « C'est un paisible et bon citoyen qui ne se mêle aucunement des affaires du pays. »

Rien évidemment n'incriminait la conduite de ce malheureux et les cinq questions que le juge de paix lui adressait prouvent par elles-mêmes l'absence de toute accusation positive.

Il était cependant emprisonné depuis le 2 frimaire an VI (22 novembre 1798).

On l'interroge, nous l'avons dit, le 13 pluviôse (1er février 1799), après plus de deux mois de détention. Que va-t-on en faire? L'élargir? D'abord on ne fait rien. On le ramène au cachot. Puis, plusieurs mois après l'interrogatoire, un arrêté du Directoire signé Barras, sans donner le moindre motif, renvoie Caïmo devant le conseil de guerre de la 24e division militaire à Gand, pour y être jugé comme fauteur de troubles!

Le capitaine rapporteur interroge Caïmo à son arrivée en Belgique, le 28 prairial an VII (16 juin 1799).

Caïmo reproduit les réponses qu'il avait données à Paris, et déclare, lorsqu'on lui demande s'il connaît les motifs de son arrestation, qu'il est en prison depuis *six mois*, sans pouvoir deviner les causes d'une si longue détention.

L'officier instructeur n'articule pas plus que ne l'avait fait le juge de paix parisien un grief précis ou positif. Il ne demande aucune explication sur un fait accusateur quelconque, il se borne à poser au prévenu la question : « N'auriez-vous pas à vous reprocher d'avoir par des discours, propos ou actions, fomenté la révolte dans votre canton, et votre démarche à l'administration n'avait-elle pas pour but de cacher la part active que vous aviez prise aux rassemblements, en venant vous plaindre de prétendues violences ? »

A cette question naïve et qui se réduit en somme à demander : « Ne seriez-vous pas, par hasard, coupable ? » Caïmo oppose un démenti énergique. L'officier, évidemment embarrassé de justifier l'atteinte portée à la liberté de son justiciable pendant *six mois*, termine par l'excuse suivante :

« Observé que les différentes arrestations qui ont eu lieu dans les départements réunis avaient pour objet d'opposer un frein aux efforts que différents particuliers faisaient secrètement pour soulever le peuple et étendre le feu de la révolte, et que ces arrestations n'ont frappé que ceux reconnus de tout temps pour être contraires au régime du nouveau gouvernement établi dans ce pays. »

Ajoutons que le dossier Caïmo ne contient ni dénonciation écrite, ni dépositions de témoins entendus dans l'instruction. Aussi l'accusé, si l'on peut appeler ainsi celui que personne, que rien n'accuse, fut-il acquitté par le conseil de guerre sans la moindre hésitation, le 6 messidor, c'est-à-dire le 24 juin !

Nous savons maintenant ce que la République triomphante faisait des innocents : voyons ce que sa justice réservait aux coupables.

La législation de l'époque, comme la volonté expresse du gouvernement directorial, déférait aux tribunaux militaires le jugement des insurgés.

Dès les premiers jours des troubles, les deux conseils de guerre de la 24ᵉ division établis l'un à Gand, l'autre à Bruxelles (1), plus tard à Tournai, se saisirent des procédures entamées.

Nous avons déjà dit la terrible condamnation prononcée et exécutée à Malines à l'égard de quarante-deux malheureux pris les armes à la main. C'était l'œuvre, non d'un tribunal régulier, mais d'une commission militaire extraordinaire, décidant souverainement et sans recours.

Des conseils de guerre appelés permanents, dont les sentences pouvaient être soumises éventuellement au contrôle ultérieur d'un conseil de révision, rendaient la justice militaire régulière. Le général commandant la division les convoquait et en déterminait la composition, d'après la loi du 13 brumaire an v.

Lorsqu'il ne s'agissait pas de juger un officier général ou supérieur, le conseil se composait de sept membres. Un chef de brigade, président, un chef de bataillon, deux capitaines, un lieutenant, un sous-lieutenant et un sous-officier. Un capitaine remplissait les fonctions de rapporteur, un autre celles de commissaire du pouvoir exécutif.

En général, ainsi qu'il résulte de la plupart des procédures que nous avons feuilletées, les poursuites à charge d'insurgés suivaient la marche que voici. L'arrestation opérée, le prisonnier était interrogé par le juge de paix. Ce magistrat en-

---

(1) A Bruxelles, le conseil siégeait dans l'hôtel de Metternich, aujourd'hui incorporé au palais royal.

tendait les témoins à charge ou à décharge, et renvoyait le tout au directeur du jury. Celui-ci procédait souvent à des devoirs d'instruction supplémentaire et, après avoir reconnu que l'affaire appartenait à la compétence exceptionnelle des tribunaux militaires, il renvoyait le dossier au général commandant la division.

L'autorité militaire saisie du procès recommençait, par l'organe du capitaine rapporteur, une instruction nouvelle. Le prévenu et les témoins étaient interrogés derechef. La loi obligeait le rapporteur à demander à l'accusé s'il avait un défenseur et, en cas de réponse négative, il fallait lui en désigner un.

A l'audience, avant d'appeler l'homme qu'il allait juger, le conseil se faisait donner lecture par le rapporteur de l'information écrite et de toutes les pièces jointes, tant à charge qu'à décharge. L'accusé introduit libre, avec son défenseur, était interrogé par le président. On entendait successivement le rapporteur à l'appui de l'accusation, l'accusé et son conseil, qui se retiraient ensuite tous les trois, ainsi que le public. Le conseil entrait alors en délibération à huis clos, le commissaire du Directoire exécutif présent; on recueillait les voix en commençant par le grade le moins élevé. Le jugement se prononçait publiquement; toutefois l'accusé en recevait lecture dans sa prison, par les soins du capitaine rapporteur, en présence de la garde assemblée et sous les armes.

Cinq voix étaient nécessaires pour la condamnation.

L'exécution devait suivre immédiatement, sauf le recours en révision, le cas échéant.

Si sommaire que fût ce mode de procéder, on remarquera qu'il offrait aux accusés quelques garanties sérieuses. D'abord, la justice civile se saisissait la première et renvoyait à l'autorité militaire ; celle-ci admettait une défense et des débats publics. C'est à la première de ces circonstances qu'il faut, pensons-nous, attribuer la modération relative apportée par les conseils de guerre permanents dans l'accomplissement de leur tâche. Le droit de prévention accordé aux magistrats civils plaçait un intervalle assez long entre le fait à punir et le jour du jugement et permettait ainsi au juge, adversaire la veille, de reprendre son calme et son impartialité. Il faut le reconnaître, les tribunaux militaires à Gand et à Bruxelles sévirent sans doute contre les insurgés, mais ils furent sobres de condamnations capitales. Nous l'avons constaté déjà à propos des prisonniers faits à Merchtem par Claret et ramenés dans la seconde de ces villes. Les acquittements, les condamnations à des peines légères, quelques mois de détention sont la règle. La peine de mort prononcée contre les chefs et les auteurs d'assassinats ou de pillages est plus souvent due à la sévérité inflexible de la loi qu'elle n'est l'œuvre du juge.

Une seule condamnation, intervenue à Bruxelles, nous a douloureusement frappé par sa rigueur exceptionnelle. Il s'agit des prisonniers de Hasselt. Le 17 février 1799, vingt et un malheureux jeunes gens de dix-huit à vingt-cinq ans tombaient fusillés sur le glacis entre la porte de Louvain et la porte de Schaerbeek. Quoique bien jeunes, ces condamnés montrèrent jusqu'au dernier moment une constante fermeté. Une escorte de trois cents hommes de cavalerie et d'infanterie

CHAPITRE SIXIÈME.

les conduisit au supplice et l'autorité militaire déploya un grand appareil pour contenir le peuple et prévenir une émeute. La garnison se rangea en bataille sur la Place Royale avec du canon; les gardes furent doublées (1).

La responsabilité de cette exécution cruelle remonte tout entière à la loi qui frappait de la peine capitale le rebelle saisi les armes à la main, dans un département autre que celui de son domicile, alors qu'en l'absence de cette circonstance aggravante l'emprisonnement seul venait atteindre le délinquant. Le fait matériel liait ici la conscience du juge : esclave de la loi et de la vérité, il devait obéir.

Or, toutes les victimes habitaient les départements de la Dyle et des Deux-Nèthes. Le hasard de la guerre les avait poussées sur le territoire de la Meuse Inférieure et ce hasard aveugle les tuait.

Les chefs, néanmoins, tombaient, à raison de leur qualité seule, sous le coup du même châtiment.

Aussi les commandants insurgés pris les armes à la main payèrent-ils de leur vie la glorieuse partie qu'ils avaient perdue. Tel est l'enjeu fatal de la guerre civile.

Corbeels et Albert Meulemans, après une détention de huit mois à la citadelle de Lille, furent ramenés à Tournai, jugés et fusillés le 3 juillet 1799 (15 messidor an vii) (2); Antoine

---

(1) *Gazette de Leyde*, du 1er mars 1799; *Rapporteur* des 3 et 8 ventôse an vii; jugement du 19 pluviôse an vii (archives communales de Bruxelles, registre n° 7, original).

(2) *Compilateur* du 21 messidor an vii.

Constant l'avait été dès le 21 pluviôse (3 février) (1).

Eelen, le commandant de Diest pendant les deux jours de siége et Brouwers, lieutenant de Corbeels, échappèrent ensemble au désastre. Ils continuèrent de concert, nous l'avons dit, à parcourir la Campine durant tout l'hiver, menaçant et rançonnant les fonctionnaires républicains.

Nous en trouvons la preuve dans le dossier d'une procédure à charge d'un nommé Donckers (2).

Dans la nuit du 17 au 18 février, Eelen ou sa bande avaient forcé l'agent municipal de Raevels de payer une quarantaine de *couronnes*. La gendarmerie se mit à la poursuite de ces nocturnes visiteurs et organisa des patrouilles le long de la frontière hollandaise, au delà de laquelle se trouvait, croyait-on, le refuge des insurgés. L'une de ces patrouilles arrêta, la nuit du 9 mars, aux environs d'Arendonck, un paysan porteur d'une nouvelle sommation de livrer *quarante couronnes*. La pièce, datée du jour même, était adressée à l'agent municipal de Wilde. On lisait pour signature ces mots :

« Le capitaine Brouwers, par ordre du commandant Eelen. »

Donckers, c'était le nom du prisonnier, convient dans un de ses interrogatoires d'avoir vu Brouwers quelque temps auparavant.

La répression judiciaire prit un caractère particulier de

---

(1) Page 210.
(2) Archives communales de Bruxelles.

sévérité à Luxembourg et, chose étrange, la justice criminelle civile se montra plus impitoyable que les conseils de guerre.

Trente-deux prisonniers avaient été recueillis sur le champ de bataille d'Arzfeld; ceux qui étaient blessés furent mis sur des charrettes, et les autres, liés deux à deux, suivirent à pied leurs vainqueurs, qui les conduisirent à Vianden. Ils restèrent enfermés dans le château jusqu'au 16 novembre, date de leur départ pour Luxembourg. Leur nombre s'élevait alors à cinquante-trois, car on leur avait adjoint vingt et un malheureux, arrêtés plus tard comme ayant aussi pris part à la révolte. Après une halte à Ettelbrück, ils arrivèrent à leur destination par une soirée d'automne, froide et humide. Soit que la prison destinée à les recevoir ne fût pas encore prête, soit qu'on désirât les donner en spectacle, on les retint plusieurs heures sur les glacis, exposés à une pluie battante et les pieds dans la boue. Quand la population eut été informée de leur présence, ils se remirent en route pour traverser la ville.

L'affluence des spectateurs était grande; néanmoins, malgré les excitations de quelques jacobins, il ne se trouva qu'un fort petit nombre de misérables pour injurier les brigands; l'immense majorité s'apitoyait sur leur sort et ne s'en cachait pas. Cent quatre-vingt-dix insurgés, arrêtés dans les deux autres cantons, occupaient déjà une partie des casemates où ils furent renfermés, casemates situées au delà du Pfaffenthal, à plus de vingt pieds sous le sol.

Un mois après, commencèrent les exécutions. Plusieurs habitants de Clervaux et des villages environnants, condamnés par le conseil de guerre pour avoir coopéré au soulèvement armé de ce canton, furent fusillés le samedi avant Noël (1).

Parmi ces premières victimes figuraient deux fils d'une pauvre veuve, de Huldingen, dont l'aîné chercha vainement à sauver son jeune frère au détriment de sa propre cause, et qui reçurent la mort en se tenant embrassés.

Ce même jour, commença l'instruction du procès intenté aux captifs d'Arzfeld. On en fit deux catégories.

Ceux qui avaient été pris sur le champ de bataille, au nombre de trente-deux, comparurent devant la juridiction militaire; les autres, devant le tribunal criminel du département.

Le jugement des accusés de la première catégorie fut rendu deux mois plus tard : neuf d'entre eux, condamnés à être fusillés, furent exécutés près du cimetière, hors de la porte Neuve. Peu de temps après, à la même place et sur une petite éminence qui ressemble à la hutte d'un moulin à vent, se dressait l'échafaud pour la seconde catégorie d'accusés. Le tribunal criminel avait été plus rigoureux encore que le conseil de guerre : onze accusés sur vingt et un furent condamnés à mort et guillotinés le même jour. Seulement on consentit à leur laisser, pour marcher au supplice, le signe de la rédemption, et le lugubre cortège, chantant les prières des agonisants, traversa la ville, escorté d'un grand nombre

---

(1) Cette date est donnée par Pimpurniaux. M. Engling dit le 8 janvier 1799.

d'habitants, qui priaient avec eux et pleuraient sur leur sort (1).

Le courage de ces malheureux rendit, il est vrai, plus d'une fois stérile la compassion de leurs juges. Aux prisonniers de Clervaux le président du conseil de guerre, le chef de brigade Renard, demandait :

« Vos fusils n'étaient point chargés à balle? »

Ils répondirent, méprisant la planche de salut qu'on leur tendait :

« Nos fusils étaient chargés à balle. »

« Mais, » poursuivait le juge, « vous les aviez déjà déchargés sur le gibier du parc? »

« Cela n'est pas vrai. Nous avons tiré sur les Français. »

« Enfin, vous n'avez pas agi volontairement? »

« Pardon, monsieur, ce que nous avons fait nous l'avons voulu faire : nous ne savons pas mentir. »

A Luxembourg, comme en Belgique, des condamnations pécuniaires énormes vinrent frapper les communes, théâtre de la rébellion, et les écraser sous un insupportable fardeau. Pourtant, la décision des procès avait été laissée au juge naturel des parties, le tribunal civil du lieu.

Asselborn dut payer personnellement 14,328 francs, et solidairement avec Clervaux, 7,329 francs; Hosingen la même somme; Leidenborn et Eschfeld 12,201 francs; d'autres communes des chiffres moins élevés (2). Toutefois, des transac-

(1) PIMPURNIAUX, *Guide du voyageur en Ardennes*, t. II, p. 46; ENGLING, pages 86 et suiv.

(2) ENGLING, page 97.

tions ultérieures, amenées par l'entremise officieuse de l'autorité départementale, procurèrent quelque adoucissement à ces condamnations.

Cependant, vers le milieu de février 1799, une ère plus miséricordieuse se leva pour nos malheureuses provinces.

Le général Colaud fut remplacé par le général Cervoni et le commandement de la 24e division militaire passa des mains de Bonnard aux mains de Béguinot.

Cervoni, militaire distingué, avait glorieusement servi sous Bonaparte à l'armée d'Italie et décidé par son courage le sort de la bataille de Lodi (1). C'était un homme doux et conciliant, très-propre, comme l'événement le prouva, à remplir une mission pacificatrice ; les journaux du temps sont unanimes pour l'attester (2).

Les généraux démissionnaires ou démissionnés partirent avec leurs états-majors pour l'armée du Rhin.

Des changements importants modifièrent à leur tour les administrations civiles. Mallarmé, commissaire du Directoire près l'administration centrale de la Dyle, céda son poste à Rouppe, qui occupait les mêmes fonctions de commissaire au sein de l'administration municipale de Bruxelles.

La nomination de Rouppe était de bon augure. Quoique très-dévoué au nouvel ordre des choses, ce magistrat avait fait preuve de modération et de justice, dans les moments les plus difficiles. Tout en affichant des dehors ultra-révolution-

(1) *Moniteur* du 1er prairial an IV.
(2) *Gazette de Leyde*, du 4 mars 1799.

CHAPITRE SIXIÈME.

naires dans ses allures, ses paroles et ses écrits, il savait épargner et ne frappait jamais sans avertissement. L'estime générale de ses concitoyens l'environnait à juste titre, et il en reçut, le calme rétabli, un solennel témoignage.

Le 4 prairial an VIII, une médaille d'or lui fut offerte par souscription et *trois mille* signatures couvraient la lettre d'envoi ainsi conçue :

« Les soussignés habitants de cette commune au citoyen Rouppe, ci-devant commissaire du gouvernement près l'administration de la Dyle.

« Citoyen,

« La médaille que nos députés vous offrent en vous remettant la présente, est un hommage que nous nous plaisons à rendre à celui qui a su concilier la philanthropie aux devoirs rigoureux que l'exécution des lois lui imposait l'obligation de remplir. A ces titres, elle vous est due, citoyen ; veuillez l'agréer, comme un bien faible gage de l'estime que nous et nos concitoyens vous avons vouée, et puisse son emblème vous rappeler notre gratitude, aussi longtemps que nous conserverons le souvenir de vos vertus. »

Rouppe était Néerlandais et se destina d'abord à l'état ecclésiastique. Il étudia, comme boursier, au collège hollandais de Louvain, devint sous-diacre et bachelier en théologie.

Il quitta la soutane, à la seconde entrée des Français, pour suivre la carrière des fonctions administratives, à Louvain d'abord, à Bruxelles ensuite.

Rentré dans la vie privée, sous l'empire, Rouppe ne reparut sur la scène qu'après 1830, et mourut bourgmestre de Bruxelles, le 3 août 1838.

Un monument modeste a été érigé à sa mémoire par la capitale reconnaissante.

Le nouveau commandant des départements réunis inaugura son entrée en fonctions par un acte de paix et de concorde.

Cervoni, « considérant qu'il n'existe aucun rassemblement armé ou séditieux dans le département de la Dyle ;

« Considérant que la plus parfaite tranquillité règne dans la commune de Bruxelles, que les lois s'y exécutent sans obstacle, » ordonna, le 9 germinal an VII (29 mars 1799), la levée de l'état de siége. Cet exemple fut bientôt imité dans les départements voisins.

Nos populations respirèrent enfin librement, débarrassées du régime du sabre et de l'arbitraire qui le caractérise.

Après de graves secousses morbides, le malade revient rarement à la santé sans éprouver sur le chemin quelque arrêt, quelque rechute. La Belgique, si rudement atteinte devait donner un nouvel exemple de la justesse de cette observation appliquée par analogie de l'individu à la nation. Raconter cette dernière convulsion de l'insurrection qui s'éteignait, formera le complément de notre tâche.

CHAPITRE VII.

AGITATIONS DE 1799. — CRAINTES DE L'AUTORITÉ. — L'AUTRICHE.
— BANDES DE LA FORÊT DE SOIGNES.
— CHARLES DE LOUPOIGNE, SA VIE ET SA MORT. —
FIN DES TROUBLES.

Au printemps de 1799, les mêmes causes faillirent ramener les effets de l'automne précédent. Les plaies étaient saignantes, le moindre froissement devait les rouvrir : une étincelle eût suffi pour rallumer l'incendie mal éteint.

A peine le bruit fut-il répandu en Belgique du projet, conçu par le gouvernement, d'appeler sous les armes de nouvelles classes de conscrits, qu'une sourde fermentation se manifesta dans les communes qui s'étaient signalées lors de la révolte d'octobre.

Des rumeurs sinistres circulent : un journal de Bruxelles, le *Rapporteur*, annonce faussement un débarquement d'Anglais à Blankenberghe. La ville s'agite au point que l'administration centrale croit devoir supprimer le journal et annoncer cette suppression au public en affichant son arrêté.

La municipalité de Louvain, toujours vigilante, avertit que des rassemblements se forment dans le canton de Glabbeek (1), même avant le vote de la loi du 28 germinal an vii qui décrète la levée complémentaire dont nous venons de parler. Les conscrits des cantons de Léau, Montaigu, Diest et Glabbeek se sauvent dans le premier et s'y forment en bandes. L'administration de la Dyle réclame des mesures militaires (2) propres à couper le mal dans sa racine. Cette fois, les réfractaires arborent la cocarde noire. Comme les administrations locales inspirent à l'autorité supérieure une mince confiance, elle crée dans les campagnes une police secrète et soldée à raison de *trois livres* par jour et par agent.

Bientôt l'existence des attroupements dénoncés se révèle par des faits extérieurs, par des agressions, sur tous les points du pays.

Une troupe armée attaque la gendarmerie de Maestricht. La force publique réussit à s'emparer de l'un des assaillants, mais cent cinquante camarades tentent de le délivrer violemment. Le prisonnier est tué dans la bagarre, et l'on saisit sur lui des papiers importants. A la suite de cette affaire, sept Belges du département de la Meuse-Inférieure sont menés

(1) Procès-verbal de l'administration centrale de la Dyle, du 17 germinal an vii.
(2) Procès-verbaux de l'administration centrale de la Dyle, des 12 et 13 floréal an vii.

comme otages à Paris, entre autres un médecin nommé Louis
Neys, de Maestricht (1).

Dans le département de l'Ourthe, au village de Belbourg-
Digue, canton d'Essen, l'arbre de la liberté est coupé.

A Wankerke, en Flandre, on assassine l'agent municipal
d'Etichove, Vander Gucht, au moment où il pressait la levée
du contingent. L'auteur du crime demeure inconnu, malgré
l'envoi de garnisaires aux frais de la commune (2).

Partout on réclame des renforts au général Béguinot et au
ministre de la guerre (3).

La guerre étrangère s'était rallumée dans l'intervalle. En
messidor, les choses s'aggravent à mesure que grandissent les
succès des armées coalisées en Italie et en Allemagne.

Les troupes autrichiennes sur le haut Rhin étaient alors
commandées par le jeune archiduc Charles, qui avait laissé de
sa courte apparition en Belgique un souvenir populaire. Ce
prince et ses généraux nouèrent des intelligences évidentes
avec les Pays-Bas. Avertie par l'énergie du mouvement comprimé si difficilement en novembre, l'Autriche comprenait
enfin le parti que l'on pourrait tirer, au besoin, d'une diversion
opérée dans nos provinces.

Sa cocarde apparaît dès le début; le succès de ses armes,
voilà l'espoir que l'on fait miroiter aux yeux des populations
pour les entraîner et les séduire, comme, en novembre, on par-

(1) *Compilateur* du 22 floréal an VII.
(2) *Compilateur* du 16 prairial an VII.
(3) Procès-verbal de l'administration centrale de la Dyle, du 24 floréal an VII.

lait des Anglais et des Russes. Deux preuves convaincantes démontrent sans réplique que cette résurrection de la révolte en 1799 fut l'œuvre de l'Autriche.

Les journaux de Paris annoncent, sous la date du 12 thermidor (30 juillet) (1), que le général autrichien Starray avait envoyé des émissaires dans les parties de la Belgique les plus voisines du Rhin, pour y répandre une proclamation, où il invitait les habitants à une nouvelle insurrection, en les assurant que les troupes impériales la seconderaient bientôt.

Le 27 thermidor (14 août), le commissaire du pouvoir exécutif du canton de Genappe écrivait, de son côté, à l'administration centrale de la Dyle, que l'on avait semé sur la route, quelques jours auparavant, des écrits incendiaires provoquant les conscrits à la désertion et appelant à l'armée impériale du Rhin les mécontents qui voudront coopérer à chasser les Français du pays (2). Cet agent donnait, dans sa lettre, le signalement du distributeur.

Cet appel était signé du comte de Starray, comme l'indique une lettre du général Tilly, lue en séance de cette administration le 5 fructidor (22 août) (3).

D'autre part, un savant belge, enlevé trop tôt à la science historique comme à ses amis, M. Schayes, publiait dans le *Messager des arts et des sciences* de Gand, dès 1839, la lettre suivante adressée, disait-il, à un personnage qui avait joué un

---

(1) *Compilateur* du 19 thermidor an VII.

(2) Procès-verbal de l'administration centrale de la Dyle, 5 fructidor an VII.

(3) Procès-verbal du 5 fructidor an VII.

rôle important au Congrès belge de 1790 : M. Schayes n'avait pas, à cette époque, obtenu la permission de le nommer.

L'authenticité de la lettre ne peut être révoquée en doute devant pareil témoignage et elle coupe court à toute controverse ultérieure.

« Monsieur,

« J'ai exactement reçu la lettre par laquelle vous me faites part de l'exécution d'un plan tendant à seconder le succès de la bonne cause et les armes de Sa Majesté impériale dans les Pays-Bas.

« Je m'empresse d'abord de vous charger de témoigner aux deux chefs occupés de la formation du corps des Belges, toute la satisfaction que m'inspire leur zèle pour le service de Sa Majesté.

« Vous voudrez bien de plus leur déclarer que non-seulement je regarde la levée et le service de ce corps comme d'un intérêt immédiat et majeur pour l'avantage de la cause commune et de nos opérations militaires, mais même qu'aussitôt qu'il sera en état d'être utile, je me propose de correspondre et de m'entendre avec ses chefs, sur les moyens de combiner ses mouvements avec ceux de mon armée.

« Veuillez donc assurer ces messieurs qu'en conséquence, je donne mon approbation à ce projet et à toutes les démarches qui pourraient tendre à le faire réussir.

« Il ne me reste plus, monsieur, qu'à vous offrir tous mes remerciments pour votre zèle et votre empressement à me faire connaître un objet aussi important.

« J'y joins avec plaisir l'assurance des sentiments distingués avec lesquels je suis, etc.

« Signé CHARLES. »

« Au quartier général de Donaueschingen, le 8 octobre 1790. »

Le 3 messidor (21 juin), l'arbre de la liberté, planté au centre de la grande place de Bruxelles, se trouva décoré de cocardes autrichiennes (1).

C'est surtout la partie wallonne du département de la Dyle, l'arrondissement actuel de Nivelles, qui, cette fois, est choisie comme théâtre de la lutte. La forêt de Soignes et les nombreux bois qui s'y rattachaient alors se prêtaient merveilleusement à une guerre de guérillas peu nombreuses et voulant suppléer au nombre par la rapidité des mouvements. Là, la cavalerie et l'artillerie, si funestes aux pauvres paysans insurgés dans les plaines de la Campine, se voyaient frappées à peu près d'impuissance. Ce choix du champ de bataille indique une allure ou une direction plus militaire.

Dès les derniers jours de juin, des rassemblements armés de conscrits déserteurs envahissent à force ouverte l'abbaye de Villers, acquise par un Français nommé Lattérade (2), évidemment prédestiné au pillage, car il fut encore pillé en 1814, lors de l'entrée des alliés à Bruxelles. Des jeunes gens et des prêtres réfractaires sont arrachés des mains de la gendarme-

---

(1) Procès-verbal de l'administration centrale de la Dyle, du 3 messidor an VII.

(2) Procès-verbal de l'administration centrale de la Dyle, du 12 messidor an VII.

rie. Des militaires isolés, des gardes forestiers sont désarmés, quelques-uns assassinés. La maison du percepteur du canton de Mellery à Hévillers est pillée. Le commissaire du canton se sauve à Bruxelles. Les rebelles tirent les premiers sur la troupe.

En même temps on remarque une émigration considérable de jeunes gens de Bruxelles vers Turnhout, centre de la rébellion de brumaire, et l'administration centrale révoque les passe-ports donnés par la municipalité pour cette ville (1). L'esprit public devait, du reste, laisser à désirer dans Bruxelles même, car l'administration départementale destitue, le 15 messidor, un de ses employés, le nommé Hanciau fils, pour avoir tenu des propos contre-révolutionnaires.

Le général Béguinot crut devoir adresser aux neuf départements réunis une proclamation énergique pour les inviter à repousser toute excitation à la révolte (2). Il rappelait leurs maux et l'insuccès de la tentative comprimée, il y a quelques mois. Il énumérait ses forces, les *victoires* des Français sur les Russes et les Autrichiens! défiait les Anglais vaincus l'an dernier d'opérer une nouvelle descente, et affirmait que le premier rassemblement, quel qu'il fût, ne pouvait manquer d'être anéanti sur-le-champ.

Le brave général s'entendait mieux à prédire qu'à raconter. Le même numéro du journal, renfermant cette proclamation d'une si parfaite exactitude historique, annonçait que les

(1) Procès-verbaux de l'administration centrale de la Dyle, des 14, 15 et 16 messidor an VII.
(2) *Compilateur* du 21 messidor an VII.

Autrichiens fusillaient les défenseurs de Strasbourg, à une lieue de Kehl, sur le Rhin ; la reddition de Turin, l'arrivée des Autrichiens d'Italie, au mont Cénis, la sortie d'une flotte anglaise à destination inconnue, forte de 300 vaisseaux et montée par 17,000 hommes de débarquement et la marche d'une nouvelle armée de 45,000 Russes en Gallicie et en Carniole !

L'administration centrale de la Dyle, plus franche dans sa correspondance, plaçait à peu près le même jour sous les yeux du Directoire le lamentable, mais très-véridique, tableau de la situation que voici :

« Au moment d'exécuter dans ce département la grande mesure de salut public que nécessitent la nouvelle coalition contre notre liberté et les avantages obtenus par elle sur les armées de la république, il est de notre devoir de vous rendre dépositaires des craintes que nous inspire la situation actuelle de notre arrondissement, afin que vous preniez dans votre sagesse les mesures convenables pour prévenir de nouveaux malheurs, une nouvelle rébellion. Nous allons vous parler avec la franchise qui doit caractériser les républicains.

« La loi qui met en activité de service les cinq classes de la conscription militaire, n'est point encore reçue officiellement, elle est seulement connue par les journaux, et déjà nous entrevoyons mille difficultés, pour ne pas dire l'impossibilité, de la mettre à exécution, en employant les moyens ordinaires.

« Vous savez, citoyens directeurs, que la loi du 3 vendémiaire, relative à la première classe, a été le prétexte dont se sont servis les ennemis de la république pour arborer l'étendard de la rébellion dans une partie des neuf départements réunis, et notamment dans celui de la Dyle. Après des défaites multipliées qui leur ont coûté beaucoup de monde, les rebelles ont été obligés de céder aux efforts des troupes de la république et sont rentrés dans leurs foyers. D'après l'inutilité de cette tentative, nous devions croire que les conscrits se rendraient au poste d'honneur et que nous ne rencontrerions plus que de légers obstacles dans la levée de la première classe; il n'en a point été ainsi : un très-petit nombre d'entre eux se sont soumis à la loi; les autres s'y sont obstinément refusés, et l'on a dû recourir à la force armée pour les arrêter et les faire marcher. Par ce moyen l'on n'a pas atteint le quart de ces conscrits et ce quart, par les désertions nombreuses qui ont eu lieu, a été réduit à très-peu de chose.

« C'est alors que nous nous occupions des moyens d'atteindre les conscrits désobéissants; que partout la force armée était à leur recherche et poursuite, et que nous déployions de la sévérité contre les parents des fuyards, qu'est survenue la loi du 28 germinal sur le complément des 200,000 hommes. Nous redoublâmes de zèle pour former promptement notre contingent, et rien ne fut omis par nous auprès des autorités subalternes et de vos commissaires près des municipalités, pour les engager à faire tous leurs efforts pour découvrir et faire saisir tous les réfractaires. Dans cette circonstance, nous comptions être aidés par les conscrits des 2e et 3e classes, qui n'eussent point été obligés de marcher, si tous ceux de la première se fussent rendus sous les drapeaux; mais notre espoir à cet égard a été vain, et les proclamations, les conseils et les exhortations n'ont produit aucun effet ; tout a été inutile, et malheureusement nous n'avons rencontré dans la majorité des fonctionnaires publics que faiblesse, insouciance et mauvaise volonté.

« Cependant il était urgent que notre département fournît aux armées le contingent qui lui était assigné par cette loi ; nous tirâmes donc successivement au sort pour le plus grand nombre des communes de notre ressort, mais ceux qui ont été désignés n'ont pas été plus obéissants que les conscrits de la première classe. Partout ils se sont cachés ou enfuis, et l'on a dû recourir contre eux aux mêmes mesures de rigueur : si quelques centaines ont été arrêtés par la force armée et envoyés à Rennes, nous ne devons pas vous dissimuler qu'une partie a déserté en route ; de sorte que notre contingent est loin d'être complet.

« Nous nous proposions, citoyens directeurs, de mettre sous vos yeux le tableau de notre conduite et le résultat de nos diligences pour assurer l'exécution de la loi du 28 germinal dernier, et de vous montrer l'insuffisance de nos moyens pour y parvenir, lorsque nous avons appris que les cinq classes de la conscription sont appelées à marcher. Si jusqu'ici nous n'avons rencontré que des difficultés pour une mesure qui n'était que partielle, que ne sera-ce point, lorsque cette mesure devient générale ! Les obstacles iront toujours croissant ; l'expérience du passé et les événements dont notre département est journellement le théâtre, nous en donnent la fâcheuse certitude. La loi n'est pas encore publiée et déjà nous pouvons juger de l'impression qu'elle fait partout et des entraves qu'on apportera de toutes parts à son exécution.

« Les rebelles ont été comprimés par la force des armes, mais ils n'ont point été anéantis ; les partisans des prêtres, de l'Autriche et de l'Angleterre sont nombreux dans ce pays ; ils n'ont pas perdu l'espoir de l'embraser de nouveau et de faire une diversion avantageuse à la coalition. Les ennemis de la république lèvent plus que jamais la tête. Éblouis par les succès momentanés que les armes russes ont obtenus, ils ne dissimulent plus le désir et l'espérance qu'ils ont de voir bientôt la ci-devant Belgique sous le joug autrichien. Partout ils débitent les plus fâcheuses nouvelles, qui circulent jusque dans les endroits les plus retirés de nos campagnes, et décourageant par là les bons citoyens, en enhardissant les malveillants ; ils appellent à grands cris les Anglais et les Prussiens, supposent de la part des premiers le projet d'un débarquement dans cette contrée, et dans les autres l'intention d'envahir la république batave et de rompre avec la France.

« Les prêtres insermentés ne restent pas oisifs ; ils ont tous été frappés de la déportation, mais une forte partie d'entre eux a su se soustraire à cette mesure salutaire, et dans cette circonstance, guidés par le désir de la vengeance et le fanatisme, ils secondent activement les contre-révolutionnaires, ils prêchent la désobéissance aux lois, et aiguisent les poignards des assassins. Les autorités constituées sont en général mal composées ; on n'y trouve que des hommes faibles, insouciants et même mal intentionnés, qui protégent ouvertement les prêtres et les ennemis de la république et donnent les premiers l'exemple de l'insoumission et de la résistance. Nous avons cherché à y porter remède, en demandant d'être autorisés à placer des commissions administratives dans les cantons où nous avons reconnu l'impossibilité d'organiser une bonne municipalité, mais nous n'avons obtenu qu'une autorisation limitée; on nous oblige à prendre les commissaires dans les communes mêmes, lorsqu'il en est plusieurs où l'on n'a pu trouver un homme propre aux fonctions municipales, ou qui voulût accepter celles-ci : dans d'autres, les citoyens attachés au gouvernement républicain refusent tout emploi ; ils sont sans cesse menacés dans leur personne et dans leurs propriétés et quelques-uns même ont été déjà maltraités et victimés.

« La gendarmerie nationale ne peut suffire : sa présence d'ailleurs n'en impose plus aux malveillants qui, plusieurs fois déjà, l'ont attaquée et lui ont enlevé des prêtres et des conscrits qu'elle conduisait à Bruxelles.

« Les propriétés sont sans cesse violées; les garrotteurs se montrent de nouveau plus audacieux que jamais : un agent municipal est tombé sous leurs coups et ils portent l'effroi et la désolation dans les campagnes. Les acquéreurs des domaines nationaux sont aussi l'objet des poursuites des contre-révolutionnaires; l'asile de l'un d'eux a été forcé, et il aurait sans doute perdu la vie, s'ils l'y eussent rencontré. Déjà dans plusieurs endroits se sont montrées des bandes armées composées en grande partie de déserteurs, lesquels se sont portés à des excès très-graves et viennent tout récemment encore de piller la maison d'un percepteur. Des fonctionnaires publics, zélés et dévoués à la cause sacrée de la liberté, abandonnent journellement leur poste et ne veulent plus servir; l'un de vos commissaires se trouve en ce moment ici, où il s'est réfugié pour se soustraire aux poignards des assassins. Les cantons qui n'avaient point pris part à la révolte et dont les habitants étaient restés tranquilles au milieu des désordres, donnent aujourd'hui l'exemple de la rébellion. Les conscrits ne partent point, les impositions s'arrièrent et les lois restent sans exécution. Plusieurs de vos commissaires, dont la conduite vous a été signalée, contribuent beaucoup, par les actes arbitraires, les violences et les excès qu'ils exercent et auxquels ils se livrent, ou par leur négligence et leur incivisme, à augmenter le nombre des malveillants, lorsque tous devraient travailler pour ramener les esprits et faire aimer et respecter les lois. La tranquillité publique est formellement menacée sur l'un et l'autre point de ce département, où il ne se trouve que fort peu de troupes, qui doivent encore être employées à la recherche des conscrits et au payement des contributions. Des condamnations énormes ont été prononcées contre des communes, en réparation des pillages qui y ont été commis; les habitants ne veulent point acquitter, et dans quelques-unes même, il leur serait impossible de le faire, quand on les priverait de tout ce qu'ils possèdent : les réclamations faites à leur charge n'ont point été discutées et des individus vont s'enrichir aux dépens des malheureux. Il faudra donc encore recourir à la force armée pour obtenir l'exécution des condamnations, à moins que vous ne preniez égard aux observations que nous vous avons soumises à ce sujet et qui méritent d'autant plus votre attention que les méchants peuvent tirer parti du mécontentement et des plaintes auxquels les jugements du tribunal du Nord donnent lieu ; c'est avec la plus grande peine et par des poursuites très-onéreuses que l'on fait rentrer les contributions. A ces détails affligeants nous ajouterons que plusieurs militaires voyageant isolément ont été assassinés, et que d'autres ont été désarmés ; qu'il en a été de même de plusieurs gardes forestiers et que les biens nationaux sont exposés aux plus grandes dévastations.

« Tel est, citoyens directeurs, l'état exact dans lequel se trouve notre département, presque entièrement dépourvu de force armée : celle qui y est restée n'est composée que de conscrits inexpérimentés, qui ne sont en partie ni habillés ni armés, et dont il ne serait pas permis d'espérer un grand secours, si malheureusement il éclatait un mouvement.

« L'esprit public est si mauvais et l'empire des royalistes et des prêtres si grand, que nous craignons à chaque instant quelque tentative de la part de ceux-ci. La dernière loi sur la levée des cinq classes ne leur servira-t-elle point de signal, et lorsqu'on la publiera, ne verra-t-on pas se renouveler les événements de brumaire et frimaire dernier? Pénétrés du danger que court la chose publique, nous avons cru de notre devoir de vous en instruire : veuillez bien, citoyens directeurs, faire une attention sérieuse aux renseignements contenus en la présente. Le tableau que nous vous avons fait est plutôt au-dessous qu'au-dessus de la vérité : croyez que nous n'avons point cherché à faire paraître le danger plus grand qu'il est réellement. Les symptômes qui ont précédé la révolte de brumaire dernier, sont absolument les mêmes; les malveillants sont même plus audacieux et peuvent avoir de plus grands moyens, parce que la majorité de nos administrés compte sur la prochaine rentrée des Autrichiens et sur l'appui de l'Angleterre et de la Prusse, et que d'ailleurs ceci ne concerne plus, comme alors, une partie seulement de la conscription et que les conscrits n'ont plus la faculté de se faire remplacer. S'il nous était permis de vous indiquer un des moyens propres à déjouer les complots de nos ennemis et à prévenir les événements dont nous sommes menacés, ce serait peut-être de faire accorder à ce département la faculté de fournir des compagnies franches, ainsi que cela a lieu pour les départements de l'Ouest; ou de demander seulement un certain nombre d'hommes, que nos communes fourniraient sans doute avec empressement, du moment qu'il ne serait plus question de les prendre exclusivement parmi les citoyens de la conscription, qui ne se croiraient plus dès lors intéressés à se réunir pour s'opposer à la loi qui les oblige à marcher : à défaut de fournir ces hommes, elles seraient tenues de payer une certaine somme. De tout temps ceux qui ont gouverné ce pays ont rencontré la plus grande résistance et n'ont jamais pu parvenir à y faire des levées forcées; les habitants se rappellent leurs anciens droits à cet égard, et sans des mesures extraordinaires, il sera bien difficile de vaincre l'opposition qu'ils paraissent vouloir y apporter et à laquelle on doit s'attendre, d'après les événements qui ont suivi la publication de la loi du 3 vendémiaire et leur disposition actuelle. Si l'un de ces moyens, ou tout autre équivalent, que vous jugerez plus convenable, n'est point adopté par vous, nous vous déclarons, citoyens directeurs, que sans une force armée imposante, nous ne croyons point qu'il soit possible de maintenir ici la tranquillité, en effectuant la levée des cinq classes.

« Nous vous invitons au surplus, citoyens directeurs, de compter sur l'entier dévouement de chacun de nous et sur notre empressement à exécuter la loi, dès que nous l'aurons reçue. Nous périrons, s'il le faut, à notre poste, plutôt que d'oublier ou de négliger un instant nos devoirs et les intérêts de la république. »

Les procédés des bandes de 1799 diffèrent par un côté sensible du mode d'opérations de 1798, et l'avantage moral de la différence n'est pas en faveur des premiers. Les paysans pillaient et maltraitaient sans doute les fonctionnaires et les acquéreurs de biens nationaux, mais la propriété et les personnes purement privées n'eurent point à se plaindre. Les réfractaires de 1799 affichèrent des allures qui imitaient davantage la chouannerie française de l'époque.

Ainsi, après avoir pillé la maison de l'agent municipal de Glabais, nommé Glibert, l'avoir blessé et avoir assassiné l'un de ses domestiques (1), nous voyons la même bande se répandre aux cris de *Vive l'Empereur!* dans les communes de Tourinnes-les-Ourdons et Walhain-Saint-Paul, désarmant les gardes forestiers et abattant l'arbre de la liberté; mais, en même temps, arrêtant la diligence de Namur sur la grande

(1) Procès-verbal du 18 messidor an VII.

route, volant avec violence et effraction, la nuit, dans les fermes de la Malhaise, de Cricourt, de Dupuis, à Tourinnes, de de Buscher à Roux-Miroir, et tentant d'assassiner la fille de la fermière de Lathuy. Elle avait pour chef un nommé Mouchet, habitant Longueville et né à Wavre, qui fut condamné à mort comme convaincu de ces attentats, et exécuté à Bruxelles, le 10 frimaire an VIII, avec neuf complices (1).

Parmi ces derniers, étaient ceux qui avaient tenté d'assassiner le porteur de contraintes de Grez, le garde forestier d'Orbaix, celui de Lérinnes, et avaient volé à force ouverte chez l'ancien président de la municipalité d'Issche, Mascart (2).

Ces brigandages furent, nous n'en doutons pas, pour beaucoup dans l'insuccès des révoltés de 1799; pour autant peut-être que l'énergie et la promptitude des mesures de répression arrêtées par l'autorité.

Dès la fin de messidor, le général Lautour, commandant le département de la Dyle, fait marcher vers les communes infestées une colonne mobile partant de Bruxelles et destinée, de concert avec d'autres troupes déjà placées sur divers points, à parcourir et à battre le pays (3). Le 1er thermidor, le général de division Tilly, récemment investi du commandement des 24e et 25e divisions militaires réunies, prend, par ordre du

---

(1) Jugements du premier conseil de guerre de la 24e division des 8 et 9 brumaire an VIII; *Rapporteur* du 11 frimaire.

(2) Jugements des 7 fructidor an VII et 24 brumaire an VIII.

(3) Procès-verbal de l'administration centrale de la Dyle, du 29 messidor an VII.

ministre de la guerre, la haute direction du mouvement offensif. On veut en finir, et il était temps (1).

En effet, la nuit du 2 au 3 thermidor (20 au 21 juillet), les brigands de la forêt de Soignes poussèrent l'audace jusqu'à venir aux portes de Bruxelles, dans les communes de Woluwe-Saint-Lambert et Woluwe-Saint-Pierre. Ils y enlèvent les agents municipaux et trois dragons cantonnés là à l'effet d'accélérer le versement des denrées requises pour l'approvisionnement des magasins militaires. Les rebelles se retirent par la forêt, d'où ils étaient sortis, vers Boitsfort.

Aussitôt cette nouvelle apportée à Bruxelles par les membres de la municipalité de Woluwe et le commissaire spécial dont les dragons avaient été faits prisonniers, le commissaire du Directoire près le département de la Dyle, Rouppe, monte à cheval avec le commandant de la gendarmerie et entame une poursuite, suivi d'un détachement de cavalerie et de quelque infanterie.

La bande, non contente de son succès à Woluwe, s'empare chemin faisant, à Boitsfort, de l'inspecteur des forêts Zinner et de deux gardes. Elle les dépouille de leurs armes et de leurs munitions, et s'enfonce avec cette nouvelle capture dans la partie méridionale du bois, avertie, par un homme venu de Bruxelles, que la force armée se dirigeait vers elle (2).

L'un des gardes réussit à s'échapper en route. Rencontré

---

(1) Procès-verbal du 3 thermidor an VII.
(2) Procès-verbal de l'administration centrale de la Dyle, du 4 thermidor an VII.

par la colonne qu'accompagnait Rouppe, il lui donne les renseignements nécessaires pour retrouver la piste de ceux que l'on traquait. La bande, fort peu nombreuse d'ailleurs, est enfin atteinte dans un fourré. La troupe se précipite sur l'ennemi, mais sans autre résultat que de le mettre en fuite et de délivrer les dragons prisonniers. Selon le rapport plus précis du commandant de la gendarmerie, l'engagement eut lieu dans la direction de Notre-Dame-au-Bois, à une demi-lieue de Boitsfort, près d'une petite chapelle enfoncée dans le bois. L'infanterie, restée en arrière, ne put atteindre les rebelles. La cavalerie seule donna : la nature boisée du terrain empêchait toute poursuite fructueuse.

A ces indications locales, le promeneur bruxellois reconnaîtra sans peine la chapelle de Notre-Dame-de-Bonne-Odeur (*Welriekende*) et les futaies qui l'ombragent. Cet oratoire rustique existe encore aujourd'hui, à quelques minutes de la station de Groenendael, sur la gauche, lorsque, tournant le dos au chemin de fer du Luxembourg, on suit la route moderne qui mène à Tervueren.

Notre-Dame-de-Bonne-Odeur, à l'époque de l'événement, était placée à la bifurcation des chemins de traverse menant l'un de Boitsfort à Hoeylaert, l'autre de Groenendael vers Notre-Dame-au-Bois. Les rebelles avaient pris soin d'abandonner la chaussée de Boitsfort à la Hulpe pour se jeter en pleine forêt.

Dans leur retraite, les révoltés lâchèrent spontanément l'inspecteur Zinner et les agents municipaux de Woluwe, devenus un embarras pour eux.

Cette expédition valut une blessure à M. Rouppe, à la suite d'une chute de cheval (1).

Traqués à Notre-Dame-au-Bois, les vaincus se replient vers Tervueren, où ils fusillent un jeune homme qui refuse de les suivre (2). Enfin, le 12 thermidor (30 juillet), leur bande, réduite à une quarantaine d'hommes, est atteinte vers le soir dans un bois voisin de Neer-Yssche, commune du canton de Tervueren, par un détachement de cavalerie et d'infanterie commandé par l'adjudant de la 57e demi-brigade, Armand. Un traître avait vendu le secret de leur retraite. Ils furent surpris au moment où le chef leur distribuait de l'eau-de-vie (3).

Le bois est cerné par la cavalerie; à un signal donné, l'infanterie se précipite la baïonnette en avant, après une décharge générale. Plusieurs révoltés tombent; le reste cherche son salut dans la fuite; ils sont sabrés par la cavalerie. Ceux qui résistèrent ne reçurent pas de quartier. Cinq prisonniers seulement furent épargnés : quatre individus contraints malgré eux de suivre ceux qui venaient de succomber; un cinquième, dont on espérait tirer des renseignements. Au nombre des morts, on découvre un personnage singulier, Jacquemin, dit Charles de Loupoigne, chef de partisans que le général Tilly, dans son rapport, appelle l'*espoir des malveillants et des*

---

(1) Procès-verbal de l'administration centrale de la Dyle, du 5 thermidor an VII.

(2) Procès-verbal de l'administration centrale de la Dyle, du 6 thermidor an VII.

(3) Procès-verbal du 13 thermidor.

royalistes, et que l'on pourrait, à plus juste titre, appeler l'*effroi des républicains*, s'il faut en juger par la joie que sa destruction leur cause et les démonstrations sauvages qu'elle provoque de la part des autorités.

On ne trouva, en dépouillant le cadavre de Jacquemin, qu'un crucifix en nacre de perle qu'il portait sur la poitrine, des cheveux de femme et un portefeuille dont le contenu était insignifiant.

L'annonce de ce succès se fit à Bruxelles de la façon la plus solennelle. Une proclamation l'apprit au peuple, le 31 juillet, comme une victoire éclatante. Le général Tilly, le général Lautour, entourés de leur état-major et de nombreux officiers, vinrent en porter pompeusement la nouvelle à l'administration centrale de la Dyle, en séance. Tilly rappela que la tête de Jacquemin avait jadis été mise à prix, et réclama la somme pour ses soldats et pour les citoyens qui les avaient aidés par leurs indications. Comme trophée et preuve de son triomphe, le général rapportait la *tête coupée* du vaincu, et annonça qu'il allait la faire exposer en public; ce qui eut lieu, témoin le procès-verbal suivant :

« L'an vii de la république française, une et indivisible, le 13 thermidor, nous Henri-François-Joseph Vanlangendonck, Philippe Vancutsen, Antoine Hendrickx, officiers municipaux, et Frédéric-Maximilien Hayez, commissaire du pouvoir exécutif par *intérim*, près le canton de Bruxelles; nous sommes transportés au domicile du citoyen Nicolas-Jean Rouppe, commissaire du pouvoir exécutif près du département de la

Dyle, pour d'après l'invitation dudit commissaire, retenu au lit à cause d'une plaie au pied, procéder à la reconnaissance de l'identité de la tête d'un chef de brigands tué dans la journée du 12 courant, et désignée pour être celle du fameux Charles de Loupoigne.

« Où étant, nous avons trouvé, exposée sur une table, une tête humaine, que nous avons fait examiner par les citoyens Joseph Livemont, voisin du nommé Charles Jacquemin, dit de Loupoigne, lequel Charles Jacquemin a été domicilié premièrement marché au Lin et dernièrement rue du Lombard en cette commune; Jean-Joseph Halbleib, également voisin du prénommé; Louis Geeraerdts, ci-devant employé au bureau des vins; Jean-Corneille Torfs, secrétaire de la municipalité; Jean-Baptiste Capelle, employé; Étienne Flamand, ci-devant son coiffeur; Paul Vander Hoeft, concierge de la maison de justice, dite Treurenberg, qui a entretenu avec lui précédemment des relations commerciales; Pierre-Jacques West, porteur de contraintes de cette commune; Jacques Snoek et Jean Berkemans, tous deux ses créanciers : lesquels ont tous déclaré unanimement de reconnaître la tête prénommée pour être celle du nommé Charles Jacquemin, dit vulgairement Charles de Loupoigne, comme l'ayant particulièrement et parfaitement connu pendant son vivant et le reconnoissant encore de même dans la tête à eux exposée.

« Et a le citoyen Jacques Rowies, garde forestier demeurant à Boitsfort, canton d'Uccle, également ici présent, déclaré qu'il reconnoissoit cette même tête pour être celle de l'individu qui commandoit la horde de brigands, par laquelle il fut arrêté avec son fils, dans la journée du 3 de ce mois, et qui alors lui adressoit ces mots : « C'est moi, Charles de Loupoi- « gne, sur la tête duquel on a mis tant d'argent, » en le menaçant de mort, etc. De tout quoi nous avons dressé le présent procès-verbal, que le commissaire du pouvoir exécutif Rouppe et tous les citoyens y nommés ont signé avec nous.

« Au moment de la clôture du présent procès-verbal sont entrés les citoyens Bertrand, lieutenant de la gendarmerie nationale à la résidence de Hal; Petit et Broutin, commissaires de police, et Tournaillon, adjudant de place; lesquels ont déclaré se référer au contenu de la déclaration des citoyens Livemont, Halbleib, etc., comme ayant parfaitement connu pendant son vivant le nommé Charles Jacquemin, dit de Loupoigne et le reconnoissant de même dans la tête à eux exhibée.

« Bruxelles, date que dessus, etc. »

A la suite de cette pièce placardée sur les murs de Bruxelles, on lisait :

« D'après le procès-verbal qui précède, et sur le vu du jugement du conseil militaire du 6 ventôse an IV, portant condamnation à mort par contumace du nommé Charles Jacquemin, soi-disant cousin Charles de Loupoigne, la tête de ce chef des brigands a été attachée à un poteau par l'exécuteur des hautes œuvres et exposée sur l'échafaud, dans la place publique de Bruxelles, pendant trois heures.

« Puisse la fin tragique de ce scélérat, puisse la mort des brigands de sa horde, tombés avec lui sous le fer vengeur de nos braves frères d'armes, dans les environs de Neer-Yssche; puissent enfin les maux incalculables enfantés par leurs crimes et les malheurs dont ils menaçoient encore notre département, effrayer tous ceux qui pourroient être tentés de renouveler de pareilles scènes d'horreurs.

« Hommes égarés ! que cet exemple vous éclaire et vous, vils ennemis de la république, agitateurs perfides de nos belles contrées, tremblez ! le même sort vous attend.

« Bruxelles, le 13 thermidor an vii de la République française.
« N. Rouppe. »

On couroit en foule au spectacle annoncé par cette affiche, selon la *Gazette de Leyde* (1).

Après la mort de La Rochejacquelein, tombé sur le champ de bataille, le général républicain Turreau avait fait déterrer son cadavre *pour tâcher d'acquérir des preuves de sa mort*, ainsi qu'il l'écrivait à la Convention.

Le procédé du général Tilly et de la municipalité bruxelloise n'était qu'une contrefaçon.

On ne put découvrir trace de la mise à prix dont le général français avait entretenu l'administration départementale. Mais, à l'effet d'en tenir lieu, celle-ci, trop pauvre pour payer de sa caisse, proposa aux ministres de la guerre et de la police d'accorder aux troupes expéditionnaires une gratification de six cents livres (2).

---

(1) N° du 9 août 1799.
(2) Procès-verbal de l'administration centrale de la Dyle, du 22 thermidor an vii.

Avant de succomber, Jacquemin, quoique surpris, s'était vaillamment défendu. Frappé d'une balle à la cuisse, il continua de combattre jusqu'à ce qu'un coup de feu vint lui traverser la poitrine. Il mourut en homme de cœur, en soldat (1).

Qu'était-ce, après tout, que cet homme dont le nom effrayait le gouvernement républicain et préoccupait si vivement les populations belges? Son souvenir vit encore, après plus de soixante-cinq années, dans la mémoire de nos campagnards.

Pour tout l'arrondissement de Nivelles, Charles de Loupoigne est resté une sorte de figure légendaire, mystérieuse et sombre ; — héros chez ceux-ci, brigand chez ceux-là ; — en réalité, peut-être un peu l'un, un peu l'autre à la fois ; — un type auquel il a manqué Walter Scott ou Nodier pour l'élever par la poésie à la hauteur de Rob-Roy, de Robin Hood ou de Jean Sbogar.

Une biographie contemporaine donne sur Charles de Loupoigne quelques renseignements assez suspects, que tout le monde s'est borné depuis lors à copier avec complaisance (2). Nous allons essayer de les compléter, au moins en ce qui concerne sa participation aux tentatives de contre-révolution dont la Belgique fut le théâtre de 1795 à 1799.

Charles de Loupoigne ou *cousin Charles*, comme il se faisait appeler, n'appartenait point, par la naissance, au village

---

(1) HENNE et WAUTERS, *Histoire de Bruxelles*, t. II, p. 467.

(2) *Vie privée et politique de Jacquemin, dit cousin Charles de Loupoigne, chef de brigands*, par le citoyen B***. Bruxelles, an VIII, in-8º.

de Loupoigne, commune contiguë à Genappe, dans le Brabant wallon. Les auteurs de l'*Histoire et géographie des communes belges*, MM. Tarlier et Wauters, rapportent l'origine de ce sobriquet au fait que Jacquemin comptait à Loupoigne de nombreux amis, qu'il y recruta plus d'un partisan et trouva maintes fois asile dans ce village. Ce chef était né à Bruxelles, en 1761, et se nommait Charles-Joseph Jacquemin (1) : son père exerçait la profession de marchand de vin, près du cabaret des *Trois jambons*, rue de la Violette. Il était petit de taille (2). L'impétuosité de son caractère l'entraîna vers la carrière militaire, dont les agitations de 1790 lui ouvrirent facilement l'accès. On le vit servir tour à tour les patriotes et l'Autriche, et la protection de l'archiduchesse Marie-Christine lui valut un brevet d'officier dans le régiment de Laudon-vert (3). Au moment de la première entrée des Français en Belgique, Jacquemin reçut la mission d'organiser et de diriger sur nos frontières ces volontaires auxquels le gouvernement autrichien fit appel pour repousser l'invasion.

Un journal bruxellois contemporain, le *Républicain du Nord* (4), complète en ces termes cette première partie de la

---

(1) Lettre de l'agent national de Libre-sur-Sambre à l'administration centrale, du 16 nivôse an IV (archives de l'administration centrale de la Dyle ; archives de l'État).

(2) Jugement du tribunal criminel de la Dyle, du 11 ventôse an VI (greffe de la cour d'assises du Brabant).

(3) Lettre du 16 nivôse an IV précitée ; DELVENNE, *Biographie des Pays-Bas*.

(4) *Républicain du Nord*, 12 janvier 1796.

biographie de Jacquemin : « D'abord *moine*, ensuite dragon, ayant épousé une femme riche qu'il a ruinée, il faisait la recrue pour les Autrichiens avant leur retraite. »

Quoique sortis de la plume officielle de Norbert Cornelissen, secrétaire de l'administration centrale de la Dyle, ces détails ne sont pas confirmés.

Les Français firent Jacquemin prisonnier. Durant sa détention à l'intérieur de la France, il noua des rapports, disent ses historiens (1), avec Georges Cadoudal et d'autres chefs de chouans, mais ils n'en donnent pas la preuve. Néanmoins, nous inclinons à tenir la chose pour plausible, au moins dans une certaine mesure ; car une procédure judiciaire nous a montré que, plus tard, pour trouver accès près de Jacquemin et de ses adhérents, un traître se présentera comme le neveu de Charette. Rentré en Belgique, rendu suspect par ses menées et ses allures, Jacquemin fut emprisonné à Bruxelles, mis en liberté, puis repris et envoyé à la citadelle de Doulens, d'où il s'échappa.

Doulens était une sorte de Bastille où la république renfermait les suspects et les prisonniers de guerre. Ne serait-ce point là, peut-être, au sein d'une captivité commune, que Jacquemin aurait ourdi des intelligences avec les mécontents de l'intérieur de la France ?

Dès les derniers mois de 1795, Jacquemin, revenu sur le sol de sa patrie, se prit à recruter quelques hommes déterminés, dans la pensée d'organiser sinon la guerre civile, au moins

1) WAUTERS, *Histoire de Bruxelles*, t. II, p. 465.

une résistance armée. La forêt de Soignes, aux portes de Bruxelles, fut choisie pour son quartier général et sa base d'opérations.

La forêt de Soignes offrait une scène merveilleusement disposée par la nature pour le rôle que ce partisan entendait jouer.

Placée au cœur du pays, touchant à Bruxelles, à Louvain, à Nivelles, elle offrait une superficie boisée de huit mille deux cent soixante-trois bonniers de Brabant, six mille cinq cents toises en largeur, huit mille toises en longueur. Les défrichements opérés depuis un demi-siècle permettent difficilement aux contemporains de se figurer l'ancien état des lieux (1). Cette masse de taillis et de futaies entremêlées qui débordait vers Bruxelles jusqu'au delà de l'abbaye de la Cambre, et recouvrait même le champ de manœuvres actuel au bout de la rue de la Loi, était parsemée de gorges, de petits vallons, de ruisseaux, d'étangs, de hameaux, de maisons religieuses, refuges assurés à tous les ennemis du régime nouveau.

Une auréole sombre et mélodramatique ajoutait son prestige au mystère naturel des vastes forêts.

Depuis la fin de l'été, des malfaiteurs, poussés par la misère et la cherté des subsistances, faisaient de cette contrée le centre de leurs opérations déprédatrices. Ils pillaient à main armée les fermes et les individus isolés ; ils arrêtaient les convois qui suivaient à travers bois les deux routes menant de Bruxelles

---

(1) MANN, *Histoire de Bruxelles*, IIIe partie, page 5.

à Namur ou Charleroi, l'une par Waterloo, l'autre par Notre-Dame-au-Bois et Wavre. Un nombreux roulage desservant les communications de la Belgique avec le Luxembourg, l'Alsace, les Ardennes françaises, et les armées voisines de ces contrées, ou ramenant de Charleroi et du Brabant wallon vers Bruxelles les produits destinés à alimenter et à chauffer cette capitale, fréquentait forcément ce défilé périlleux.

Le canal de Charleroi n'existait point encore, non plus que la route transversale aux voies que nous venons de citer, et qui relie Waterloo à Tervueren, en passant par Groenendael.

Bref, par ce temps de chauffeurs, la réputation de la forêt de Soignes valait le renom fait à Paris à la célèbre forêt de Bondy.

La publication de la loi du 9 vendémiaire an IV, qui réunissait la Belgique à la France, parut l'occasion favorable pour une levée de boucliers. Jacquemin distribua des grades, au nom de l'Autriche. Nous avons vu Rollier, le chef des insurgés de Willebroeck, en 1798, se vanter d'avoir reçu de Loupoigne un brevet de général, et se faire un titre de cette nomination à la bienveillance des alliés en 1814. Nous verrons tout à l'heure Jacquemin nommer un commandant militaire à Léau.

Le conseil provisoire du gouvernement, établi à Bruxelles, écrivit le 3 brumaire an IV (25 octobre 1795) au comité de salut public, pour l'informer que des rassemblements armés se réunissaient et se recrutaient dans la forêt de Soignes, sans pourtant nommer aucun chef.

Le comité répondit par un arrêté du 8, qui ordonnait de

traduire les rebelles et les brigands en question devant des conseils de guerre (1).

Ces rassemblements étaient ridiculement et singulièrement grossis par la clameur publique. On parlait, à Bruxelles, de 60,000 *hommes* commandés par *Henri Vandernoot!*

En exécution de l'arrêté du 30 octobre, l'autorité prescrivit une battue, et le 5 novembre, vers dix heures du soir, l'agent national de Swerte, assisté de son substitut, se transporta vers la forêt de Soignes avec une centaine d'hommes, cavalerie et infanterie.

La droite de la grande route qui mène de Bruxelles à Waterloo, était le but de son exploration. Il visita Rhode, Linkebeek et le hameau d'Eeckelenbosch, et ramena trente prisonniers, dont *trois* femmes. Un seul fit résistance et coucha en joue un grenadier. Un officier le désarma, le pistolet sur la gorge.

Un chef seulement avait été manqué, mais on s'en consolait par la capture de sa maîtresse (2).

Dix prisonniers faits en cette circonstance furent condamnés à mort le 18 nivôse an IV (8 janvier 1796), et fusillés le lendemain à Bruxelles.

L'exécution eut lieu place Royale avec un grand appareil militaire. Des canons étaient braqués au débouché de toutes les rues et une force armée considérable, cavalerie et infanterie, entourait le théâtre du supplice (3).

(1) *Républicain du Nord*, n° 2 ; Huyghe, t. V, p. 222.
(2) *Rapporteur* du 10 brumaire an IV ; *Républicain du Nord*, 4 décembre 1795.
(3) *Gazette de Leyde*, du 15 janvier 1796 (voir le supplément).

Cette promenade militaire et son dénoûment sanglant, au dire des feuilles dévouées à la France, devaient avoir porté le coup de grâce aux brigands. Ces prévisions se virent bientôt démenties.

Quinze jours plus tard, une expédition en règle, conduite par le général Songis, commandant en chef la Belgique, devint nécessaire.

Cet officier, suivi de trois colonnes montant ensemble à deux mille hommes, porta son quartier général au prieuré de Groenendael, de là à l'abbaye d'Auderghem (Rouge-Cloître), fouillant les villages de la forêt, traquant les taillis, visitant les chaumières isolées (1). Il ramena cinquante-six prisonniers, au nombre desquels trois anciens militaires au service de l'Autriche; aucun rassemblement armé ne s'était opposé à ses opérations (2) : les individus capturés, selon le général, étaient des gens ne tenant à aucun parti; des vagabonds qui arrêtaient dans la forêt les voitures chargées de grains ou d'autres subsistances. Les habitants des villages voisins guidaient eux-mêmes la troupe par leurs indications.

« Tout se réduit à une bande de voleurs, » écrivait Songis aux administrateurs de la Dyle, de son quartier général d'Auderghem, le 9 frimaire an VII; « il n'a jamais existé la plus légère trace de Vendée dans la forêt de Soignes (3). »

Cependant les journaux étrangers persistaient à donner

(1) Rapport du 7 frimaire an IV aux représentants.
(2) *Républicain du Nord*, 29 novembre 1795.
(3) *Républicain du Nord*, 1er décembre 1795.

aux rassemblements de la forêt de Soignes un autre caractère ; une lettre de Brême adressée à un Hollandais, qui lui-même la transmettait au représentant du peuple Portiez, annonçait le départ d'émigrés belges se rendant vers la nouvelle Vendée avec des grades militaires et de l'or, l'appui de l'Angleterre et celui des Orangistes de Hollande. On citait, parmi eux, le baron d'Asper (1), qui avait joué un rôle militaire assez important en 1790, et s'était distingué contre la France à Neerwinden et au siége de Valenciennes.

Les feuilles hostiles au régime français, très-nombreuses en Belgique et au dehors, tournaient ces nouvelles en ridicule. Elles attiraient au contraire l'attention fort sérieuse des journaux républicains, qui les dénonçaient avec insistance aux autorités incrédules.

La participation, même éventuelle, à cette agitation, du gentilhomme belge désigné par les feuilles allemandes, n'est-elle au moins, ni vraie, ni vraisemblable. Il suffit de courtes réflexions pour s'en convaincre.

Le baron d'Asper, Constant-Ghislain-Charles Van Hoobrouck, né à Gand, le 27 décembre 1794, officier d'abord dans le régiment du prince de Ligne, avait, lors de la révolution brabançonne, rempli, sous le drapeau de l'Autriche, une mission militaire qui démontrait son aptitude à organiser la guerre de partisans. Peut-être cet antécédent a-t-il donné naissance à l'erreur que nous rectifions. Jeté avec une poi-

---

(1) *Républicain du Nord*, 14 décembre 1795.

guée de soldats dans le Limbourg impérial, il réussit à ramener à la cause dynastique les populations qui s'en étaient détachées. Il les arma, forma des colonnes de volontaires et, marchant à leur tête, chassa de Herve un corps de trois mille patriotes, mis en pleine déroute. Ces volontaires limbourgeois furent le noyau du corps de chasseurs de Laudon, que d'Asper, créé baron pour récompense de sa conduite dans la campagne de 1790, commanda longtemps avec le grade de lieutenant-colonel.

D'Asper, cependant, ne nous semble guère avoir pu songer sérieusement à venir, durant l'hiver de 1795, allumer le feu de la guerre civile en Belgique. Colonel, nommé cette année même, il servait brillamment sous le comte de Latour (1). La *Gazette de Leyde*, du 12 janvier 1796, cite d'Asper comme s'étant distingué, le 15 décembre 1795, à l'attaque du poste de la Tour-Tronquée, en Palatinat.

Or, en 1795, le comte Maximilien de Baillet-Latour commanda d'abord un corps autrichien posté entre le Mein et le Neckar. Plus tard, il fut envoyé à Rastadt et de là sur la rive gauche du Rhin, où nous le voyons occuper, le 11 novembre, Frankenthal et défendre victorieusement sa conquête contre Pichegru.

La Tour, poursuivant ses succès en Palatinat, entra à Spire, le 16, à Manheim, le 22; et, après une courte trêve, nous le retrouvons défendant contre Moreau, au printemps

(1) *Notice sur Van Hoobrouck, baron d'Asper*, par le baron DE STASSART. Bruxelles, 1851.

de 1796, la ligne d'opération qui couvrait l'Autriche, du Tyrol au Danube (1).

La présence de d'Asper en tête des adversaires de Moreau dans la Forêt Noire, est attestée à son tour par son biographe. Il reçut une blessure dans la défense de la vallée de l'Enfer, *Höllenthal*, défilé célèbre par la beauté sauvage et le caractère pittoresque de son site, autant que par la retraite savante de l'illustre capitaine français.

Il résulte à l'évidence de ces détails, que d'Asper n'était point *émigré* et qu'il se trouvait guerroyant au Sud, à plusieurs centaines de lieues de Brême, lorsqu'on parlait de lui, dans cette ville, en novembre 1795.

Un événement inattendu vint pourtant donner raison aux alarmistes, quant au fond même de leurs craintes.

Le 3 janvier 1796, une bande armée, rassemblée dans la forêt de Soignes, entre à Genappe, bourg situé sur la route de Bruxelles à Namur et Charleroi, entre Waterloo et les Quatre-Bras. A sa tête marchaient plusieurs individus revêtus d'uniformes étrangers ou portés jadis par des soldats de police en Belgique. La cocarde noire de l'Autriche décorait leur chapeau.

Le choix de Genappe, comme centre d'un mouvement contre-révolutionnaire, paraît bizarre au premier abord. Pourtant le projet n'était pas trop mal conçu.

Toute insurrection au début manque d'armes, de chevaux, d'artillerie. Son premier soin doit être de s'en procurer.

Or, Genappe possédait un atelier d'armes et une fonderie,

---

(1) LES BELGES ILLUSTRES, — *le comte de Latour*, par SOUDAIN DE NIEDERWERTH, t. I, p. 379 et suiv.

dont le département de la guerre avait pris possession. Dans la journée du 4 janvier, un convoi de chevaux, se rendant sous une faible escorte de Bruxelles à l'armée du général Jourdan, devait traverser Genappe ; et, à quelques heures de distance, Charleroi renfermait un matériel d'artillerie important, gardé par une poignée d'hommes plutôt que par une garnison. Jamais coup de main favorisé par la bonne chance, amie des audacieux, ne pouvait atteindre de plus brillants résultats.

Dans la nuit, vers deux heures, plusieurs individus se présentent à la porte du logement occupé par le capitaine d'artillerie Mangin, directeur de la fonderie. On l'arrête au nom de l'Empereur, on le désarme, on le garde à vue prisonnier dans sa chambre. L'un des auteurs de cette arrestation se nommait Nicolas Descotte. Arrêté à son tour plus tard par les Français, il fut condamné à cinq ans de fers, par sentence du conseil de guerre, du 27 pluviôse an VII, comme « convaincu d'avoir fait lever nuitamment et désarmé un citoyen français (1). »

Les officiers sous les ordres de Mangin partagent l'infortune de leur chef. Les armes de l'atelier sont distribuées entre les assaillants qui n'en possédaient guère, et le premier pas est fait.

Vient la question du recrutement.

Le tocsin sonne, mais sans grand écho dans le cœur des populations. Une cinquantaine d'habitants au plus viennent

(1) *Écho des feuilles publiques*, du 20 février 1796.

grossir la bande. On scie l'arbre de la liberté ; on foule aux pieds la cocarde tricolore aux cris de : Vive l'Empereur ! Mais l'enthousiasme fait long feu ou à peu près.

Cependant, vers dix heures du matin, le chef des révoltés vient annoncer son départ au capitaine Mangin (1), lui ordonne de rester prisonnier sur parole et rend ses hôtes responsables de sa personne. La bande dont le chiffre atteignait cent hommes environ armés de fusils, de fourches et de sabres, quitte Genappe dans la direction des Quatre-Bras pour y accomplir le second acte de son programme, l'attaque du convoi de chevaux dont nous avons parlé.

Quelques cavaliers qui escortaient ce convoi sont facilement dispersés : la rébellion victorieuse se transforme en cavalerie, à l'aide de cent quatre coursiers qu'elle a conquis, et elle galope vers Gosselies.

Restait à prendre les canons de Charleroi.

Chemin faisant, survient la diligence de Charleroi à Bruxelles. On l'arrête : elle contenait, par hasard, un Bruxellois, Guillaume Chapel, marchand de fil, dont le témoignage, si on le laissait continuer sa route (2), pouvait dénoncer à l'autorité militaire centrale la marche et le but de la rébellion. Les insurgés font descendre l'infortuné bourgeois et lui intiment, au nom de l'Empereur, l'ordre de monter en chaise de poste avec leur général. Ils le relâchèrent, il est vrai, à quelques lieues plus loin, prisonnier sur parole, dans une ferme du village de Frasnes.

(1) *Républicain du Nord*, du 7 janvier 1796.
(2) *Esprit des Gazettes*, du 7 janvier 1796.

CHAPITRE SEPTIÈME.

Ce fut le dernier triomphe des vainqueurs de Génappe.

La garnison de Charleroi avertie de leur approche, si faible que fût son chiffre, prit l'initiative de l'attaque vis-à-vis des assaillants. Atteints à l'improviste, à Gosselies, où ils se préparaient à loger, ils sont battus à plate couture et fuient dans toutes les directions, découragés par l'insuccès, découragés par le défaut de concours des populations rurales, découragés surtout par la nouvelle que de Bruxelles, entre autres, des forces nombreuses marchent à leur poursuite.

La république rentre en possession de la plupart de ses chevaux, et de nombreux prisonniers restent aux mains des Français. Le général rebelle, monté sur un bon cheval, réussit à s'échapper.

Cette armée improvisée avait, en effet, un chef dont le nom est prononcé alors pour la première fois dans les journaux du temps, Charles de Loupoigne. Il se qualifiait *commandant de l'armée belgique* dans des réquisitions écrites, adressées, au nom de Sa Majesté l'Empereur et roi, soit aux curés, baillis et clercs de villages pour sonner le tocsin, soit aux autorités communales pour se faire délivrer des chariots et de la paille (1).

---

(1) *Républicain du Nord*, du 7 janvier 1796.
Voici la copie littérale d'un de ces billets :
« Moi, commandant de l'armée belgique, j'ordonne, au nom de Sa Majesté l'Empereur et roi, le curé, bailly, clerc du village de . . . de sonner le tocsin à l'ordre du porteur de cette.

« Je suis,
« CHARLES DE LOUPOIGNE,
« Commandant de l'armée. »

Notons, à ce propos, que si la population s'était montrée froide aux appels du tocsin, les autorités locales avaient fait preuve de plus chaudes sympathies.

Le mayeur de Genappe, par exemple, prit au sérieux la conquête du bourg confié à ses soins, et se soumit de la meilleure grâce à l'autorité impériale restaurée par l'épée de Charles de Loupoigne. Aussi l'administration municipale tout entière fut-elle plus tard arrêtée et traduite en justice.

Voici la réquisition que son chef adressait à son collègue de Promelles, aujourd'hui dépendance de Vieux-Genappe, alors hameau distinct.

« Genappe, 3e de l'an 1798.

« M. le mayeur de Promelles,

« Vous ferez fournir à vue, par ceux de votre commune, trois chariots attelés de quatre chevaux, qui se rendront à vue sur la place de Genappe, ensuite des ordres de M. Charles de Loupoigne, commandant l'armée de la Belgique.

« *Nota*, qu'ils doivent être munis de pailles.

« L. M. LACROIX, mayeur.

« *Ita est, ut testor...*

« J.-B. JOTTRAND, greffier de Promelles.

« Reçu cet ordre, le 4 de l'an 1796, à six heures du matin. »

L'adjudant général, Rostollant, fut expédié de Bruxelles avec des troupes à Genappe. Son rôle se borna à recueillir des renseignements et à ramasser des prisonniers, qu'il dirigea sur la capitale. Les déclarations concordaient à établir que le rassemblement avait trouvé aide, assistance et concours chez les moines de l'abbaye de Villers et les curés des environs. Dom Chantines, proviseur du monastère, leur fournissait du pain et des vivres. Cet ecclésiastique fut, de ce chef, décrété d'accusation ; mais on ne parvint pas plus à le saisir qu'on n'y réussit à l'égard de Charles de Loupoigne.

Le vrai nom de ce chef restait encore ignoré. Mais bientôt on acquit la preuve que la qualification dont il se parait, n'était qu'un pseudonyme, peut-être un sobriquet. Un prisonnier révéla l'identité du mystérieux Charles de Loupoigne avec Charles Jacquemin, dont nous avons retracé plus haut les antécédents et rappelé l'origine.

Malgré les prétentions de son instigateur, l'échauffourée de Genappe ne peut être sérieusement tenue pour l'œuvre de l'étranger.

Le correspondant de la *Gazette de Leyde* observait avec raison que l'époque de l'armistice entre la France et l'Autriche, époque à laquelle cette trame a été exécutée, prouve combien peu elle était à craindre.

Néanmoins, l'autorité crut devoir procéder à des arrestations nombreuses. Outre la municipalité de Genappe et une vingtaine d'émeutiers saisis en flagrant délit, chaque jour amenait à Bruxelles une foule de prisonniers. Les cachots habituels se trouvèrent bientôt incapables de les contenir, et l'on convertit en geôle le local de la chambre des comptes au Parc. Outre ces arrestations fréquentes, une multitude de religieux et de laïques, soupçonnés de complicité avec Charles de Loupoigne, gardaient chez eux les arrêts jusqu'à nouvel ordre (1). Des moines de Villers, des religieuses, des curés, des fonctionnaires municipaux même composaient cet assemblage de suspects. L'abbaye de Villers était occupée par des détachements de dragons et d'infanterie.

Les prévenus, l'on doit à la justice de le dire, furent traités par leurs gardiens avec égards, et jouirent, dans leur prison, de toute la liberté compatible avec leur position. Le témoignage dont nous suivons la foi, en affirmant ce qui précède, ne saurait être suspect : nous l'empruntons à la *Gazette de Leyde* (2), et non à une feuille belge ou française.

La grande préoccupation des esprits et de la presse à Bruxelles était de savoir, si le jugement serait déféré aux tribunaux civils récemment installés, ou attribué aux commissions militaires.

La justice civile fut saisie la première du procès fait aux individus impliqués dans l'affaire de Genappe. On les divisa en deux classes : l'une, composée de ceux qui ont pris les armes ouvertement contre la république, et destinée au conseil de guerre; la seconde comprenant les moins compromis.

Par jugement du 12 pluviôse (1er février 1796), le tribunal criminel de la Dyle se déclara incompétent à l'égard de la première série et renvoya la cause au conseil de guerre (3).

Le 16 février (27 pluviôse), le conseil infligea à six indivi-

(1) *Gazette de Leyde*, 19 janvier 1796, et les numéros suivants.
(2) N° du 16 février 1796.
(3) Registres du tribunal criminel au greffe de la cour d'assises du Brabant; *Gazette de Leyde*, 16 février 1796.

dus, parmi lesquels Descottes, dont nous avons déjà parlé, et un déserteur français, diverses peines corporelles pour avoir coopéré à l'affaire de Genappe : un seul, Antoine Lecocq, de Boulers, âgé de 26 ans, ardoisier, cousin germain de Jacquemin, subit une condamnation à mort comme convaincu « d'avoir été dans la confidence intime du chef, d'avoir approvisionné sa bande et d'avoir prêté, dans un rassemblement, *le serment d'aimer Dieu, ses saints et d'être fidèle à Jacquemin jusqu'au retour de Sa Majesté l'Empereur* (1). »

Ce jugement fut exécuté le lendemain.

Charles de Loupoigne ou Jacquemin veillait, quoique fugitif. Durant le procès, il répandait dans Bruxelles des écrits menaçant de représailles les officiers français prisonniers de l'Autriche au delà du Rhin.

Les menaces de Loupoigné ne sauvèrent point son complice. Elles furent à peu près aussi stériles pour lui-même, car, par jugement du 25 février (6 ventôse), le conseil de guerre condamna à mort par contumace Charles Jacquemin et le prieur de Villers, Guillaume Chantines; « tous deux prévenus d'instigations et d'actes contre-révolutionnaires, tendants à faire renaître la royauté et le pouvoir monacal éteints dans ces pays par l'entrée glorieuse des Français, en formant une armée par le moyen du tocsin, à l'effet de chasser les Français de la Belgique. »

Le jugement se terminait par deux dispositions assez étranges : l'impression de la sentence à deux mille exem-

---

(1) *Républicain du Nord*, 18 février 1796.

plaires *aux frais de l'abbaye de Villers*, d'abord. Ensuite :

« Considérant que, contre les autres individus formant l'assemblée de cette susdite abbaye de Villers, il n'existe pas assez de preuves de conviction, et des renseignements ultérieurs devenant nécessaires, il y sera posté une garde de quatre hommes et un caporal qui auront la surveillance des entrants et des sortants de ladite abbaye et en feront un rapport journalier, comme il sera donné avis de ce que pourraient devenir les individus qui y sont domiciliés, sans pouvoir les prohiber dans la vacation de leurs affaires (1). »

Charles de Loupoigne répondit par la proclamation suivante, répandue à profusion dans Bruxelles et les villages voisins.

Nous conservons l'orthographe.

« Colongnes, le 6 mars 1796.

« Aux Belges,

« Une décade de la bande sanguinaire nationale françoise vient de s'ériger « en tribunal, où des nouveaux midas en sénat plus brutal » (boileau) portent peine de mort contre *Charles Jacquemin*. La sentence est signée : Leurf, Deroog, Thiery, Fleury, Enesse, Galand, Dumas, Beltrin, Lebeau, Chantepie et Bruns ; cette décade dit avoir jugé en séance secrète..... en son âme et conscience : des François en séance secrète..... en âme et conscience..... heureusement dans leur 6ᵐᵉ ventôse, l'exécution se fit au grand marché à Bruxelles,

(1) *Républicain du Nord*, 27 février 1796.

sur deux planches, clouées sur deux battons; peine de mort « par contumace » contre un commandant d'armée! pourquoi pas peine de mort contre Clairfait? point de protests.

« Je soussigné Charles de Loupoigne, commandant de l'armée Belgique, plein de santé et vigueur, prête à faire face à la horde soldatesque qui couvre la Belgique, capable de clouer plus que dix planches sur des arbres de libertés, ayant vu et examiné ladite sentence, ainsi que de quelques autres personnes pour les affaires de Genappe : considérant qu'il est constant que ce n'est pas agir d'après les mêmes principes de l'humanité, dont j'ai usé envers les prisonniers, que je fis sur les François : considérant, que ladite décade sanguinaire ait jugé et prononcé sur des vaines suspicions contre des personnes prétenduement mes militaires : considérant que c'est par une ruse françoise qu'il ont fait insérer dans leur journal général n° LIII, que j'avois menacé d'user de représailles envers les François, que je ferois prisonniers : tandis que j'ai réclamé le représaille envers les officiers françois détenus actuellement par les puissances coalisées au delà du Rhin.

« Déclare au nom de sa majesté impériale et royale, qu'outre les représailles susmentionnées, la peine de mort sera exécuté sur la même place, sur les dix porteurs de sentence, si jamais le sort de la guerre les met entre les mains des troupes impériales ou les miennes.

« Déclare 2° d'user de représailles comme jadis et d'avoir expédié une estaphette à cet effet, etc., etc.

« Charles de Loupougne, commandant de l'armée belgique. »

Charles de Loupoigne ne cessait d'inonder le pays de ces sortes de proclamations, datées d'Anvers, de Cologne, de Francfort. On les placardait, sous les yeux de la police, à Bruxelles, à Louvain, partout. Elles se distribuaient le dimanche dans les églises de village, voire même dans les couvents, inquiétant l'opinion, sans grandement l'exciter à la révolte.

En vain les recherches les plus actives étaient-elles poursuivies sur les pressantes instances du ministère de la police. L'auteur, l'imprimeur demeuraient inconnus, et la condamnation à mort de Jacquemin semblait une vaine menace, un aveu d'impuissance.

Enfin, vers la fin de juin 1796, l'autorité mit la main à Louvain sur un imprimeur nommé Vranckx, pris en flagrant délit d'impression d'une adresse contre-révolutionnaire, en forme de dialogue, écrite en flamand et en français (1).

La parenté de cet écrit avec les libelles signés Charles de Loupoigne paraissait manifeste. On crut tenir l'homme tant cherché depuis six mois ou, tout au moins, sa piste. Point. Vranckx, sommé de désigner l'auteur des écrits qu'il imprimait, ne se fit en aucune façon prier pour obéir. Il nomma un prêtre de Louvain, Goubert, lecteur du collège d'Arras, qui naturellement n'était plus à la portée de la police.

Goubert était-il le Loupoigne ou tout au moins l'auteur des pancartes signées ainsi? L'autorité commençait à douter ; mais elle cherchait, et faillit trouver, comme on trouve toujours dans ces circonstances, grâce à la trahison.

---

(1) *Républicain du Nord*, 3 juillet 1796.

Avant de revenir à Jacquemin, disons, pour épuiser l'incident Vranckx, que cet imprimeur, traduit en justice, fut renvoyé des poursuites sur le réquisitoire conforme de Mallarmé, son arrestation étant reconnue illégale. Repris ensuite des mêmes chefs, le directeur du jury, Ipperseel, le fit mettre en liberté, en vertu du principe de l'irresponsabilité de l'imprimeur quand l'auteur est connu.

Jacquemin, après l'aventure de Genappe, s'était réfugié à Louvain. Il y avait trouvé une retraite, tantôt au couvent des Carmes, dit *du placet*, où il vint, entre autres fois, le 19 mai 1796, déguisé en *théologien*, tantôt dans la maison des religieuses des Marolles, caché par les sœurs qui se relayaient pour faire sentinelle et veiller à sa sûreté (1).

Le conspirateur s'était transformé en une sorte de Vert-Vert politique : il mangeait avec la supérieure. Les sœurs lui portaient dans son appartement du thé et du café.

Du fond de cet asile, il lançait ses proclamations au peuple, et la supérieure Anne-Marie Wittouckx les lisait tout haut au réfectoire, probablement pour en éprouver l'effet incendiaire.

Charles intimait au dehors des ordres tendants à empêcher la rentrée des contributions publiques au profit de la France. D'autre part il recueillait des dons en argent pour la bonne cause, délivrait des quittances sur des modèles imprimés, distribuait des grades et des brevets et recevait le serment de fidélité de ses adhérents.

(1) Jugement du tribunal criminel de la Dyle, du 30 ventôse an v archives de la cour d'assises du Brabant).

Trois semaines après la débâcle de Gosselies, dès le 25 janvier 1796, il était question d'une revanche à prendre. Denis Luyckx, ancien officier dans l'armée patriotique de 1790, aujourd'hui revêtu d'un grade dans ce que Jacquemin appelait l'armée belgique, annonçait que, pour agir, ses amis attendaient un débarquement des Anglais à Ostende.

La révolte devait, selon les prévisions des conjurés, éclater de nouveau le 30 juillet 1796. Ils correspondaient régulièrement, au dire de Luyckx, avec les Anglais et avec l'Autriche. L'argent abondait, et un secrétaire du général Clerfayt était venu s'entendre, en Belgique même, avec les chefs. Ce lieutenant de Charles de Loupoigne avait une sœur, religieuse au couvent des Marolles de Louvain, quartier général de son commandant en chef.

Celui-ci, tout choyé qu'il était, ne s'endormait point dans les délices de cette sainte Capoue.

Plus l'époque marquée dans son esprit pour une explosion approchait, plus Jacquemin montrait d'activité et d'audace. Ses proclamations, ses appels à la révolte pleuvaient sur le pays. Il réussit même à en faire afficher. Un individu obscur, Gellet, dit Collin, lui servait de secrétaire.

Malheureusement pour la réussite de l'entreprise, deux traîtres dénoncèrent Charles de Loupoigne et sa retraite. L'un, nommé Pierre-Joseph Lermuseau, sellier, à Bruxelles, Français de naissance, entra en rapport avec le père carme Laurent, par l'intermédiaire d'un marchand d'eau de Cologne de Bruxelles, nommé Ganzinotti, qu'il avait rencontré au café de la Monnaie.

Lermuseau était un ancien affilié à la bande de Loupoigne, devenu voleur après sa dispersion et condamné plus tard à vingt ans de fers pour brigandage (1).

Lermuseau se fit présenter au père Laurent comme le neveu du chef vendéen Charette et comme auteur d'un plan de contre-révolution. Le père Laurent mena Lermuseau de couvent en couvent, durant toute la journée de la Fête-Dieu. Mais en homme prudent, qui n'entendait pas se livrer avant qu'on eût montré *patte blanche*, il ne remit ni fonds ni écrit. Lermuseau fut prié d'exhiber au préalable une commission ou une correspondance autrichienne. L'espion, déconcerté par cette précaution, dut battre en retraite. Le coup était manqué.

Le second agent faillit être plus heureux. Il se nommait Henri de Prins, et avait obtenu de Charles de Loupoigne le grade de lieutenant, pour l'Empereur, de la place de Léau; de Prins réussit à gagner d'abord la confiance des religieuses Marolles. Puis, pour s'assurer de la présence de celui qu'il avait vendu, il vint sonner au couvent le 1ᵉʳ thermidor an IV (20 juillet 1796), vers dix heures du soir, demandant le commandant Loupoigne : il devait, disait-il, lui remettre de l'argent. La tourière Marie Koekelbergs, à qui il parla, lui répondit que M. le commandant n'y était pas, et offrit de se charger des fonds. Sur son insistance, on le mena devant la supérieure. Elle confirma l'absence de Charles, donna à boire et à manger à de Prins, et lui offrit de le loger au couvent. Sur

(1) Voy. procès à charge de Jean Cousin au conseil de guerre de la 24ᵉ division (archives communales de Bruxelles).

son refus, elle l'engagea à venir verser ses fonds en mains propres, le lendemain à une heure convenue, où le commandant l'attendrait.

C'est ce que de Prins désirait : le piége était parfaitement tendu.

L'agent de la police républicaine fut exact, on le pense bien. Il revint au rendez-vous, en effet, mais accompagné de soldats français. A leur tête marchaient le général Jardon, commandant le département de la Dyle, et le chef de la garde urbaine de Louvain, Gens (1).

Le couvent est brusquement envahi : on le fouille avec soin. Les républicains découvrent la chambre qu'habitait Charles de Loupoigne ; mais la cage était vide et l'oiseau déniché.

Il l'avait échappé belle et on le manquait de bien peu ; car une quittance imprimée, et fraîchement signée par Jacquemin, était toute préparée. On la saisit sur une des sœurs.

La supérieure et une autre religieuse, nommée Marie-Anne Rousmans, réussirent à s'échapper pendant la visite du cloître. On s'empara de la tourière et de la sœur Luyckx.

L'autorité arrêtait en même temps le carme Laurent Cammaert, Denis Luyckx, le secrétaire Collin, Ganzinotti, dont les indiscrétions avaient tout perdu, et un garde de nuit de Louvain nommé Gilias.

Les prisonniers et les fugitives se virent traduits devant la

(1) C'est le même Gens que nous avons vu à la tête des volontaires louvanistes, lors de l'attaque de cette ville par les paysans, en 1798.

CHAPITRE SEPTIÈME.

cour criminelle de la Dyle, et le public donna à cette affaire le nom de *conspiration des Marolles.*

Ce procès politique n'aboutit pas plus que tous les autres de cette époque.

Après une première annulation de la procédure pour vice de formes, le jury de jugement, tout en déclarant les faits constants, acquitta tous les accusés. L'auditoire, très-nombreux, salua ce verdict de chaudes acclamations (1).

A dater du danger qu'il avait couru à Louvain, Jacquemin se soustrait derechef aux investigations et aux poursuites, et sa trace nous échappe. Il n'était pas loin pourtant du théâtre de ses premiers exploits, car nous le voyons reparaître en scène vers la fin d'octobre et tenter un soulèvement analogue à l'affaire de janvier.

Des appels au rétablissement de la royauté et à la révolte, imprimés et revêtus de la signature Loupoigne, sont répandus, affichés et distribués aux environs de Genappe. Le jour de la Toussaint et les deux jours suivants, des rassemblements armés se forment à Wavre (2). Charles de Loupoigne, armé de deux pistolets, se met à leur tête et les conduit par la forêt de Meerdael vers Louvain. Il s'agissait de massacrer la garnison de cette ville. Arrivé à Blanden, sur des renseignements qu'il reçoit, il congédie ses hommes et disparaît. Nous le retrouvons encore, la nuit du dimanche 18 au lundi 19 décembre; Loupoigne reparaît à Geest-Gérompont, armé et à la tête d'une

(1) *Républicain du Nord*, 21 mars 1797.
(2) Jugement du tribunal criminel de la Dyle, du 5 pluviôse an VI (greffe de la cour d'assises du Brabant).

bande peu nombreuse. Il se nomme à ses soldats et ajoute, à son titre de commandant de l'armée belgique, celui de major de la place de Bruxelles. Ce général campagnard portait pour uniforme une blouse bleue (1). Le 8 janvier, toujours un dimanche, et le lendemain, il désarme des militaires à Jauche, Ramillies et Roux-Miroir, fait prêter serment de fidélité à l'Empereur et sonne le tocsin. La population demeure froide et indifférente : l'attroupement se disperse et le chef s'évanouit de nouveau (2).

Les journaux du temps, dévoués à la France, s'ingénient à établir une solidarité entre les bandes de Charles de Loupoigne et les chauffeurs dont le brigandage désolait nos campagnes. Il n'est pas un scélérat de ce genre dont on annonce le supplice ou la condamnation, sans ajouter à son nom l'épithète de complice ou affidé de Loupoigne, de *Loupoignard*, comme ils le disaient facétieusement dans leurs moments de bonne humeur.

Sans entendre revendiquer pour toutes les recrues de Jacquemin un prix de vertu ou un brevet d'innocence, nous devons déclarer n'avoir trouvé ce chef impliqué dans aucune procédure relative à des vols ou à des assassinats. Les accusations dont nous avons parlé restent à l'état de conjectures ou d'invectives, en ce qui le concerne personnellement.

Depuis cette époque jusqu'au jour où l'on retrouva sous les

---

(1) Jugement du tribunal criminel de la Dyle, du 11 ventôse an VI archives de la cour d'assises du Brabant).

(2) Jugement du tribunal criminel de la Dyle, du 1er nivôse an VI (greffe de la cour d'assises du Brabant).

ombrages de la forêt de Soignes le cadavre de Jacquemin, la trace de sa vie nous échappe absolument : on le crut passé en Vendée.

Chose singulière. Le petit nombre d'écrivains qui se sont occupés de ce personnage ambigu, s'accordent à affirmer qu'il fut pour beaucoup dans le soulèvement de 1798. MM. Henne et Wauters, historiens consciencieux entre tous, disent, dans leur *Histoire de Bruxelles :* « Les papiers trouvés à Hasselt, dans les bagages de l'armée insurgée, avaient prouvé, paraît-il, que Jacquemin était l'agent d'un pouvoir supérieur. »

Nous ne savons sur quoi cette conjecture se fonde. Nous l'avons écrit plus haut déjà, aucun document, aucun témoignage contemporain n'atteste la participation de Jacquemin au mouvement de 1798. Certes, un homme de sa trempe, signalé depuis trois ans à l'attention publique, désigné par la rumeur populaire et la presse, comme acteur du drame, ne serait point passé inaperçu

Pourtant on songeait à lui. Des bandes insurgées parcourant le pays voisin de la forêt de Soignes criaient : Vive Charles de Loupoigne! Les journaux de Paris le dénonçaient comme chef de l'insurrection. Mais nous n'avons trouvé ni dans une correspondance administrative, ni dans une dénonciation, ni dans une procédure, un mot propre à faire supposer sa présence en Belgique.

Il y a plus : Rollier, qui en 1814 se glorifiait de tenir son grade de Jacquemin, est muet sur la participation de ce chef aux événements de 1798. Sa pétition au gouvernement provisoire d'alors ne fait allusion à quoi que ce soit dans pareil ordre d'idées.

Parmi les nombreuses procédures criminelles que nous avons feuilletées, une seule parle de Loupoigne. Il s'agit d'une dénonciation portée contre un ouvrier relieur de Bruxelles, appelé Jean Cousin. L'homme qui l'accuse, un perruquier du nom de Delsenne, rapporte que Cousin se vantait d'avoir appartenu, en 1795, à la bande de Loupoigne, d'y avoir occupé un grade et perçu une fort bonne paye; qu'il l'engageait en octobre 1798 à se ranger du côté des insurgés. Mais Delsenne ne parle pas de Loupoigne dans le présent.

D'après ces révélations, il est évident que Cousin avait eu des rapports avec la bande de Jacquemin en 1795. Les noms que Delsenne cite, les détails qu'il donne comme les tenant de Cousin ne peuvent laisser aucun doute. Seulement le silence de Cousin, pour ce qui concerne 1798, démontre à l'évidence que Loupoigne était étranger au mouvement d'alors. S'il s'y fût mêlé, son premier soin eût été certes de renouer avec ses anciens adhérents.

Les débris de la bande de Jacquemin infestèrent encore durant quelques semaines les cantons de Wavre, de Mellery, de Perwez, de Jodoigne et de Grez. Les colonnes mobiles n'eurent pas de peine à les détruire.

Ces efforts révolutionnaires trouvèrent peu d'imitateurs, on l'a vu, hors de l'arrondissement de Nivelles. Cependant quelques rassemblements essayèrent, mais en vain, de se former en fructidor, dans la Flandre et le long du Rupel. A Saint-Pauwels, pays de Waes, et point central de l'agitation dans cette contrée, en 1798, on pilla le percepteur et l'on désarma les gardes des communes voisines, le 7 messidor (24 août). La nuit du 22 au 24 fructidor (8-9 septembre), une bande armée se montre à Heffen, arrondissement de Malines, près Willebroeck (1).

Enfin le 17 fructidor (3 septembre), vers sept heures et demie du matin, la brigade de gendarmerie de Marche, assistée de quatre chasseurs à cheval du 24e, chargée de conduire trois prêtres condamnés à la déportation, fut arrêtée dans le bois de Hogue, par une bande composée de trente à quarante paysans, la figure noircie et armés de fusils simples et doubles.

Embusqués dans une fange et cachés sous du feuillage, ils ajustent la troupe à bout portant. Trois gendarmes et un chasseur tombent grièvement blessés. Le brigadier, commandant du détachement, reçoit pour sa part vingt-sept chevrotines.

Le surplus de l'escorte charge les assaillants, qui fuient emmenant avec eux deux des ecclésiastiques prisonniers. Le curé d'Ortho, moins heureux que ses compagnons, resta au pouvoir de la force armée, qui le conduisit dans la prison de Namur (2).

Ces voies de fait restèrent isolées, et la répression fut prompte. Le 18 brumaire vint bientôt ramener l'ordre et la paix dans nos provinces, comme dans le reste du pays soumis à la domination française.

(1) Jugements du premier conseil de guerre des 23 et 24 brumaire an VIII (archives communales de Bruxelles).
(2) *Compilateur* du 26 fructidor an VIII.

M. Conscience termine le roman dont nous avons emprunté le titre pour l'écrire en tête de ce livre, par ces lignes :

« Les histoires du pays ne disent pas un mot de ces pauvres *brigands*, qui ont osé verser leur sang par torrents pour l'honneur de la commune indépendance, alors que les villes ne savaient que courber lâchement la tête sous la tyrannie étrangère. Aujourd'hui encore, pas un de nos patriotes qui ont survécu à ces désastres, n'ose avouer qu'il a pris part à cette héroïque insurrection. »

Ces réflexions sont vraies en tout point.

Pas un historien belge n'a songé aux troubles de 1798. M. Dewez, M. Juste, l'auteur anonyme des *Jaerboeken der Oostenryksche Nederlanden*, publié à Gand en 1818, sont parfaitement muets.

M. Hymans, au moins, reconnaît l'existence de la *guerre des paysans* en ces termes : « Quand l'autorité voulut mettre à exécution la loi sur la conscription, un soulèvement général éclata dans les campagnes et dans les villes (1). »

---

(1) *Histoire populaire de la Belgique*, p. 436.

Les auteurs des meilleures monographies, tels que MM. Henne et Wauters, pour Bruxelles, Mertens et Torfs, pour Anvers, Van den Bogaerde, pour le pays de Waes, citent, en passant, quelques faits locaux et leur consacrent à peine quelques lignes.

Chose plus étrange encore!

En 1814, à la chute de la domination française si justement détestée des Belges, bien des regards se tournèrent vers l'Autriche, et il fut un moment de mode, chez les ambitieux et les intrigants, de vanter son attachement à l'ancien régime comme son hostilité envers le pouvoir déchu.

Ainsi, les *neuf nations* de Bruxelles, dans une pétition adressée au baron de Vincent, gouverneur général de la Belgique en 1814, demandaient le rétablissement de l'ancien ordre de choses, l'abolition des institutions françaises et *surtout* l'anéantissement du code Napoléon, et constataient avec orgueil « qu'aucun des membres composant les *neuf nations* n'avait voulu accepter des emplois sous le régime révolutionnaire. Les 445 doyens sont intacts ! »

C'était le cas où jamais, pour quiconque convoitait place ou faveur, d'exalter auprès des puissances alliées sa participation à l'unique résistance armée que nos provinces opposèrent à la France.

Rollier seul sollicita, en vertu de ce titre, une compensation pécuniaire des pertes matérielles, qu'il avait éprouvées.

Faut-il conclure de ces faits, avec le même romancier, que le succès d'une cause est ce qui la rend juste et sacrée aux yeux des hommes ?

Nous ne le pensons pas, et c'est pourquoi nous avons écrit, attribuant à d'autres raisons plus matérielles le silence de ceux qui écrivirent avant nous. Nous avons péché sans doute, en sens inverse, par inexpérience d'abord, par passion peut-être ensuite. Nous nous sommes complu à recueillir de petits faits, à citer des noms obscurs, à mettre en grande lumière des actes aux minimes conséquences, toutes misères que dédaigne l'historien de bon ton et sachant son monde.

A cela une courte réponse :

Le véritable historien du peuple en France, Augustin Thierry, après avoir admirablement raconté, dans les plus minutieux détails, la lutte sanglante et obscure d'où sortit la commune de Laon, écrit, au bas de la page, treize noms de plébéiens que le roi Louis excepte du pardon général; et il ajoute :

« Je ne sais si vous partagerez l'impression que j'éprouve en transcrivant ici les noms obscurs de ces proscrits du xii° siècle. Je ne puis m'empêcher de les relire et de les prononcer plusieurs fois comme s'ils devaient me révéler le secret de ce qu'ont senti et voulu les hommes qui les portaient.....
..... Je ne puis regarder avec indifférence ce peu de noms et cette courte histoire, seul monument d'une révolution qui est loin de nous, il est vrai, mais qui fit battre de nobles cœurs et excita ces grandes émotions que nous avons tous, depuis quarante ans, ressenties ou partagées. »

Ces paroles du maître sont notre excuse.

Si Dieu réserve à la nationalité belge de nouveaux jours d'épreuve, puisse ce livre rappeler dans chacun des villages qu'il cite, aux neveux de tous ceux qu'il nomme, qu'un coin de terre natale baigné du sang de nos pères est chose deux fois sacrée et qu'il faut doublement défendre; que le nom glorieux d'un martyr oblige celui qui le porte, et si alors notre vœu est exaucé, l'auteur n'aura rien nommé de trop.

FIN.

TABLE.

	Pages.
AVANT-PROPOS.	5
CHAPITRE Ier. Situation des esprits en Belgique après l'annexion. — Mécontentement. — Cause des troubles. — 1795-septembre 1798	9
CHAPITRE II. Soulèvement du pays de Waes et de la Campine. — L'insurrection gagne le Brabant. — Bruxelles et Gand sont menacés. — Surprise de Malines. — La ville est reprise par les Français. — Exécutions militaires.	85
CHAPITRE III. Attaque des villes de second ordre. — Tentatives sur Louvain et Alost. — Combats en Brabant et en Campine. — Insurrection du Luxembourg allemand. — La guerre des bâtons	143
CHAPITRE IV. Appréciation politique de l'insurrection. — Conduite du Directoire. — Débats au sein de la législature à Paris. — Préparatifs de répression. — Nomination du général Colaud au commandement des départements réunis. — Ses premiers actes	193

CHAPITRE V. Opérations militaires de Colaud. — Combats aux environs de Bruxelles. — Les insurgés sont refoulés en Campine. — Attaques de cette contrée par Chabert et Jardon. — Prise et reprise de Diest. — Défaite de Hasselt. — Fin de la lutte armée. 251

CHAPITRE VI. Mesures répressives. — Enlèvement des conscrits. — Otages. — Amendes infligées aux communes. — Exactions. — Poursuites judiciaires. — Exécutions. — Débats parlementaires. — Le calme se rétablit 288

CHAPITRE VII. Agitations de 1799. — Craintes de l'autorité. — L'Autriche. — Bandes de la forêt de Soignes. — Charles de Loupoigne, sa vie et sa mort. — Fin des troubles. 337

www.ingramcontent.com/pod-product-compliance
Lightning Source LLC
Chambersburg PA
CBHW052037230426
43671CB00011B/1688